알기 쉬운
인간행동과 사회환경

| 김윤정 저 |

HUMAN BEHAVIOR AND THE SOCIAL ENVIRONMENT

학지사

∷ 서 문 ∷

이 책은 사회복지사로서의 꿈을 가지고 배움의 길에 들어선 다양한 연령층의 학생들을 위해 쓰인 것이다. 『인간행동과 사회환경』은 아마도 사회복지 전공 서적 가운데 개론서만큼이나 많이 출간된 책이 아닐까 한다. 그럼에도 불구하고 『인간행동과 사회환경』을 집필하게 된 것은 기존의 책들이 너무 많은 내용을 담고 있을 뿐 아니라 사회복지에 처음 입문한 학생들이 이해하기에는 그 내용이 결코 쉽지 않다는 점 때문이다.

온라인 대학에 몸담고 있는 동안 다양한 연령층의 학생들을 대하면서 보다 쉽게 각 이론들의 핵심을 전달하는 것이 절실함을 느꼈다. 또한 너무 많은 내용들은 오히려 사회복지에 첫발을 내딛는 학생들에게 압도당하는 느낌을 주며, 쉽게 좌절하게 만들기도 한다. 따라서 이 책에서는 가능하면 쉽게 풀어 쓰고, 이론의 핵심이 되는 것들만 추려서 각 이론 간의 차이를 보다 분명히 알 수 있도록 하는 데 초점을 두었다. 특히 이론가가 어떤 삶을 살아왔는가 하는 것이 그가 구축한 이론의 바탕이 된다는 점을 인식하고, 각 이론을 설명할 때 해당 학자의 생애사를 연대기별로 단순 기술하기보다는 이론 이해의 밑거름이 될 만한 내용들을 중심으로 서술하고자 노력하였다. 대부분의 책에서는 각 이론별로 구체적인 치료기법까지 소개하는 경우가 많으나 실천기법들은 사회복지실천기술론이 담당해야 할 몫이므로 이 책에서는 과감히 생략했다. 대신, 사례를 통해 이론들을 실제 적용하여 분석할 수 있도록 함으로써 이론이 어떻게 활용되는지에 대한 학생들의 이해를 돕고자 했다.

이 책을 집필하는 동안 강력하게 떠오른 생각은 '인간행동에 대한 이해

는 반드시 그가 처한 사회, 정치, 문화적 맥락에 대한 이해와 함께해야 한다.'는 것이고, 이에 따라 '심리학에 바탕을 둔 이론들뿐 아니라 사회학 이론들을 아는 것이 매우 중요하다.'는 것이었다. 우리나라의 사회복지교육은 지금까지 사회학 이론에 많은 비중을 두지 않아 왔다. '인간행동과 사회환경'이야말로 사회복지와 관련된 사회학 이론들을 다룰 가장 적합한 영역이라고 할 수 있다. 그러나 방대한 사회학 이론들 가운데 어떤 이론을 골라 어떻게 전달할 것인가에 대한 답은 쉽게 얻을 수 없었다. 결국 인간이 속한 사회환경에 대한 이해는 여느 책과 마찬가지로 체계이론 및 생태학에 기반을 둔 생태체계적 관점을 살펴봄으로써 인간을 둘러싼 미시적, 거시적 환경을 어떻게 개념화할 수 있으며, 이들이 개인과 어떤 관계적 맥락 속에 존재하는지를 다루는 것에 그쳤다. 비록 이번에는 다루지 못했으나 사회학을 기반으로 한 거시적 맥락에 대한 이해는 환경 속의 인간을 다루는 사회복지전문직에서 반드시 필요한 기초 지식이며, 그것을 통해서 사회복지의 실천적 접근이 완성될 수 있을 것이라고 생각한다. 따라서 지속적인 연구와 고민을 통해 이 부분을 보완할 수 있도록 노력할 것이며, 또한 독자들의 지속적인 관심과 조언을 기대한다.

집필에 전념할 수 있도록 도와준 가족, 몸담고 있는 고려사이버대학교 그리고 출판하기까지 다방면에서 최선을 다해 애써 주신 학지사 여러분들께 감사의 인사를 드린다.

사회복지는 다른 사람을 돕고 이해하기 위한 학문이기 이전에, 먼저 나를 이해하도록 돕는 학문이다. 따라서 사회복지의 기초 이론들이 담긴 이 책이 가장 먼저는 자신과 자신 주변의 사람들을 이해하는 데 활용될 수 있기를 바라는 마음이다.

2011년

계동 연구실에서

:: 차 례 ::

제3부 전 생애에 걸친 인간의 성장과 발달

제 1 부

인간행동에 대한
사회복지적 접근

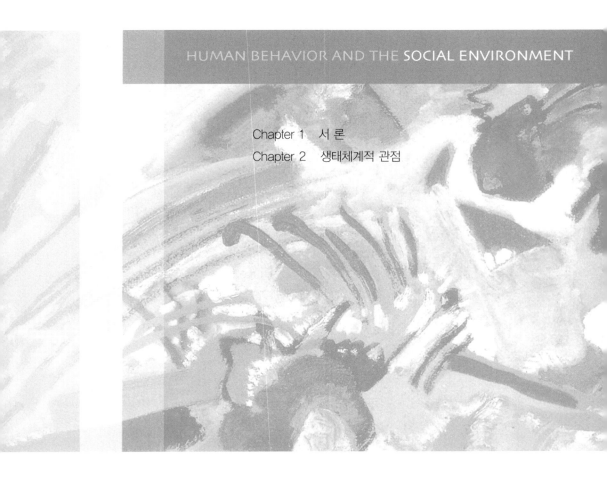

HUMAN BEHAVIOR AND THE **SOCIAL ENVIRONMENT**

Chapter 1 서 론

사회복지는 사람들이 보다 나은 수준의 삶을 영위할 수 있도록 돕는 인간봉사전문직(human service professional)이다.[1] 인간봉사전문직은 그 전문직 고유의 가치와 목표 그리고 그 가치와 목표를 실현하기 위한 전문 지식과 기술을 가진다. 인간의 존엄성과 사회정의는 사회복지전문직의 가장 근본이 되는 가치이며, 이를 실천하기 위해 사회복지사는 다양한 지식과 기술을 이용하여, 사람들이 문제를 해결하고 상황에 적응하도록 도울 뿐 아니라 필요한 자원과 서비스에 보다 쉽게 접근하도록 돕는다. '인간행동과 사회환경'은 사회복지전문직의 토대가 되는 가치, 목표, 지식, 기술 가운데 지식에 해당되는 영역으로, 특히 인간행동을 해석하고 사회복지 사정(assessment)과 개입을 위해 사회복지사들이 활용하는 기초 이론들을 살펴

---

1) 원조 전문직이라고도 한다.

보는 것을 목표로 한다.

1. 이론에 대한 이해

사회복지학은 순수학문과 구별되는 응용학문(applied social science)이다. 이는 사회복지가 단순히 '무엇에 대해 아는 것'을 목적으로 하는 학문이 아니라 서비스의 대상이 되는 사람들을 직접 대면하고, 그들의 복지를 향상시키는 것을 목적으로 하는 실천학문임을 말하는 것이다. 사회복지의 이러한 '실천'적 특성은 종종 지식의 중요성을 간과하는 결과를 초래하기도 한다. 예를 들면 사회복지는 도움을 주고 싶다는 의지만 있다면 상식선에서의 지식과 기초적 기술만으로도 충분히 할 수 있다는 잘못된 믿음들이 그것이다. 그러나 이론의 뒷받침이 없는 실천은 오류의 가능성이 높다는 점에서 실천 중심의 사회복지야말로 다양한 이론들을 이해하고 습득하는 것이 반드시 필요하다고 볼 수 있다(권중돈 · 김동배, 2005).

1) 이론이란

이론은 가설, 원칙, 개념들로 이루어진 하나의 구조적 집합체로서, 어떤 주어진 현상이나 사건을 설명해 주는 것을 말한다(Parrish, 2010). 즉, 이론은 어떤 현상이나 행동에 대하여 관찰하고, 질문하며, 해석하는 체계적인 방법을 제공해 줌으로써 사회복지사들로 하여금 어떻게 사정하고 어떤 방식으로 개입할 것인가에 대한 개념적 기반을 갖게 해 준다.[2] 따라서 이론

---

2) 사회복지실천의 기본적인 과정은 초기 접수(intake), 문제와 상황에 대한 사정, 개입에 대한 계획

을 사용하는 것은 사회복지사의 개인적 견해와는 구분되는 이성적이고 체
계적인 사고 수준을 사회복지실천에 반영하는 것이라고 할 수 있다.

　사회복지의 바탕이 되는 기초 지식과 이론들은 사실 사회복지 고유의 것
만은 아니다. 사회복지는 전통적으로 의학이나 생물학뿐 아니라 사회학이
나 심리학과 같은 타 학문분야에서 발달된 이론들에 크게 의존해 왔으며,
오늘날까지도 다양한 분야의 지식들은 사회복지실천을 위한 바탕이 되고
있다. 이는 응용학문이 지니는 또 하나의 특징이라고 할 수 있다.

　사회복지전문직만의 고유성은 그 이론들을 어떻게 실천에 적용하는가에
있다. 특히 사회복지와 같은 응용학문분야에서는 지식의 통합과 적용 과정
이 반드시 뒤따르게 되는데, 다양한 학문분야에서 나온 개념을 절충하고
통합하여, 실천에 유용한 것을 찾아내고 인간행동에 대한 총체적인 관점을
개발한다. 또한 더 나아가 통합된 지식을 가지고 특정 문제 및 상황에 대한
개입방향을 결정하는 데 적용함으로써 궁극적으로는 사회복지전문직 나름
의 실천이론을 구축하고 이를 근거로 전문적인 실천을 전개해 나간다
(Berger & Federico, 1982).

2) 이론의 기능과 실천적 함의

　사회복지사들에게 있어서 이론은 클라이언트의 행동을 기술하고 설명하
고 예측할 수 있게 하는 방법, 즉, 이해의 방식을 제공한다. 이 책에서 다루
게 될 다양한 성격이론이나 생애주기에 따른 인간 발달에 대한 지식들은
클라이언트의 행동과 상황에 대한 관찰 및 세부 사항들을 조직화할 수 있

수립, 개입 그리고 종결로 이루어진다. 이 과정에 대해서는 사회복지실천론에서 상세히 배우게
된다.

도록 해 주는데, 이를 통해 사회복지사들은 보다 쉽게 사정할 수 있으며, 클라이언트의 욕구를 충족시키기 위해 다음 단계로 해야 하는 것이 무엇인가를 결정할 수 있게 된다. 즉, 이론은 사회복지사가 특정 상황의 중요한 요소나 차원을 이해하는 틀을 제공해 줌으로써 사회복지 개입과정의 초기단계인 사정에서 유용하게 사용될 뿐 아니라, 어떤 상황에 대한 사정이 이루어진 후 그 다음 단계로 어떻게 개입할 것인지를 안내해 주는 역할을 한다.

패리시(Parrish, 2010: 5)는 다음과 같은 사례를 통하여 이론의 기능과 실천적 함의를 잘 설명해 주고 있다.

> 이브는 학습장애를 가진 21세 여성으로, 이전에 이미 두 번의 출산 경험이 있으나 두 아이 모두 이브의 학대와 방임 때문에 아동보호기관에서 보호를 받고 있다. 이브는 지금 자신보다 훨씬 나이가 많은 남자를 새로 만나 동거하고 있는데, 그 남자는 여성에 대한 폭력 전과가 있으며, 약물 의존성을 가지고 있다. 최근 동거남과의 관계에서 이브는 미숙아를 출산했으며, 아이는 호흡 곤란증이 있어 무호흡 모니터기를 착용하고 지낸다. 사회복지사가 이브의 집에 도착했을 때 이브는 잎담배를 손에 들고 있었으며, 거의 의식이 몽롱한 상태였고, 동거남은 아기에게 줘야 할 분유나 무호흡 모니터기, 그리고 담요마저 집에 그냥 놓아둔 채 아이를 데리고 술집에 간 상태였다.

위 사례에 대해 생애주기에 따른 인간 발달에 대한 지식들(3부)은 이브와 그 자녀의 생애단계 및 발달과제들이 무엇인지, 그리고 그 과제들이 어느 정도 성취되었는지에 대해 초점을 두고 사정할 수 있도록 해 준다. 또한 행동주의이론들(5장)은 문제 행동들이 왜 반복적으로 출현하게 되는지에 초점을 맞추어 사정할 수 있도록 해주며, 체계이론(2장)은 클라이언트의 원가족과 사회적 관계망의 역할을 이해하고, 어떻게 이들이 현재의 문제에 기여하고 있는지를 탐색하고 이해할 수 있도록 사회복지사를 이끌어 줄 것이다.

사정단계뿐 아니라 개입단계에서도 체계이론을 적용하는 사회복지사는 클라이언트의 가족과 사회적 지지가 긍정적인지 아닌지, 폭력의 위험에 놓이게 될 때 도움을 요청할 사람이 있는지 없는지, 클라이언트의 문제가 사회적 고립에 의해 강화되는 것은 아닌지 질문할 것이다. 만약 그렇다면 클라이언트의 사회적 고립을 해결하기 위해 가능한 자원들을 사용하여, 사회적 상호작용을 보다 확대하도록 하는 행동 변화를 클라이언트에게 권유할 것이다. 다른 한편, 사회복지사는 사회학습이론(5장)을 적용하여 클라이언트의 현재 어려움이 역할 모델의 부재로 인한 것인지 아닌지에 대해 고려할 수 있다. 특히 클라이언트가 따뜻하고 일관성 있으며 신뢰할 만한 부모 역할을 경험한 적이 없다면 좋은 부모 역할을 하는 것이 결코 쉽지 않을 것이다. 따라서 사회복지사는 부모 역할 훈련을 통해 클라이언트를 도울 수 있을 것이다.

이처럼 이론은 클라이언트와 그의 상황에 대한 이해의 틀을 제공하며, 개입 방향을 안내해 주는 역할을 한다. 그러나 그렇다고 해서 이론들이 절대적이거나 불변한다는 의미는 아니다. 실천학문에서는 실제 경험에 비추어 이론이 얼마나 효과적인가 하는 것에 대해 지속적으로 검증해야 하며, 사회복지사는 이를 위해 원래의 이론뿐 아니라 최근의 연구들도 잘 알고 있을 필요가 있다. 또한 사회복지사는 그 이론이 사회복지의 가치와 윤리에 부합하는지도 반드시 고려해야 한다. 특히 사회복지사의 궁극적인 책임인 클라이언트의 이익과 자율성 그리고 사회정의라는 사회복지의 가치와 윤리에 위배되지는 않는지에 대한 고려가 반드시 필요하다.

16 Chapter I 서 론

2. 인간행동에 대한 이해

1) 인간행동이란

사람들의 행동을 관찰하고 이해하는 능력은 효과적인 사회복지실천의 기본 요소 중 하나가 된다. 사독과 사독(Sadock & Sadock, 2007: 274)은 행동을 다음과 같이 정의하고 있다. "행동이나 움직이는 활동으로 표출되는 충동, 동기, 소망, 욕망, 본능, 갈망을 포함한 정신의 총합이다." 즉, 행동은 측정 가능하고 관찰 가능한 것에서부터 공포나 고통에 대한 정서적 반응, 연령, 성, 건강 상태, 사회경제적 상황, 성적 경향성 그리고 지능의 차이 등을 포함하는 일련의 요인에 대한 의도적 혹은 비의도적 반응을 포함한다(Parrish, 2010). 따라서 사회복지에서 말하는 인간행동은 단순히 눈으로 관찰되는 신체적 움직임만을 의미하는 것이 아니라 인간의 정신과 정서를 포괄하는 심리적 측면 그리고 개인이 처한 상황적 측면까지를 모두 포괄하는 광의의 개념이다(권중돈 · 김동배, 2005).

2) 인간행동의 네 가지 근원

이처럼 포괄적인 개념의 인간행동을 이해하기 위해서는 과연 인간행동의 뿌리가 되는 것, 다시 말해 인간행동에 영향을 미치는 요인들은 무엇인지를 아는 것이 필요하다. 버거와 페데리코(Berger & Federico, 1982)는 인간행동에 영향을 주는 요인을 네 가지 근원(sources)으로 나누어 설명하고 있다. 첫째, 인간행동은 생물학적 근원을 가진다. 이는 다시 말해 인간행동의 일부가 이미 생물학적으로 동기화되어 있다는 것인데, 예를 들어 기질이나 지능, 타고난 신체적 특성이나 장애의 유무와 같이 유전적, 신체적 요인들은 우리 행동의 일부분을 결정짓는다. 인간행동의 둘째 근원은 개인의 지각, 인지 그리고 정서를 포함하는 심리적 요인에 있다. 어떻게 느끼고 생각하는가에 따라 같은 사건과 상황에 대한 개인의 반응과 행동은 달라질 수 있다. 셋째로 인간행동은 사회구조적 근원을 가지고 있다. 앞선 생리·심리적 측면과 같은 개인적 차원에 의해서만이 아니라 인간행동은 보다 거시적 차원들로부터의 영향력에 의해 좌우될 수 있다. 예를 들어 경제, 종교, 정치, 교육 등과 같은 사회구조적 여건들은 인간이 사회적 상호작용을 하는 형태를 결정짓기도 하며, 인간행동을 통제하거나 또는 가능하게 하는 역할을 한다. 그리고 마지막으로 모든 인간의 행동은 특정한 문화적 맥락 안에서 발생한다. 문화란 여러 세대를 걸쳐 축적되고 보존되어 온 가치나 생활양식, 물질적 유산과 기술까지 포함하는 것으로, 사람들의 사고나 행동을 안내하거나 혹은 제한한다. 문화는 각 나라마다, 지역마다 그리고 집단마다 다르며, 서로 다른 문화는 그 문화에 속한 사람들의 행동양식을 결정짓는 중요한 요소가 된다. 이상에서 언급한 인간행동의 네 가지 근원은 각각 분리되어 있지 않고 모두가 함께 작용하면서 인간의 행동에 영향을 미친다. 따라서 인간의 행동은 개인의 생물학적, 심리적 특성과 그 개인이 속한 문화나 사회구조와 같은 환경적 요인에 의한 결과물이며, 인간행동에 대한 사회복지의 접근도 바로 이와 같은 다중적이고 상호작용적인 측면을 고려하는 것을 특징으로 한다.

3. 인간행동에 대한 사회복지적 접근[3]

1) 환경 속의 인간

사회복지전문직은 인간을 환경과 분리된 실체로서가 아니라 환경과 통합된 총체로서 이해한다. 따라서 어느 인간봉사전문직보다도 더 다양하고 통합적인 관점을 가지고 인간행동을 이해하며 인간이 지닌 문제에 접근한다. 특히 사회복지전문직은 인간과 그들을 둘러싼 환경 간의 관계가 중요하다는 점을 인식하고, 어떻게 개인이 다른 사람들과, 그리고 그들의 환경과 상호작용하며, 어떻게 그 상호작용이 개인에게 영향을 미치는지에 관심을 가진다(Rogers, 2010). '환경 속의 인간(PIE, Person In Environment)'은 바로 이와 같은 인간과 환경 간의 상호작용에 대한 사회복지의 관심과 그 중요성에 대한 인식을 반영한 포괄적인 관점으로, 이는 이미 오래전부터 사회복지실천의 초석으로 간주되어 왔다(예, Gorden, 1969; Richmond, 1920).

여기서 환경이란 자연이나 시설물 등과 같은 물리적 환경뿐 아니라 사회환경까지 포함한다. 사회환경은 '인간의 삶과 행동에 직접적 혹은 간접적 영향을 미치는 조건과 상황 그리고 인간 존재 간의 상호관계'(Zastrow & Kirst-Ashman, 2001, 권중돈 · 김동배 2005: 24에서 재인용)를 말하는 것으로,

---

3) 접근은 관점이라는 용어와 혼용되는 개념으로, 이론과 마찬가지로 정보를 조직할 수 있도록 돕는 아이디어나 구조 및 개념화를 의미한다. 접근 혹은 관점은 문제와 쟁점이 되는 것이 무엇인지를 가시화하고 이에 대해 생각하는 방법을 제공해 주는데, 이론과 다른 점은 각 관점이 가진 가정과 구조를 경험적으로 검증할 수 있는 필수 요소들이 부족하다는 것이다. 특히 접근이나 관점은 기능적이고 실천 감각을 가질 수 있으나 행동을 예측할 수 있는 요소들을 가지고 있지 않다(Rogers, 2010: 19-20).

가족, 친구, 동료 그리고 직장이나 조직과 같이 개인이 접촉하는 다양한 체계들이 포함되며, 경제, 정치, 법, 교육 등의 여러 가지 사회제도를 포함한다. 따라서 '환경 속의 인간'은 인간행동과 문제를 그들이 속한 여러 수준의 환경적 맥락 속에서 본다는 것을 의미한다. 이 관점의 바탕에는 인간은 환경과 유리된 존재가 아니라 환경에 속해 있는 존재로서 인간에 대한 정확한 이해를 위해서는 그를 둘러싸고 있는 환경과의 상호작용을 이해하지 않으면 안 된다는 의미를 함축하고 있다. 사회복지사는 이 관점에 입각하여 인간과 환경에 대한 이중 초점을 유지하면서, 인간이 환경에 효과적으로 순응하고 또한 자신의 욕구에 맞게 환경을 변화시킬 수 있도록 돕는 역할을 하게 되는데, 이를 위해 사회복지사는 인간과 환경 그리고 이 양자 간의 상호작용에 관심을 두고, 인간과 환경 사이의 상호 교환을 통하여 어떤 일이 진행되고 있는지에 초점을 둔다(권중돈 · 김동배, 2005).

2) 생리-심리-사회적 관점

사회복지를 포함한 몇몇 인간봉사전문직에서는 인간의 행동을 생리-심리-사회적(BPS, Bio-Psycho-Social) 관점에서 접근한다. 예를 들면 의료분야나 인간 발달 연구들은 인간의 건강과 안녕 그리고 성장과 발달에 있어서 생물학적 측면과 심리적, 사회적 측면의 중요성을 강조하며, 이 세 차원이 중첩되는 영역에 관심을 둔다.

사회복지에서도 인간행동을 전 생애에 걸친 인간의 신체 · 심리 · 사회적 발달에 초점을 두고 이해할 뿐 아니라 인간의 행동을 생리 · 심리 · 사회적 기능으로 구분하고 이 측면들이 클라이언트의 문제와 어떻게 관련되는지에 관심을 둔다. 예를 들면 생리-심리-사회적 관점에 따라 사회복지사는 클라이언트에 대한 정보를 수집할 때 이 세 차원에 대한 정보를 수집한다.

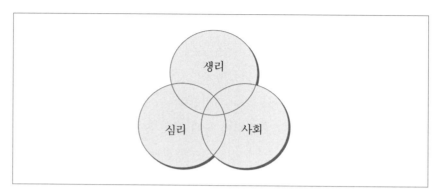

[그림 1-1] 생리-심리-사회적 관점

생리적 차원에서는 클라이언트의 현재 및 과거 건강상태나 식습관, 운동패턴이나 성기능, 복용약물 그리고 가족력 등 다양한 생물학적 기능에 대한 요인들을 탐색하고, 어떤 요인들이 클라이언트의 안녕에 영향을 미치는지를 사정한다. 심리적 차원에서는 클라이언트의 자존감, 대처 기술, 과거 및 현재의 정신건강이나 이와 관련한 가족력, 성격적 특성, 인지 및 정서 발달에 대해 사정한다. 그리고 마지막으로 사회적 차원에서 사회복지사는 클라이언트의 사회활동에 대한 참여, 가족, 친구 및 동료와의 관계 등 클라이언트의 사회적 기능 측면에 대한 정보를 수집한다. 그리고 이 수집된 정보를 바탕으로 이들 세 측면 간의 복합적인 상호작용과 그것이 지닌 문제와의 관련성을 파악한다. 이와 같이 생리-심리-사회적 관점은 사정단계에서 핵심적인 틀을 제공함으로써 사회복지사로 하여금 인간 삶에서의 생물학적, 심리적, 사회적 요소들 간의 상호 연관성을 인지할 수 있도록 해 주는 접근 방식이라고 할 수 있다.

그렇다면 앞선 '환경 속의 인간'이라는 관점과 생리-심리-사회적 관점은 어떤 관련성을 갖고 있을까? 생리·심리·사회라는 세 가지 측면 가운데 생물학적 측면과 심리적 측면은 인간과 환경이라는 이중 초점 중 개별

'인간'에 초점을 맞춘 것이다. 그러나 사회적 영역은 때로는 매우 광범위한 사회환경으로부터의 영향력을 포함하는 것으로 여겨지기도 한다. 특히 어떤 문제의 원인에 대해 고려할 때, 앞서 살펴본 인간행동의 네 가지 근원과 같이 사회복지사는 유전적, 생물학적 요인이나 심리적 요인과 함께 사회적 요인에 대해 살펴볼 수 있다. 예를 들어 거동이 불편한 독거노인의 급작스런 건강악화 문제에 대해서도 신체상태와 심리 및 사회적 측면의 상호 관련성을 이해하고 있는 사회복지사는 독거노인의 건강상태가 단순히 습관적 과음이나 만성적인 영양 및 운동 부족 때문만이 아니라 외로움, 고립감이라는 심리적 요인, 그리고 이동 수단이 없어 제때에 의료적 돌봄을 받지 못한 것이나 열악한 주거 환경에 의해 악화되었을 수 있다는 점 등의 다양한 사회적 측면까지도 고려할 수 있다.

　그러나 로저스(Rogers, 2010)에 따르면, 생리-심리-사회적 관점에서 초점을 두는 사회적 영역은 클라이언트에게 영향을 미치는 매우 직접적인 영역으로 제한된다. 예를 들면 이 관점을 지닌 사회적 영역은 친구나 가족, 직장과 같은 직접적인 사회적 환경만을 의미하며, 보다 간접적이고 거시적인 환경은 포함되지 않는다. 그러므로 생리-심리-사회적 관점은 다양한 수준의 환경적 맥락 속에서 발생하는 인간의 문제와 행동에 대해 제한된 시각을 제공하며, '환경 속의 인간'이라는 포괄적인 접근 방식보다 훨씬 협소한 관점이라고 할 수 있다. 따라서 생리-심리-사회적 관점은 환경보다는 문제를 경험하고 있는 그 개인에게 초점을 맞춤으로써 보다 큰 사회적 힘과의 상호작용이나 이를 바탕으로 클라이언트가 겪는 삶의 복잡성을 놓친다는 비판을 받는다(Rogers, 2010). 예를 들어 경제 위기 이후에 실직을 겪은 클라이언트가 음주 문제로 사회복지사에게 의뢰되었다고 하자. 이 때 생리-심리-사회적 관점을 채택함으로써 사회복지사는 클라이언트의 세 측면에 대한 정보를 수집하고, 이들 측면의 중첩되는 영역에 대해 사정을 하겠지만, 클라이언트 개인과 그의 음주 행동에만 초점을 맞춤으로써 인간 행동에 영향을 주는 보다 큰 사회구조적 문제—이 예에서는 경제적 여건과 일자리 문제—를 놓치게 될 가능성이 높다. 이렇게 될 때 사회복지실천에서 발생할 수 있는 문제는 음주행동을 클라이언트 개인의 책임으로 간주하게 된다는 것이며, 사회복지사의 개입은 아무래도 그 효과가 적거나 단기적일 수밖에 없다는 것이다. 따라서 '환경 속의 인간'이라는 기본 관점에 바탕을 둔 사회복지실천을 보다 충실히 수행하기 위해서는 개인을 중심으로 한 생리—심리—사회적 관점 외에도 보다 큰 환경에 대해 초점을 두는 관점이 보완될 필요가 있다.

3) 개인-문화-구조적 관점

다른 인간봉사전문직과 구분되는 사회복지전문직만의 시각 중 하나가 클라이언트의 행동을 이해하기 위해 그들이 처해 있는 맥락(context)을 강조하는 것이다. 개인-문화-구조적(PCS, Personal-Cultural-Structural) 관점은 어떻게 개인과 그 개인이 처한 상황이 보다 큰 체계들과 연관되어 있는가를 시각적으로 잘 보여 준다. 이것은 사회복지사들이 클라이언트의 문제를 정의할 때 그 개인의 문화적, 사회적 맥락을 고려할 수 있도록 해 주는 접근으로서, 개인이 가진 어려움에 대해 개인을 탓하거나 혹은 병리화시키고 낙인을 붙이는 대신, 사람들의 행동에 대한 환경적 영향을 고려하는 수단을 제공해 주는 관점이다.

먼저 P는 개인적(personal) 혹은 심리적(psychological) 요소들을 의미한다. 개인의 독특한 생각과 감정 또는 그들의 이해와 행동을 형성하는 개인적 변수들, 이른바 유전적, 발달적, 신체적 요인들이 모두 P에 해당된다. C는 개인이 처한 환경의 문화적(cultural) 차원을 말한다. 이것은 사람들이 자기 주변의 세계를 경험하는 일종의 '공유된 방식'을 의미하는데, 이 방식은 가치나 종교, 민족, 어떤 사건에 부여하는 의미 등을 공유하는 문화적 배경과 위치에 의해 형성된다. 마지막으로 S는 사회적(social) 혹은 구조적(structural) 차원을 말한다. 예를 들어 한 개인이 처한 상황에 영향을 주는 사회적 위계질서, 권력관계, 정치적 영향력이 여기에 포함되는데, 이 같은 영향력들은 억압과 배제, 주변화 혹은 그 반대로 특권이나 다른 사람 위에 군림하는 힘의 정도와 관련된다(Thompson, 2006). 이상의 세 가지 주요 수준은 서로 연결되어 있을 뿐 아니라 서로가 서로의 맥락으로 작용한다. 예를 들어 자폐증이나 지적 장애에 대한 문화적 여건(C)은 해당 장애가 있는 개인으로 하여금 편견이나 고정관념에 시달리게 만든다(P). 자신이 속한 문화집단이 기대하는 바(C)와는 다른 내적 특성을 지닌 한 개인은 자기 스스로를 부적합하거나 실패자라는 생각을 내면화할 것이고(P), 이는 다시 사회적 배제(S)를 초래하는 은둔이나 주변화된 행동들을 하게 된다(Parrish, 2010: 211).

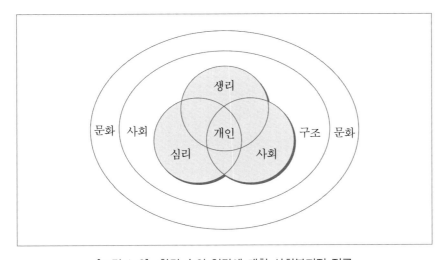

[그림 1-2] 환경 속의 인간에 대한 사회복지적 접근

앞서 언급했던 실직한 클라이언트의 음주 문제도 개인-문화-구조적 관점을 가지고 접근할 경우, 사회복지사는 경제적 여건과 일자리 문제와 같은 보다 거시적인 맥락에서 클라이언트의 음주 문제를 다루게 될 것이다. 이에 따라 사회복지사는 비록 일자리에 대해서 자신이 당장 할 수 있는 것이 없다 하더라도 직업훈련이나 실업급여 등에 대한 정보를 제공해 주거나 관련 기관을 연결해 주는 노력을 취할 것이다. 그리고 더 나아가 지역사회에 더 많은 일자리가 생겨날 수 있도록 지역 주민들을 옹호하고 그들의 정치적 역량을 강화하도록 개입 방향을 설정함으로써 개인의 변화뿐 아니라 보다 거시적인 환경의 변화를 추구할 수 있다.

이상과 같이 사회복지는 '환경 속의 인간'이라는 이중 초점을 바탕으로, 인간행동의 근원이 되는 생물학적, 심리적, 사회구조적, 문화적 측면에 대한 다중 접근을 통해 이들 간의 상호작용이라는 맥락 속에서 인간행동과 문제에 대한 이해를 추구한다.

4. 이 책의 구성

'환경 속의 인간' 관점에 바탕을 둔 사회복지실천을 위한 첫 단계로서 이 책에서는 세 영역으로 나누어 인간행동의 이해에 관련된 기초 이론과 지식들을 다룬다. 먼저 1부에서는 서론에 이어, 인간행동에 대한 사회복지적 접근의 바탕이 되는 생태체계적 관점을 다룬다. 생태체계적 관점은 인간과 환경 간의 상호작용에 관심을 둔 것으로 '환경 속의 인간'을 사회복지실천에서 어떻게 적용할 것인가에 대한 개념적 틀을 제공해 준다. 생태체계적 관점을 통해 사회복지전문직에서는 인간을 둘러싼 환경을 어떻게 개념화하고 있으며, 인간과 환경을 어떤 관계성 속에 위치시키고 있는지를 알 수 있다.

2부는 인간행동과 성격이론이라는 주제하에 다섯 개의 장에 걸쳐 대표적인 성격이론[4]들을 살펴본다. 성격이론은 인간행동에 관한 가설이나 통찰을 포함하고 있어 인간에 대한 이해와 원조 계획을 수립할 수 있도록 돕는다. 알포트(Allport, 1937; 이인정·최해경, 2000: 146에서 재인용)에 따르면, 성격이란 "개인으로 하여금 세상에 나름대로 적응하게 만드는 개인에 내재하는 정신 신체적 체계들의 역동적 조직"이다. 조금 더 간단하게 퍼빈(Pervin, 1996)은 상황에 대한 일관된 반응양식들을 설명해 주는 사람의 특징이라고 정의하고 있다. 즉, 성격은 개인이 지닌 독특한 성질로서, 사건이나 상황에 대해 반응하는 일관된 방식이라고 할 수 있으며, 인간행동의 상당 부분이 바로 개인의 성격에 의해 결정된다고 볼 수 있다. 이에 따라 사회복지전문직에서는 인간의 행동을 있는 그대로 묘사하고 그 원인을 설명하며, 앞으로의 행동을 예측할 뿐 아니라 변화시킬 수 있는 방법을 찾기 위하여 성격이론에 관심을 갖는다(권중돈·김동배, 2005). 이 책에서는 정신역동이론, 행동주의이론, 인지이론, 인본주의이론의 대표 학자들과 이들이 지닌 인간관 및 기본 가정, 각 이론들의 핵심 개념 및 사회복지실천과의 관련성을 살펴본다.

3부에서는 인간 발달에 관한 연구[5]들을 중심으로 전 생애에 걸친 인간

---

4) 성격이론은 종종 심리학과 동일어로 혼용되지만 오창순과 동료들(오창순 외, 2010)에 따르면, 성격이론은 일반적인 사람의 성격구조와 행동 및 심리작용에 초점을 두는 심리학에서 한발 더 나아가 정신의학에서 연구되는 신경증 및 정신병 환자의 증상 형성과 치료를 포함하는 보다 넓은 개념으로 사용되는 것이 일반적이라고 한다. 예를 들면 다음 장에서 다루게 될 정신역동이론은 신경증을 앓는 환자들에 대한 연구를 통해 형성된 것이다.

5) 이인정과 최해경(2000)에 따르면, 인간 발달에 대한 연구는 발달을 설명해 주는 기제, 전 생애에 걸친 변화와 안정을 뒷받침하는 요인, 인간 발달에서 신체, 인지, 정신 및 사회적 기능 간의 상호

의 성장과 발달을 살펴본다. 인간 발달에 대한 지식은 다양한 연령층의 클라이언트를 대면하는 사회복지실천에서 클라이언트가 처한 상황과 문제를 정확히 평가하기 위해 매우 중요한 지식적 기반이 된다. 클라이언트가 어떤 발달상의 단계에 놓여 있는가, 클라이언트의 문제에 내포된 발달적 함의는 무엇인가를 분명히 이해하는 것은 정확한 사정을 위해서 필수적이다. 예를 들어 아동의 발달 정도가 평균 수준에 현저히 미달된다거나 혹은 부모들이 자녀의 발달적 욕구에 대해 잘못 이해하고 있다면 사회복지사들은 사정과 개입을 진행할 때 그 함의를 이해하고 접근할 수 있게 된다.

학자들마다 생애주기 구분이 상이하고 해당 연령이나 명칭도 제각각이지만 이 책에서는 가장 포괄적인 단계 구별을 우선적으로 취하고, 필요에 따라 각 단계 내에서 하위 단계를 세분화하는 방식을 택한다. 따라서 3부에서는 전 생애를 태내기, 영아기, 아동기, 청소년기, 성인기의 총 5단계로 먼저 나누고, 아동기를 다시 초기와 중기로, 성인기를 성인기 진입 단계 및 성인 초기, 중기, 후기로 구분하여 각 단계별로 신체, 심리, 사회적 측면의 성장과 발달 과업들 그리고 사회복지사가 자주 접하게 되는 발달상의 문제들을 살펴본다.

작용, 그리고 인간 발달에 영향을 미치는 사회적 관계와 같은 주제에 대하여 설명을 제시하고자 하는 학문 영역이다.

Chapter 2   생태체계적 관점

생태체계적 관점은 인간과 환경 간의 상호작용을 이해하는 하나의 패러다임으로, 일반체계이론과 생태학의 개념 및 기본 가정들을 그 바탕으로 삼고 있다(Grief, 1986). 생태체계적 관점은 개인의 심리적 기능 혹은 그 가족의 어려움에만 초점을 두는 것 대신, 개인과 그의 가족 그리고 보다 큰 사회환경 간의 상호작용과 부조화에 관심을 둔다(Germain & Gitterman, 1980). 따라서 생태체계적 관점은 클라이언트의 문제를 사정하기 위해 반드시 사람과 환경 간의 상호 영향을 고려해야 한다는 점을 강조한다. 즉, 개인과 그들 주변 체계들 간의 상호 연관성을 고려하여 실천에 접근함으로써 사회복지사들로 하여금 개인에게만 초점을 맞춘 실천과는 다른 방식으로 접근할 수 있도록 해 준다. 이 장에서는 먼저 체계이론을 살펴보고, 브론펜브레너의 생태학을 바탕으로 저메인이 사회복지에 적용한 생태학적 관점을 살펴보고자 한다.

1. 체계이론

　체계이론은 개인과 집단 그리고 보다 큰 환경 사이의 관계와 상호작용 유형을 이해하는 데 적용할 수 있는 이론이다. 그 기본 구성은 매우 단순하지만, 체계이론은 과학적 사고를 직선적 인과론에서 순환적 인과론으로 전환시키는 데 기여한 것으로 평가되고 있다. 체계이론은 '환경 속의 인간'을 이해하는 방법으로 사회복지분야에서도 자주 사용되는 이론이며, 특히 가족을 다루는 사회복지 영역에서 활용도가 높다.

1) 체계이론과 사회복지의 만남

　일반체계이론(gerneral system theory)은 1949년 오스트리아 출신의 생물학자 칼 루드윅 반 버틀란피(Karl Ludwig von Bertalanffy, 1901~1972)에 의해 탄생되었다. 그는 과학이 수많은 전공분야로 나누어지는 것을 반대하면서, 기계든, 생물이든, 혹은 사회든, 어떤 체계에나 보편적으로 적용될 수 있는 개념과 원칙들을 구상해 왔다(Martin & O'Connor, 1989). 버틀란피는 모든 과학 분야에서 전체의 원칙, 조직화의 원칙 그리고 역동적 개념의 원칙이 나타나게 될 것이라고 생각했으며, 모든 크기의 체계에 존재하고 있는 유사성을 찾고자 했다. 버틀란피는 현상들을 설명하고, 예측하고, 통제하는 이론적 모델의 작업 가설로 일반체계이론을 구상하였으며, 이를 기계나 유기체, 사회와 같은 모든 체계에 적용되는 보편적 이론으로 발달시켰다(Forte, 2007).

　그의 이론에 따르면 체계는 상호 연관된 구성 요소들 또는 하위체계들로 이루어져 있는 전체다. 이 때 전체로서의 체계가 지니는 특성에 대하여 버틀란피는 '전체는 부분의 합 이상이다.'는 말로 표현한다. 이 말은 곧 체계는 독립된 부분들로 구성된 것이지만 그 특성은 '고립된 각 부분들의 행동만으로 설명될 수 없으며, 부분들 간의 상호작용을 통해 새롭게 또는 즉각적으로 나타나는 것'이라는 의미다(Bertalanffy, 1969: 55; Forte, 2007에서 재인용). 버틀란피에 따르면, 체계가 적응적으로 남아 있기 위해서는 체계를 구성하는 요소들이 아이디어와 에너지를 지속적으로 상호 교환해야 하며, 이를 위해서는 반드시 역동적이어야 한다. 따라서 체계와 하위체계들은 정체해 있지 않으며 활력적으로 상호작용하는 독립체들이다. 버틀란피는 이처럼 전체를 구성하고 있는 부분들 간의 상호작용을 중시했으며, 이 때문에 그의 일반체계이론은 '전체의 과학(a science of wholeness)'이라 불린다(Forte, 2007).

체계이론을 사회복지분야의 이론가들과 실천가들에게 소개한 사람은 고든 헌(Gordon Hearn, 1914~1979)이다. 캐나다에서 태어나 YMCA에서 일한 그는 사회심리학자인 커트 르윈의 지도하에 박사과정을 마쳤는데, 사회복지학과 교수가 되기 전, 헌은 집단사회사업가로서 인간관계 훈련을 위한 소집단 활용에 참여한 바 있다. 당시만 해도 사회복지의 지식과 실천은 개별사회사업, 집단사회사업, 지역사회조직사업이라는 명확히 구분되는 방법론들로 구성되어 있었다. 헌은 이 전통을 깨고 체계이론에 근거한 개념적 모델을 만들었다. 그는 '개인, 집단, 조직 그리고 지역사회 등의 모든 수준(level)에 살아 있는 체계들이 있으며, 사회복지사들은 바로 이들 체계와 일해야 한다.'고 생각했다. 사회복지계는 헌의 이론적 혁신에 느리게 반응했는데, 1968년이 되어서야 사회복지 교육전문가들은 응용체계이론을 배우기 위해 몰려들기 시작했다(Forte, 2007). 1980년대 이후 체계이론에 대한 평가는 엇갈리지만 그럼에도 불구하고 '환경 속의 클라이언트'를 이해하기 위해서는 기본적인 체계이론의 개념들을 이해하는 것이 필수적이라고 할 수 있다(권중돈·김동배, 2005).

2) 인간관 및 기본 가정

일반체계이론은 전체의 과학이다. 따라서 인간에 대해서도 전체론적 시각을 가지고 있다. 전체론적 시각이란 인간을 '통합된 하나의 체계'로 간주한다는 것인데, 이에 따르면, 인간은 신체, 심리, 사회적 부분으로 분리되어 있는 존재가 아니라 통합된 전체로 기능하고, 이러한 전체의 기능 수준은 신체·심리·사회라는 각 부분의 기능 정도를 단순히 합한 것 이상이며, 한 영역의 변화는 전체 인간의 사회적 기능에 영향을 미친다. 특히 일반체계이론에서는 하나의 통합된 총체인 인간은 외부와 끊임없이 상호작용하며 서로 의존하는 존재라고 본다. 즉, 인간은 자신의 욕구에 맞게 환경을 수정할 수 있을 뿐만 아니라 환경의 요구에 맞게 자신의 행동을 수정할 수 있는 능력을 지니고 있으며, 따라서 일반체계이론에서는 인간행동이 환경과의 끊임없는 역동적 상호작용의 산물이라고 본다.

일반체계이론에서는 체계를 상호 의존적이고 지속적으로 상호작용하는 부분들의 총체로 규정하고, 체계 내 어느 한 부분의 변화는 다른 부분들 간의 상호작용의 속성을 변화시키기 때문에 체계 전체의 속성을 변화시킨다고 보고 있다. 그러므로 사회체계의 한 구성원이 만들어 낸 작은 변화는 체계의 상호작용을 통해 더 크게 확산될 수 있으며, 나중에는 전체 체계에 큰 차이를 가져올 수 있다. 예를 들어 동굴 안에서 소리를 지르면서 돌아다니는 사람을 생각해 보자. 그 소리는 다른 사람들을 불편하게 할 뿐 아니라 동굴 속에서 강한 울림을 만들어 낸다. 동굴이라는 환경은 그 사람의 소리를 더욱 증폭시키며, 심지어는 동굴 속의 바위를 흔들리게도 할 수 있다. 이와 같이 체계이론가들은 한 사건이나 변수의 효과가 매개적 사건이나 변수에 의해 원래 사건에 간접적인 영향을 다시 미치게 된다는 '순환적 인과론'을 지지한다. 이는 독립적인 변수 X로 인해 결과 Y가 생겨났다고 보는 직선적 인과론과는 전혀 다른 것이다(Buckley, 1967). 이와 같이 체계이론은 인간의 행동을 단순한 원인에 입각하여 설명하기보다는 다양한 변인들 간의 상호작용으로 이해함으로써 이전까지 우세했던 직선적 인과론을 순환적 인과론으로 전환시켰다.

사회복지전문직이 관심을 가지는 사회체계는 부분들 간의 지속적인 상호작용, 내·외부적 영향들의 끊임없는 상호 역할, 각 부분들의 다른 부분에 대한 끊임없는 적응, 그리고 환경에 대한 지속적인 적응으로 특징지어지는데, 그린(Greene, 1991a: 236)은 사회체계에 대한 체계이론의 기본 가정들을 다음과 같이 정리하고 있다.

- 사회체계는 하나의 단위 혹은 전체를 구성하는 상호 관련된 성원들로 이루어진다.
- 사회체계의 조직상 범위는 확립되었거나 혹은 임의로 규정된 경계나 구성원 자격으로 정해진다.
- 경계는 다른 사회체계들과 구별되는 체계로서의 정체성과 중심점을 규정한다.
- 체계의 환경이란 그 체계의 경계선 바깥을 의미한다.
- 사회체계의 생애는 그 참여자들의 활동을 단순히 합한 것, 그 이상이다.
- 사회체계의 성원들 간에는 고도의 상호 의존성과 내적 조직이 있다.
- 모든 체계는 다른 체계의 하위체계이면서 동시에 상위체계일 수 있다.
- 사회체계의 한 성원의 변화는 전체 사회체계의 속성에 영향을 미친다.
- 사회체계와 외부환경과의 상호작용은 사회체계의 기능적 능력과 내적 구성에 영향을 미친다.

• 체계 내·외부의 변화로 인해 체계의 구조적 불균형 상태가 야기될 경우, 사회체계는 균형상태를 회복하기 위한 시도를 한다.

3) 주요 개념

(1) 체계

체계(system)란 "상호 의존적이며 상호작용하는 부분들로 구성된 전체" (Stein, 1974: 3)다. 커플이나 가족, 학교, 지역사회, 정부 그리고 사회서비스 기관과 같은 비공식적/공식적 집단이나 조직은 모두 체계라고 할 수 있으며, 이들 각각의 체계들은 더 작은 독립된 부분들로 구성되어 있다. 예를 들어 학교체계는 행정 직원들, 교사들, 그리고 학생들이라고 하는 독립된 부분으로 이루어지며, 각 부분들은 전체로서의 학교체계가 기능하도록 돕는다.

버클리(Buckley, 1967)에 따르면 체계는 일정 기간 동안 어느 정도의 안정성을 가지고 인과적인 관계 속에 직접 혹은 간접적으로 관련되어 있는 구성 요소들의 복합체로서의 특성을 가진다. 마틴과 오코너(Martin & O'Conner, 1989)는 체계의 속성을 세분화시켜 조직화, 상호 인과성, 항구성, 공간성, 경계 등의 다섯 가지로 정리하고 있다. 먼저 조직화는 체계의 부분 혹은 요소들이 서로 관련되어 있으며 연결되어 있다는 것을 의미한다. 상호 인과성은 체계의 한 부분에서 일어난 사건이 직간접적으로 모든 부분 그리고 전체에 영향을 미친다는 것을 의미한다. 항구성은 체계가 지속성을 가지고 있다는 것을 나타내며, 공간성은 체계가 물리적 공간을 점유하고 있으며 관찰될 수 있다는 것을 의미한다. 마지막으로 경계는 체계를 외부환경으로부터 구분지어 주는 일종의 테두리를 의미한다.

(2) 경계

모든 체계는 외부로부터 자신을 구분지어 주는 경계(boundary)를 가지고 있다. 경계는 두 가지 주요 기능을 하는데, 그 첫째는 체계에 속하는 구성원의 범위를 구분지어 줌으로써 체계의 정체성을 규정해 주며, 둘째는 주위 환경과의 내적, 외적 교환을 통제한다(Chess & Norlin, 1988).

사회체계가 성장하고 발달하려면 다른 체계들로부터의 에너지 투입에 어느 정도 개방적이어야 한다. 건전한 체계는 반투과성의 경계를 가지고 이 경계를 잘 유지한다. 그러나 체계를 둘러싸고 있는 경계가 얼마나 느슨한가, 경직되어 있는가는 체계마다 다른데, 경계의 속성에 따라 체계를 개방체계와 폐쇄체계로 구분할 수 있다. 먼저 개방체계(open system)는 반투과성의 경계를 가지고 있어서 에너지나 자원을 다른 체계들과 교환한다. 즉, 체계 내에서 자유로운 정보와 자원의 교환을 허용하고, 외부에서 체계 내부로, 그리고 내부에서 체계의 외부로 자유로운 에너지 흐름을 인정하는 체계를 말한다. 반면, 폐쇄체계(closed system)는 다른 체계들과 상호작용하지 않으므로 다른 체계로부터 투입도 없고, 다른 체계에 산출을 전하지도 않는다. 체계가 폐쇄적이면 시간이 지나면서 고립과 침체 그리고 효과적인 기능의 상실이 초래되는 엔트로피의 속성이 나타나게 된다. 반면, 너무 과도하게 투과적인 경계는 역할혼동과 무질서의 원인이 된다(이인정·최해경, 2000). 따라서 이상적으로 볼 때 경계는 자신을 방어할 수 있을 만큼 충분히 견고해야 하며, 또 성장을 위해 정보와 물질 그리고 에너지의 교환을 허락 할 수 있을 만큼 충분히 투과적이어야 한다.

(3) 홀론, 대상체계, 하위체계, 상위체계

체계는 그것을 구성하고 있는 부분들의 전체가 되면서 동시에 자신보다 큰 체계의 부분이 된다. 따라서 체계는 부분성과 전체성을 동시에 갖고 있다고 할 수 있다. 홀론(holon)이라는 개념은 이와 같이 부분이면서 동시에 전체가 될 수 있는 살아 있는 독립체를 지칭하는 개념이다(Hearn, 1979). 가족을 예로 들어 보자. '부분'으로서의 가족은 자신이 속한 이웃이나 지역 사회 등 보다 큰 체계에 기여한다. 동시에 '전체'로서의 가족은 가족을 구성하는 부분들, 즉, 부부, 형제자매, 개별 구성원 등 보다 작은 체계를 포함하고 있다. 이 때 가족이 속한 보다 큰 체계는 상위체계(suprasystem)라고 하며, 가족에 속해 있는 보다 작은 체계들은 하위체계(subsystem)라고 한다. 상위체계는 가족의 외부에 있으면서 그 체계에 기능적으로 연결되어 영향을 미치는 이웃이나 지역사회 혹은 종교단체와 같은 사회단위들을 말하며, 하위체계는 가족 내부에 존재하는 부분들로서, 상호작용하면서 체계를 구성하는 체계를 말한다. 일반적으로 가족체계에는 부부체계, 형제자매체계, 부모자녀체계 등의 하위체계가 존재한다. 한편, 대상체계(subject system)는 분석의 대상이 되는 특정한 사회체계를 지칭하는 것으로 앞선 예에서는 가족이 대상체계가 된다(이인정 · 최해경, 2000).

순환적 인과론과 함께 부분이면서 전체라는 홀론의 개념은 사회복지사로 하여금 클라이언트를 분리된 개인으로 사정하는 것만으로는 불충분하다는 것을 암시해 준다. 즉, 사회복지사는 대상체계에서 더 큰 전체로, 그리고 대상체계보다 더 작은 부분들로 반복적으로 옮겨가면서 사정해야 하며, 어떤 집단에 속한 한 사람의 행동을 이해하기 위해서는 그 집단 내의 하위체계들 간의 관계, 각 하위체계들이 전체 집단과 맺고 있는 관계 그리고 그 집단 내의 역동적 특성들을 살펴보아야 한다.

(4) 투입-전환-산출-환류

살아 있는 체계들은 에너지의 교환을 통해 서로 연결되어 있으며, 외부 환경과도 연결된다. 에너지는 체계가 유지될 수 있도록 하기 위한 정보나 의사소통, 자원과 같은 것을 말한다. 사회체계의 경우, 정보는 가장 중요한 에너지의 형태라고 할 수 있는데, 정보는 언어나 문서, 비언어적 의사소통 혹은 다른 매체들을 통해 전해지는 자료들을 말한다(Hanson, 1995). 체계이론가에 따르면 사회체계는 목적 지향적이다. 그러므로 체계는 내부 및 외부 환경을 살펴보면서 관련된 정보를 찾는데, 이 때 정보는 체계의 목적이나 목표 그리고 가치에 부합해야 한다.

체계이론에서는 체계가 외부로부터 에너지를 받아들여 체계가 유지되고 변화하는 과정을 투입-전환-산출로 설명하고 있다. 투입(input)은 체계가 환경으로부터 에너지를 받아들이는 것을 말하며, 전환(conversion operations)은 투입된 에너지를 체계 내에서 처리하는 과정을 말한다. 그리고 산출(output)은 체계 내에서 처리한 결과를 의미한다. 교육 프로그램을 새로 개발하고자 하는 학교와 집들이를 하고자 하는 신혼부부가 있다고 가정해 보자. 교육 프로그램을 새롭게 개발하기 위해 학교는 학부모나 학생 그리고 지역사회로부터 의견을 수렴한다. 이 때 학교체계는 교육의 목적이나 기준에 적합한 정보를 선택하여 투입한다. 또한 집들이를 계획하는 신혼부부는 다양한 요리법을 인터넷에서 검색하면서 초대 손님의 특성이나 자신의 형편에 맞는 요리를 선택하여 그 요리법을 인쇄하거나 저장할 것이다. 그다음으로 체계는 투입된 정보를 조직화하고, 가공하고, 통합하면서 체계의 정보전환 원칙에 따라 이를 사용한다. 투입된 정보를 바탕으로 학교는 학교의 원칙이나 형편에 맞게 교육과정을 논의하고 개발하는 과정을 거치며, 요리법을 찾아든 신혼부부는 그것을 보면서 식사를 어떻게 준비할 것인지 파악한다. 이와 같이 투입을 산출로 전환하기 위한 중간 과정, 즉, 전환을 거친 후, 그 산출로서 학교는 학생들에게 제공될 교육 프로그램을 실시하며, 신혼부부는 손님들에게 준비한 음식을 제공한다.

한편, 환류(feedback)는 특별한 형태의 투입으로 [그림 2-1]에서 보여

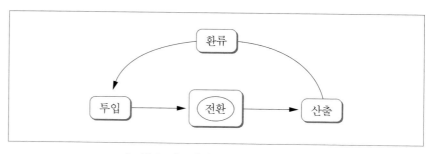

[그림 2-1]　체계의 투입-산출-전환

주는 바와 같이 체계가 '산출해 낸 것에 대한 정보'를 말한다. 위의 예에서
환류는 새로운 교육과정에 대한 학생이나 학부모들의 반응 그리고 집들이
에서의 음식에 대한 손님들의 반응이 될 것이며, 이들 반응은 각각 학교체
계와 신혼부부체계로 다시 투입되어 교육과정이나 요리법을 수정할지 지
속시킬지를 결정하게 해 준다. 환류는 두 가지 종류로 나뉜다. 긍정적 환류
는 체계가 목표와 관련하여 적절하게 행동하고 있으며, 그와 같은 행동이
더욱 요청된다는 의미를 전달한다. 반면, 부정적 환류는 체계가 목표 달성
에 도움이 되지 않는 방식으로 행동하고 있을 때 이를 알려 줌으로써 체계
가 목표와 조화를 이룰 수 있는 행동으로 수정하게 한다. 체계는 환류를 통
해 목표를 달성하기 위한 노력을 보다 더 효과적으로 조정할 수 있다(이인
정 · 최해경, 2000). 이처럼 사회체계는 체계의 목표와 관련된 환류를 외부
환경으로부터 받아들이기 때문에 목적 지향적이라 일컬어진다.

(5) 균형, 항상성, 안정상태

　체계들은 완전한 변화나 완전한 현상 유지의 상태로 존재하지 않는다(권
중돈 · 김동배, 2005). 대신, 체계들은 시점마다 다양한 상태에 놓이게 되는
데 체계이론에서 말하는 세 가지 주요 상태는 균형, 항상성 그리고 안정상
태다. 먼저 균형(Equilibrium)은 외부 환경으로부터 새로운 에너지의 투입

없이 현재의 상태를 유지하고 있는 것으로, 이 상태에서는 투입과 산출 간
의 밸런스가 유지되고 있다. 균형은 외부 환경의 다양성을 사용하지 않는
폐쇄체계의 상태를 의미하기 때문에 살아 있는 유기체보다는 기계들의 상
태에 적합하다. 주위 환경과 상호작용을 하지 않는 폐쇄체계는 체계 내부
에 고정된 구조를 가지고 있으며, 지속적인 산출을 내기 위해 정해진 규칙
에 의해 다스려진다. 방해(disturbances)가 발생하더라도 변화는 매우 협소
한 범위에서 일어날 뿐이며, 자동적으로 활성화되어 균형점에 돌아오도록
작동한다(Forte, 2007).

한편, 항상성(homeostasis)은 살아 있는 모든 유기체에서 발견할 수 있는
것으로 외부로부터의 위협이나 변화가 있을 때 체계가 동일성과 밸런스를
회복하려는 자연적 경향을 말한다. 예를 들어 우리의 신체는 자동조절장치
가 작동하여 기울어진 길을 걸을 때 균형을 유지할 수 있도록 하며, 기온이
너무 올라가면 땀을 배출함으로써 정상체온을 유지할 수 있도록 한다. 이와
같이 체계는 기온이나 소음, 신체의 표면에 가해지는 압력, 중력 등 다양한
것들과 싸우며 자신의 구조와 과정을 유지하기 위해 노력한다(Buckley,
1998). 그러므로 항상성은 균형을 유지하려는 자동적인 경향이며, 환경과
지속적으로 상호 교환을 하는 체계에 존재한다. 비록 항상성이 발휘된 후
의 결과는 이전 상태를 회복하는 것이지만 이것은 정적인 균형이 아니라
역동적인 균형이라고 할 수 있다(이인정 · 최해경, 2000).

사람들로 구성된 집단이나 지역사회 같은 체계들도 기계나 혹은 다른 살
아 있는 유기체들처럼 균형이나 항상성을 추구하지만, 이와 동시에 인간체
계는 목표 지향적인 개방체계이며, 가장 이상적으로는 안정상태(steady
state)의 특징을 보인다(Buckley, 1967). 안정상태는 환경과의 개방된 상호
변화를 의미하며, 지속적으로 변화하는 조건에 적응하면서 체계의 구조를
변경하는 것을 말한다. 역동적으로 움직인다는 점에서 안정상태는 항상성

의 상태와 다를 바 없으나, 구조 자체의 변화를 가져온다는 점에서 항상성과 구분된다. 건강한 개방체계는 현상 유지만 지향하거나 욕구 완화에만 집착하지 않고, 긴장이나 갈등을 성장을 위한 건전한 자극으로 간주하며, 새롭고 창조적으로 조직을 재배열할 수 있는 기회라고 여긴다(이인정 · 최해경, 2000).

이상에서 살펴본 바와 같이 체계이론은 인간을 역동적인 환경에 통합된 일부로, 그리고 활동적이며 살아 있는 존재로 간주한다. 따라서 체계이론은 개인에게만 초점을 두기보다는 그가 속한 다양한 체계로 시각을 넓혀주며, 체계들 간의 상호작용에 관심을 갖도록 함으로써 '환경 속의 인간'이라는 사회복지 관점과도 일치한다. 그러나 한 사람의 클라이언트가 속한 수많은 체계들을 규명하고, 어떻게 이 체계들이 상호작용하며 클라이언트의 기능에 영향을 미치는지를 사정하는 것은 결코 쉬운 일이 아니다. 또한 체계이론은 지나치게 문제 중심적일 뿐 아니라 클라이언트나 환경체계들의 현재 기능에 관심을 두기 때문에 사회복지사들은 클라이언트의 현재 문제와 관련되는 과거 기능들에 관한 중요한 정보를 간과할 수 있으며, 클라이언트의 삶에서 긍정적인 측면에 상대적으로 관심을 덜 기울일 수 있다는 점이 한계로 지적되고 있다(Rogers, 2010).

2. 생태학

생태학은 유기체와 환경 간의 관계를 연구하는 과학으로 다양한 학문 영역을 아우르고 있다(Germain, 1990). 생태이론가들은 생물학뿐 아니라 사회학, 심리학, 사회심리학, 지리학을 포함하는 다양한 학문분야의 아이디어들을 종합하며, 인간과 환경이 특정 문화와 역사적 맥락 속에서 서로 끊임없이 영향을 주고받는다는 기본 전제를 가지고 인간과 환경을 바라본다. 이에 따라 생태학적 접근이라고 불리는 응용생태학이론은 사회복지사들로 하여금 인간을 포함한 유기체와 그들이 처한 물리적, 사회적 환경 간의 교류에서 나타나는 특성과 그 결과를 검토할 수 있도록 돕는다(Germain, 1979). 생태적 관점을 취하는 사회복지사들은 사람과 환경 간의 교류를 개선하고, 클라이언트의 긍정적인 잠재력과 기질이 발현될 수 있도록 지원하는 데 중점을 둔다.

1) 생태학과 사회복지의 만남

발달심리학자인 유리 브론펜브레너(Urie Bronfenbrenner, 1917~2005)는 가장 잘 알려진 생태학 이론가 중 한 사람이다. 모스크바에서 태어난 브론펜브레너는 6세 때 가족들과 함께 미국으로 이주하여, 코넬, 하버드 그리고 미시간 대학에서 수학했으며, 1942년 박사학위를 취득한 후 군에 입대하여 제2차 세계대전 동안 미군 의료부대에서 근무하였다(Forte, 2007).

생태학적 접근으로 인간 발달을 설명하는 브론펜브레너에 따르면, 인간 발달이란 인간이 자신의 환경을 지각하고 다루는 방식이 지속적으로 변화해 가는 것이라고 정의된다. 그는 '인간생태학(Human Ecology)'이라는 개념을 처음으로 제안하였으며, 이를 통해 아동 발달에 환경의 역할이 얼마나 중요한가를 보여 준 사람이다. 예를 들어 브론펜브레너 이전에는 아동에 대한 연구는 아동심리학자들이, 가족은 사회학자들이, 그리고 인류학자들은 사회를, 경제학자들은 그 시대의 경제적 틀을, 정치학자들은 사회의 구조를 각각 연구했다. 그러나 인간의 발달 및 행동에 대한 브론펜브레너의 생태학적 이론 덕분에 언급된 제반의 환경요소들이 인간의 생애과정과 경험의 한 부분으로 보여지게 된 것이다(Lang, 2005). 브론펜브레너는 아동발달뿐 아니라 가족과 가족지원체계에 대한 비교 문화 연구로도 잘 알려져 있으며, 유명한 미국의 헤드스타트(Head Start)[1] 프로그램의 공동설계자이기도 하다.

생태학적 관점을 사회복지분야에 도입한 사람은 샌프란시스코에서 태어나 여러 대학의 사회복지학과에서 강의한 캐럴 저메인(Carel Germain, 1916~1995)이다. 브론펜브레너의 인간 발달에 대한 생태학적 이론을 선호한 저메인은 브론펜브레너의 모델이 피아제나 에릭슨의 발달단계이론들과 달리, 생애 전체 과정을 '비단계적'으로 접근하는 매우 드문 이론들 중 하나라고 여겼다. 저메인(Germain, 1987)에 따르면 브론펜브레너는 발달에 대한 생물학적, 문화적 요소의 영향력을 인식하고 있으며, 지각, 동기, 감정, 사고, 학습과 같은 심리적 과정의 중요성을 인식하고 있었다.

저메인이 생태학을 적용한 자신의 개념을 발전시킨 것은 1970년대 중반 콜롬비아 대학에 있을 때였다. 그는 자신의 이론을 생태학적 관점, 생활모델(life model), 사회생태학(social ecology)이라고 불렀는데, 저메인 이전까지는 대부분의 사회복지사들이 클라이언트의 내적, 심리적 과정이나 가족의 상호작용에만 주된 관심을 두고 있었다(Marson, 2004; Forte, 2007에서 재인용). 저메인은 생태학적 개념들이 사회복지사들로 하여금 '환경 속의 인간'이라는 관점을 더 확장할 수 있도록 해 준다고 여겼다. 그의 저서 중 『사회복지실천의 생활모델: 이론과 실천의 진전』과 『사회환경 속의 인

---

1) 헤드스타트는 빈곤층 미취학 아동들에게 긍정적인 교육 환경을 조기에 제공함으로써 취학 이후 순조로운 발달과 성장을 지속할 수 있도록 하고 더 나아가 빈곤으로부터 탈피할 수 있도록 돕기 위해 고안된 것이다. 미국의 헤드스타트 운동은 세계 여러 나라에 영향을 미쳐, 영국의 Sure Start, 캐나다의 Fair Start, 호주의 Best Start에 이어, 우리나라에도 2004년 We Start 프로그램을 생겨나게 했다.

간행동: 생태학적 관점』은 인간, 환경 그리고 인간과 환경 간의 상호 교류를 이해하기 위한 포괄적인 틀로서의 생태학적 관점을 잘 설명하고 있다. 저메인은 반복해서 사회복지사들에게 클라이언트 체계의 물리적, 사회적 환경에 대해 더 많이 고려할 것과 생애과정(life course)과 인간행동 간의 상호 영향력에 관심을 둘 것을 요청했다.

2) 인간관 및 기본 가정

생태학에서는 인간 유기체와 환경은 분리될 수 없으며 상호 관련되어 있다고 본다. 즉, 인간과 환경은 지속적인 상호작용과 상호 교환을 통하여 서로에게 영향을 미치고 서로를 형성하며, 서로에게 적응하는 호혜적 관계에 있다는 것이다. 여기서 핵심은 개인과 환경이 '상호' 간에 영향을 미치고 서로를 변화시킨다는 점이다(Germain, 1991). 인간은 환경적 요구에 따라 자신을 변화시킴으로써 환경에 적응해 갈 뿐 아니라 환경을 자신의 요구에 맞게 수정 또는 변화시키기도 한다. 이와 같은 유기체와 환경 간의 쌍방적 적응과 변화의 가능성에 대한 생태학적 가정은 결국 체계이론과 마찬가지로 순환적 인과론을 내포하고 있음을 뜻한다(Forte, 2007). 생태학은 유전이나 정신결정론 및 환경결정론과 같은 직선적 인과론을 배격하고, 인간과 환경 간의 상호 교류를 통해 인간은 환경에 결정적 영향을 끼치며, 환경은 다시 인간에게 결정적인 역할을 하는 순환을 지속한다고 본다. 그리고 이와 같은 상호 간의 적응을 통해 인간은 진화하며 발달해 간다. 그린(Greene, 1991b: 271)은 생태학적 관점의 인간관 및 기본 가정들을 다음과 같이 정리하고 있다.

- 인간은 환경과 상호작용하고 다른 사람들과 관계를 맺는 능력을 타고

난다.

- 유전 및 생물학적 요소들은 환경과의 관계를 통해 빚어진 결과이며, 이는 다양한 방식으로 표출된다.
- 인간-환경은 인간과 환경이 상호 간에 서로 영향을 미치는 단위로서의 체계, 즉, 호혜적 관계를 형성한다.
- 적합성은 적응적인 개인과 지지적인 환경 간의 관계를 통해 성취되는 호혜적인 개인-환경 과정이다.
- 사람은 목적 지향적이다. 사람은 유능하려고 노력한다. 개인이 환경에 대해 갖는 주관적 의미가 발달의 열쇠다.
- 사람은 자연스러운 환경과 상황 속에서 이해되어야 한다.
- 성격은 개인과 환경 간의 오랜 상호작용의 산물이다.
- 긍정적 변화는 생활경험으로부터 야기될 수 있다.
- 생활상의 문제는 전체적인 생활공간 속에서 이해되어야 한다.
- 클라이언트를 돕기 위해 사회복지사는 클라이언트의 생활공간 어디든 개입할 준비가 되어 있어야 한다.

3) 주요 개념

(1) 다섯 수준의 환경체계

브론펜브레너(1979; 1989)는 인간의 발달과 행동에 관련된 환경을 다섯 개의 수준으로 구분하고 있다. 크기가 다른 여러 개의 인형들이 겹겹이 들어 있는 러시아 인형은 개인과 그 개인을 둘러싼 여러 환경체계들이 어떤 형태로 존재하는지를 보여 주기 위한 은유로 자주 인용된다. 가장 안쪽에 있는 러시아 인형을 한 개인이라고 가정하면, 그 개인이 들어 있는 그다음 인형은 가장 즉각적이고 가까운 환경체계이며, 이것은 다시 그보다 더 큰

환경체계인 그다음 크기의 인형 안에 속한다. 이처럼 개인을 둘러싸고 있는 다섯 수준의 체계가 각각 무엇을 의미하는지 살펴보면 다음과 같다.

　미시체계(microsystem) 혹은 즉각적인 장면(immediate setting)이라고도 하는 첫 번째 수준의 체계는 한 개인이 매일 직접 접하게 되는 가장 가까운 체계로, 여기에는 배우자나 가족, 동료, 학교, 직장, 어린이집, 이웃 등의 물리적 환경 및 관계들이 포함된다. 중간체계(mesosystem)는 개인이 매일 생활하면서 접하는 즉각적인 체계들 사이의 상호작용에 초점을 둔 개념이다. 예를 들면 학교와 집, 부모님과 선생님 같이 각각의 미시체계들 사이의 관계가 바로 중간체계다. 이것을 다르게 표현하면 '미시체계들의 체계'라고 할 수 있다. 그다음 수준은 외부체계(exosystem)인데, 이것은 개인이 반드시 직접 참여하거나 직접 관련되는 것은 아니지만 거기서 일어나는 일들이 개인에게 직간접적으로 영향을 주는 여러 사회적 장면이나 상황들을 말한다. 외부체계에는 배우자의 직장, 자녀가 다니는 학교, 부모님이 다니는 교회나 절, 대중매체, 정부나 다른 기관 등이 포함된다. 지역사회 내에 있는 학교를 폐쇄하기로 한 정책적 결정을 예로 들어 보자. 비록 모두가 그 결정에 참여하지는 않았으나 그 지역사회에 사는 사람들은 그 결정으로 인해 영향을 받는다. 자녀가 있는 가정에서는 자녀를 다른 학교에 전학시켜야 하며, 멀리 있는 학교에 보내기 위해 자가용이나 버스를 아침마다 이용해야 한다. 이와 같이 직접적으로 참여하지는 않지만 개인의 삶에 영향을 주는 것을 외부체계라고 한다. 그다음 수준은 거시체계(macrosystem)로 이는 다른 모든 수준의 환경에 영향을 미치는 보다 큰 문화적, 사회적 요소들을 포함하는 환경을 말한다. 예를 들면 문화나 민족, 경제, 법, 철학, 정치 등과 같은 인간 삶의 제도적 측면이 모두 거시체계가 된다. 따라서 지금까지 말한 다른 모든 수준의 체계들이 이 거시체계 안에 들어 있다고 할 수 있다. 마지막으로 브론펜브레너는 연대기적 체계(chronosystem)를 하나 더 추가하였다. 연대기적 체계는 시간체계라고도 불리는데, 이 체계는 인간의 경험에 영향을 미치는 사회 역사적 측면에 대한 고려를 의미한다. 예를 들어 결혼이나 이혼과 같이 개인 차원에서 특정 시기에 겪은 사건들, 또는 사회구성원이 공동으로 경험한 특정 시기의 상황이나 사건들이 여기에 속한다. 한국 전쟁이나 광주 민주화운동, 혹은 1990년대 말의 경기침체나 9·11 테러 등과 같은 사건은 연대기적 체계에 속하는 역사적 사건들로서, 사회구성원들의 발달과 행동에 영향을 미친다. 앞의 네 수준과 달리 연대기적 체계는 시간적 측면을 또 다른 하나의 '환경'으로 개념화한 것이라 할 수 있으며, 이는 '과거'의 중요성을 간과하기 쉽다는 체계이론의 한계를 보완해 준다.

　이상에서 언급한 다섯 가지 수준의 환경체계들은 서로 교류하면서 인간의 전 생애에 걸쳐 발달과 행동에 영향을 미친다.

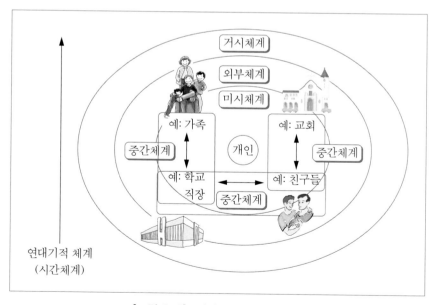

[그림 2-2] 다섯 수준의 환경체계

(2) 적합성과 적응

적합성(goodness of fit)은 개인의 욕구와 환경의 속성이 얼마나 서로 잘 맞는가를 의미하는 개념이다. 인간을 포함한 유기체는 적합성을 최대로 끌어올리기 위해 환경에 적응하고, 환경 역시 인간의 요구에 적응하면서 변화하고 발달한다. 이를 통해 서로에게 유익한 효과를 가져올 때는 호의적 적합성이 이루어진 것이지만 어느 한쪽의 희생을 기반으로 생존과 발달이 이루어질 경우는 부적합성이 야기된다(권중돈·김동배, 2005).

저메인과 블룸(Germain & Bloom, 1999)에 따르면 개인의 욕구와 환경의 속성, 이 두 가지가 어떻게 맞물려지는가에 따라 호의적 적합성, 최소한의 적응적 적합성, 비호의적 적합성으로 구분된다. 호의적 적합성의 경우, 환경이 유지되고 향상되는 동시에 그 속에 있는 사람도 성장하고 지속적으로 발전한다. 최소한의 적응적 적합성은 양쪽 다 성장 발전하는 것이 아니라 다른 한 편에 해를 끼치지 않으면서 적어도 한 편에는 충분히 지지적인 상태를 말한다. 비호의적 적합성은 어느 쪽에도 지지적이지 않으면서 오히려 한쪽 혹은 양쪽에 해를 끼치는 것을 말한다. 이와 같이 서로 다른 적합성의 유형은 결국 모든 사람이나 환경이 호의적 적합성을 성취하는 것은 아니라는 것을 의미한다. 사람에게도 한계가 있을 뿐 아니라 차별이나 억압, 사회적 배제와 같은 속성을 가진 환경 속에서는 최적의 적합성을 성취하는 것이 더욱 어려울 것이다(권중돈·김동배, 2005).

한편, 적응(adaptations)은 "사람들이 자신과 그들의 환경 간의 적합 수준(level of fit)을 유지하거나 향상시키기 위해 사용하는 지속적이고 변화 지향적이며, 인지적, 감각적, 지각적, 행동적인 과정이다."(Germain & Gitterman, 1995: 817; Germain & Bloom, 1999에서 재인용) 사람들은 자신의 욕구, 권리, 능력, 목표를 달성하기 위해서 자신과 환경 간의 최적의 적합성을 추구한다. 무슨 이유에서건 자신과 환경 간의 적합성이 좋지 않을

때 사람들은 자신이나 환경, 혹은 양자 모두를 변화시키려는 능동적인 결정을 하게 되는데, 이 때 생겨나는 변화들이 바로 적응이다. 이것은 신체적, 심리적 변화와 같은 자신의 내적 변화가 될 수도 있고, 사회 문화적 변화와 같은 외적 변화가 될 수도 있다. 즉, 적응은 환경의 요구에 맞게 자신을 변화시키는 방향이 될 수도 있고 자신의 욕구, 권리, 능력, 목표에 보다 잘 반응할 수 있는 물리적, 사회적 여건을 만들기 위해 환경을 변화시키는 방향으로 진행될 수도 있다(Germanin & Bloom, 1999).

생태학 이론은 사회복지사들로 하여금 사람과 환경은 항상 변화하고 있으며, 이에 따라 적응은 매우 중요한 이슈라는 점을 상기시킨다. 예를 들어 사람들은 이사나 결혼이나 직업 전환과 같은 사건에 적응해야 한다. 마찬가지로 주택, 교통을 포함한 환경적 이슈들은 사회의 개별 구성원들의 욕구를 충족시킬 수 있도록 변화하고 적응해야 할 필요가 있다. 그러므로 생태학적 관점에서 볼 때, 사회복지사들이 할 일은 사람들로 하여금 그들의 환경에서 일어나는 변화에 적응하도록 돕고, 개인의 변화된 욕구에 환경이 적응하도록 돕는 것이다(Rogers, 2010).

그런데 여기서 말하는 적응은 순응(adjustment)과 구분되어야 한다. 순응은 환경에 대한 수동적인 안주를 의미한다. 예를 들어 시끄럽고 복잡한 도시 생활이 자신과 자신의 아이들에게 좋지 않은 영향을 주더라도 그냥 거기에 순응해서 살 수 있는데, 이것은 능동적 적응이 아닌 수동적 안주다. 여기서 능동(적응)과 수동(순응)을 구분하는 가장 중요한 차이는, 저메인과 블룸(Germain & Bloom, 1999)에 따르면, 의사결정 과정을 자신이 통제하고 있는가 아니면 어떤 다른 힘에 의해 지배를 당하고 있는가에 있다. 질병으로 입원해 있는 자녀가 외출을 하겠다고 말도 안 되는 억지를 부린다고 가정하자. 이 때 부모는 아픈 아이의 요구를 들어줄 수도 있고, 그 억지와 고집을 꺾을 수도 있다. 이 경우 어느 쪽이 적응이고 어느 쪽이 순응이라고

할 수 있을까? 저메인은 둘 다 능동적인 적응이 될 수 있다고 말한다. 전자의 경우 아이의 요구를 그대로 들어주는 것이므로 수동적인 것 같지만 만약 부모가 아이의 요구에 어쩔 수 없이 순응한 것이 아니라 그 상황에서 그 요구를 들어주는 것이 최선이라고 여기고 그렇게 결정했다면, 그것 역시 능동적인 적응일 수 있다고 말한다. 또 다른 예로 이사나 이민과 같은 새로운 환경을 추구하는 경우를 생각해 보자. 이 경우 새로운 환경이 인간과 환경 간의 적합성을 증진시키는가에 따라서 적응인가 순응인가를 구분할 수도 있으며, 변화의 목적이 무엇을 찾기 위함인가 아니면 무엇으로부터 벗어나기 위함인가에 따라 능동이냐 수동이냐를 구분할 수 있다. 여기서 핵심은 삶에서 직면하게 되는 수많은 문제들을 능동적으로 해결하는가 아니면 그것을 수동적으로 피하는가에 있으며, 적응의 내용과 방향은 개인의 성격, 그가 지닌 자원과 경험 그리고 그가 속한 사회환경의 성질과 문화에 의해 좌우된다.

(3) 생활사건 및 스트레스와 대처

앞서 언급한 대로 생태학에서는 인간의 지속적인 적응 그리고 환경과의 끊임없는 상호작용을 강조한다. 그런데 개인과 환경 간의 교류는 여러 가지 생활 스트레스를 야기할 수 있으며, 인간은 그 스트레스에 대처해 나가야 한다. 생태학적 관점에서 볼 때 사회복지사는 클라이언트가 지닌 다양한 유형의 취약성을 사정할 필요가 있으며, 그들 삶에서 생겨나는 부정적인 사건들에 대해 사람들이 어떻게 적응하는가에 관심을 가진다. 여기서 취약성이란 다양한 개인적, 유전적, 문화적 또는 사회경제적 요소들을 포함하며, 이것은 곧 외상이나 질병, 외로움, 빈곤 등과 같은 스트레스 요인과 관련된다. 사회복지사는 환경적인 스트레스 요인에 의한 상호 역할을 바르게 인식하기 위해 이들 요소가 체계의 다양한 수준에 미치는 영향과 상호작용에 초점을 두어야 한다.

① 생활사건

생활사건(life events)은 사람과 환경에 영향을 주는 모든 자극들을 의미하는 것으로, 실직이나 질병, 결혼이나 이혼 및 생애의 전환과정에서 경험하는 것을 포함한다. 생활사건은 어떤 사람에게는 긍정적 경험으로 지각될수 있고, 다른 사람에게는 부정적 경험으로 지각될 수 있으며, 제삼자에게는 긍정과 부정이 혼합되거나 혹은 긍정적이지도 부정적이지도 않은 중성적인 경험으로 인식될 수 있다. 또한 하나의 생활사건이 갖는 의미는 이후에 연속되는 사건에 따라서도 변화될 수 있다.

② 스트레스 요인

스트레스 요인(stressors)은 사람이나 환경에 문제를 일으키거나, 혹은 문제를 일으킨다고 지각되는 생활사건들의 핵심 범주를 말한다. 여기에는 실직이나 대인관계에서의 갈등, 일반적인 생애과정의 전환기에 느끼는 어려움 등이 포함되며, 질병이나 사별과 같은 내적 생활 스트레스 요인도 그 예가 된다. 이와 같은 발달상의 변화나 사회적 변화, 또는 외적 생활 스트레스 요인은 상실이나 해로움 같은 일종의 위협으로 존재한다.

③ 스트레스

사회적 변화와 발달상의 변화, 충격적 사건, 다양한 생활문제 등과 같은 내·외적 스트레스 요인으로 인해 발생하는 심리적, 생리적 반응을 스트레스(stress)라고 한다. 사람들은 내적 혹은 외적 생활사건들이 자신에게 지장을 줄 때 또는 이를 적절히 해결하는 데 필요한 개인적, 환경적 자원이 충분하지 않다고 생각할 때 일반적으로 스트레스를 경험한다. 흔히 우리는 장이 꼬인다거나 불안을 느끼는 등의 생리심리적 반응을 경험하게 되는데 이것을 통해 우리는 스트레스가 무엇인지를 쉽게 알 수 있다.

인간은 자신의 물리적, 심리적, 사회적 욕구를 충족시킬 수 있는 환경에 대한 선천적인 욕구를 가지고 있다. 충분한 영양소와 자원이 있는 환경을 이미 점유하고 있는 사람의 경우 그는 발전하고 번영하겠지만, 반대로 자원이 부족하다면 신체·사회·정서 발달은 위태로울 수밖에 없다. 예를 들어 가족, 친구, 이웃, 신앙 공동체와 같은 연결망을 통해 사회적 지지가 제공되는 환경에서는 스트레스가 유발되는 생활사건들의 영향이 완화될 가능성이 크다. 이와 반대로 환경이 제공하는 사회적 지지가 불충분하다면 개인과 환경 간의 상호작용은 더 복잡해지고, 개인은 더 많은 해를 입게 될 위험에 놓인다.

④ 대처

어떤 부정적인 생활사건으로 인해 스트레스를 지각하게 되면 사람들은 정서적 고통을 통제하기 위해 자신이 그 문제에 대해 무엇을 할 것인가를 생각한다. 대처(cope)는 자신이 지각한 스트레스를 해소하기 위해 개인이 수행하는 행동으로서, 스트레스 요인 및 그 결과로 발생하는 스트레스에 대한 지속적인 활동이다. 생활의 한 영역에서 발생한 스트레스는 다른 영역에서 쓰일 에너지를 빌려와 문제를 해결하는 데 전력하므로 생활의 다른 측면에 문제를 일으킬 수 있다. 대처능력은 개인적 에너지와 환경적 에너지, 즉, 내·외적 자원을 필요로 한다. 개인적 에너지에는 자존감이나 문제 해결 기술 등이 포함되며, 환경적 에너지에는 가족, 사회적 관계망, 조직의 지원 등이 포함된다.

대처가 효과적일 때 스트레스는 해소된다. 새로운 개인적 에너지나 환경적 에너지가 투입되어, 그 사람이 평상시 가진 개인적 자원과 환경적 자원을 넘어선다고 생각되었던 스트레스 요인에 작용함으로써 스트레스가 해소되는 것이다. 그러나 대처가 효과적이지 않을 때 스트레스는 증가하고 신체적, 심리적, 사회적 역기능이 유발된다. 심한 스트레스가 오랜 시간 지속되면 사람의 반응체계와 환경으로부터의 지지는 붕괴될 수 있다.

(4) 생태적 지위

생태적 지위(niche)[2]는 어떤 조직 내에서 한 구성원이 차지하는 지위나 역할을 말한다. 생애의 각 단계마다 사람들이 직면하는 발달과제 중 하나가 바로 사회에서 자신의 생태적 지위를 찾는 것인데, 이는 안정적인 자기와 자기존중감을 획득하기 위함이다. 생태적 지위를 형성할 수 있다는 것은 자신의 욕구와 능력이 서로 일치하는 환경 속에서 다양한 기회들이 존재하기 때문이라고 볼 수 있다. 이와 같은 전제는 인종이나 민족, 가난, 장애 혹은 성정체성으로 인해 사회적으로 배제된 사람들에게는 생태적 지위가 매우 비현실적이라는 것을 뜻한다. 사회복지사들은 사람들의 환경에 대한 근본적인 사정의 한 측면으로서 생태적 지위라고 하는 개념이 갖는 함의를 인식해야 한다(Parrish, 2010).

생태학 역시 체계이론과 마찬가지로 사정해야 할 각 수준의 체계들이 끝이 없기 때문에 사정단계에서부터 사회복지사들은 압도될 수 있으며, 두 명의 다른 사회복지사가 동일한 사례를 사정했을 때 너무나 다른 결과를 만들어 낼 가능성이 높다. 그러나 같은 이유에서 생태학적 관점은 매우 포괄적이라는 강점을 가진다. 특히 심리적이고 개인적인 측면을 넘어서서 클라이언트가 생활하고 있는 환경과 상호작용을 강조함으로써 문제에 대한 책임을 개인 혹은 환경, 어느 한 가지에만 돌리지 않는다. 오히려 문제의

---

2) '적소'라고 번역되어 사용되기도 한다.

해결을 두 영역에서 모두 찾고자 하는데, 그만큼 생태학은 클라이언트의 삶에 존재하는 역동의 복잡성과 중요성을 강조한다. 또한 대처나 적응과 같은 생태학의 개념들은 사회복지사들이 클라이언트의 상황과 클라이언트를 이해하는 데 비교적 쉽게 적용될 수 있을 뿐 아니라 원조 과정에서도 활용될 수 있다(Rogers, 2010).

3. 생태체계적 관점과 사회복지실천

지금까지 살펴본 대로 체계이론과 생태학은 그 개념이나 가정이 상당 부분 유사하다. 특히 두 이론은 체계에 대한 개념이나 인간과 환경 간의 상호작용에 대한 관점에서 유사성을 가지고 있는데, 예를 들면 두 이론은 모두 인간과 환경의 상호작용 및 양자 간의 관계를 역동적이고 변화하는 과정으로 본다. 또한 두 이론 모두 체계에 초점을 두며, 어떻게 체계가 자신을 유지하며, 다른 체계에 영향을 미치는지 그리고 어떻게 전체 체계로서 기능하도록 하는 데 기여하는지에 관심을 둔다. 따라서 사회복지분야에서는 클라이언트의 문제를 보다 완벽하게 설명하고 해결하기 위해 두 이론을 종합한 생태체계적 관점을 실천에 적용하고 있다(Rogers, 2010).

생태체계적 관점은 비록 실천기법을 제공하지는 않지만 클라이언트와 그가 가진 문제를 정의하고 사정하는 새로운 시각을 제시해 준다. 체계이론은 다중체계의 맥락 속에서 사람들의 행동을 고려하도록 돕기 때문에 더 이상 개인 중심이 아닌 다양한 사회체계들 속의 개인을 중심으로 문제가 규명될 수 있도록 한다. 개인의 환경이 사정의 한 부분으로 자리 잡게 되면서, 사회복지사들이 클라이언트의 문제를 지각하고 정의하는 것은 그 개인에게만 초점을 맞추었을 때와는 상당히 달라지게 된 것이다. 물론 서로 연관되어 있으면서 동시에 여러 수준으로 나누어지는 체계의 특성 때문에 사회복지 사정과 개입이 매우 복잡하게 되는 것은 사실이다. 그러나 사회복지사들은 일어나고 있는 변화의 특성을 예측하고 인지하기 위해 체계들의 역동적인 변화 가능성을 항상 염두에 두어야 한다(Parrish, 2010). 또한 생태체계 개념들은 사람들이 스트레스에 적응하는 것과 스트레스를 극복하는 것이 다른 것이라는 점을 분명히 하고 있다. 스트레스 요인에 대한 대처나 적응은 방어(defence)라는 정신분석적 개념과 구분되는데, 방어는 내적으로 발생된 불안에 초점을 두기 때문이다. 사회복지사들에게 이러한 구분은 다른 이론적 모델에 비해 스트레스와 변화의 책임을 훨씬 덜 병리적인 시각으로 보게 함으로써 클라이언트들의 역량강화를 돕는다는 장점이 있다. 최근 다른 곳으로 이주한 사람을 생각해 보자. 생태체계적 관점을 가진 사회복지사는 이 사람에게 잠재적인 개인적, 문화적, 사회적 어려움들이 복합적으로 겹쳐 있다는 것을 예측할 수 있다. 개인적으로는 지금까지의 생활양식을 잃게 된 것에서 비롯된 상실감, 취업과 거주지 확보의 어려움을 경험하게 될 것이라는 점과 문화적으로는 익숙한 환경이나 그동안 불편함 없이 사용했던 언어, 종교, 음식들로부터 고립되어 있다는 것을 알 수 있다. 또한 사회적으로는 배제와 차별의 대상이 될 수도 있고, 범죄에 취약한 거주지에서 생활하게 될 수도 있다. 따라서 그들이 처한 상황은 이상의 모든 요인들의 작용에 의해 영향받게 되는데, 그것은 대부분 개인적 결손보다는 주의 깊은 관심과 지원이 요구되는 환경 때문임을 알 수 있다.

사회복지사들에게 매우 강력한 사정 도구가 되고 있는 에코맵(eco-map)의 활용 역시 생태체계 개념 덕분이다. 에코맵은 사람들의 관계 그리고 그들의 생활에서 관련되어 있는 체계들을 묘사하는 시각적 다이어그램으로, 하트만에 의해 처음 개발되었다(Parrish, 2010). 에코맵은 공식적, 비공식적 지원과 갈등의 근원들을 나타내 주는데, 특히 개인과 가족들의 관계패

턴과 지지 및 갈등의 근원들을 시각화해 줌으로써 사회복지사들이 구술적 논의만 할 때보다 훨씬 효과적인 방법으로 클라이언트를 도울 수 있도록 해 준다.

이와 같이 체계이론 및 생태학에 바탕을 둔 생태체계적 관점은 클라이언트의 상황을 해석하고 사정하는 데 유용한 개념적 틀을 제공한다.

사례를 통해 생각해 보기

16세 고등학생인 정훈이는 최근 학업성적과 수업태도 문제로 학교사회복지사에게 의뢰되었다. 정훈이의 학업성적은 2년 전부터 계속 떨어지고 있으며, 결석하는 날도 잦아졌다. 수업시간에도 잠을 자거나 지루해하고 다른 학생들과 자주 싸움에 휘말렸다. 정훈이는 친구가 거의 없지만 그래도 몇 명의 선생님과는 잘 지내는 편이었다.

정훈이의 가정에는 과거 몇 년간 큰 위기가 닥쳤다. 어머니는 약 1년 전에 암으로 진단을 받았고, 아버지는 다니던 공장에서 쫓겨나 실직 상태이며 줄곧 술에 취해 정훈이에게 폭력을 휘두른다. 정훈이는 집에 잘 들어가지 않고 동네를 배회하거나 자신이 다니는 교회에서 시간을 보내곤 한다. 정훈이는 목회자와 비교적 좋은 관계를 맺고 있으며, 학교에 가지 않는 날은 자원해서 교회 일을 돕는다.

(출처: Rogers, 2010, p. 19에서 발췌 및 수정)

생태체계적 관점에서 사회복지사는 위 사례에 대하여 어떻게 접근할 것인가 생각해 보자.

1. 먼저 정훈이가 속한 미시체계를 살펴보자. 집과 학교, 교회 그리고 이웃의 물리적 환경, 가족, 선생님, 친구, 목회자와의 상호작용 그리고 아들로서, 친구로서, 학생으로서, 교회의 일원으로서 그의 역할에 대해 사정할 수 있다.

2. 다음은 중간체계로 넘어가 보자. 정훈이의 환경 내에 있는 둘 혹은 그 이상의 체계들이 어떻게 상호작용하면서 정훈이의 발달에 영향을 주고 있는가? 정훈이의 집과 학교생활 간의 상호 연관성 그리고 가정과 교회 생활 사이의 상호작용을 파악할 뿐 아니라 이웃 환경이 그가 속한 다른 체계들에게 어떻게 영향을 주는지 살펴볼 수 있다.

3. 정훈이가 직접 참여하지는 않지만 정훈이의 발달과 삶에 영향을 주는 외부체계에는 어떤 것이 있는가? 예를 들면 아버지가 일했던 공장, 엄마가 질병과 관련해서 도움을 받고 있는 보건의료체계, 혹은 아버지가 주로 다니시는 술집 등이 정훈이의 문제해결을 위해 사정에 포함될 수 있다.

4. 그 밖에 또 어떤 부분들을 사정할 수 있을까 생각해 보자. 스트레스와 대처 그리고 적응의 측면을 사정해 볼 수 있을 것이다. 정훈이가 가정 내에서 발생한 최근의 변화들에 대해 어떤 방식으로 적응하고 대처해 왔는가? 정훈이가 지닌 문제를 해결하기 위해 내·외적 자원으로 활용할 수 있는 것은 무엇인가?

[길잡이] 이상의 모든 정보를 가지고 사회복지사는 정훈이의 환경에서 어떤 요소가 그의 발달과 기능에 가장 큰 영향을 미치는지 결정하게 된다. 그리고 이 요소들은 정훈이의 상황을 개선하기 위해 어떻게 개입할 것인지를 결정하는 데 도움을 준다. 체계들 간의 상호 연관성을 강조하는 생태체계적 관점에서는 사회복지사가 정훈이의 환경 가운데 한 차원 혹은 몇몇 차원에만 개입해도 증폭된 효과를 가져올 것이라고 가정한다. 따라서 한 영역에 대한 개입은 정훈이의 다른 환경체계에도 영향을 주어 그가 처한 전반적인 상황에 변화를 가져오게 될 것이다. 특히 정훈이가 가진 내적 강점들을 활용하여, 변화된 환경에 정훈이가 적응할 수 있도록 돕고, 정훈이의 욕구를 해결할 수 있는 환경을 조성하기 위해 활용 가능한 외부의 인적/물적 자원들을 활용하는 것에 초점을 둘 수 있다.

제 2 부

인간행동과 성격이론

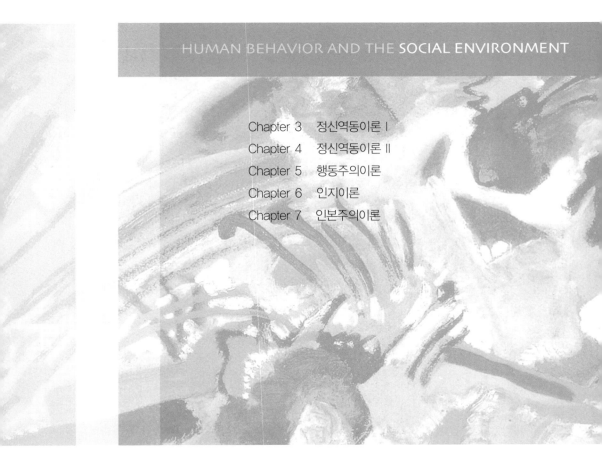

HUMAN BEHAVIOR AND THE SOCIAL ENVIRONMENT

Chapter 3 정신역동이론 I

정신역동이론은 지그문트 프로이트의 정신분석이론에서 시작되었다. 사회복지전문직의 발달 역사에서 프로이트의 정신분석이론은 문제에 대한 사정과 욕구를 가진 사람들을 돕기 위한 사회복지적 접근에 보다 과학적이고 지적으로 신뢰할 만한 기반을 제공해 주었다고 평가된다. 뿐만 아니라 그의 기본 개념들은 인간행동을 이해하기 위한 오늘날의 접근 방법에도 많은 영향을 미치고 있다. 특히 대부분의 사회복지사들은 그 실천 분야를 막론하고 프로이트의 자아, 무의식 그리고 방어기제 등의 개념으로부터 영향을 받은 많은 지식들을 활용하고 있다. 지금은 비록 고전이 되었지만, 그럼에도 불구하고 프로이트 이론의 기본 개념과 이 개념들이 지난 세기 동안 어떻게 진화되었으며 해석되어 왔는지를 알아 두는 것은 효과적인 사회복지실천을 위해 필요하다. 이 장에서는 정신역동이론의 뿌리인 고전 정신분석이론을 살펴본다.

1. 고전 정신분석이론

1) 지그문트 프로이트

지그문트 프로이트(Sigmund Freud, 1856~1939)는 1856년 모라비아의 작은 도시 프라이베르크에서 태어났다. 오늘날 모라비아는 체코 공화국의 일부이지만 당시에는 오스트리아-헝가리 제국에 속해 있었다. 재정적인 이유로 인해 프로이트가 네다섯 살이 되었을 무렵, 가족 전체가 비엔나로 이사를 간 후부터 독일이 오스트리아를 점령한 1938년까지 프로이트는 그의 생애 대부분을 비엔나에서 보냈고, 그의 생애 마지막 즈음에 독일군을 피해 영국으로 피난을 갔지만 20년간 앓아 온 구강암으로 사망했다.

그는 모직물 거래를 하는 유대인 집안 출신이었는데, 위로는 이복형제 둘과 아래로는 6명의 동생이 있었으며, 자기보다 한 살 많은 조카도 있었다. 그의 집안은 가난했지만 부모는 어릴 때부터 똑똑했던 프로이트에게 많은 기대를 걸었다고 한다. 프로이트는 당시 두뇌가 명석한 유대인 학생들이 선택할 수 있었던 몇 안 되는 진로 가운데 의사의 길을 선택하여 비엔나 대학교에 진학하였다. 대학에서 생리학 실험실 조교로 일하면서 생리학적 문제에 크게 매력을 느꼈고, 대학 졸업 후 연구기관에서 연구를 지속하였지만 재정 문제로 연구소를 나와 일반 병원 레지던트로 일하다가 1881년 임상신경학자로 개인병원을 개업하였다.

프로이트는 지속적으로 인간의 중추신경계에 대한 연구에 관심을 가졌고, 자신의 친구 브로이어(Breuer)의 환자 '안나 O'에 대한 공동 치료와 연구를 통해 1895년 정신분석의 시작으로 알려진 '신경증에 관한 연구'를 발표하였다. 또한 프로이트는 40대 초반에 많은 정신신체적 증상들을 앓았으며, 죽음에 대해 심한 공포도 겪었는데, 그 당시 프로이트는 환자에 대한 연구뿐 아니라 자기 분석에도 착수하였다. 그는 자신 내에 존재하는 갈등과 비합리성 등의 신경증 문제를 발견하고, 이를 성적 긴장의 누적에 기인한 불안신경증이라 진단하였다. 프로이트가 사용한 자기 분석의 방법은 바로 꿈을 이용한 분석이었는데, 2년에 걸친 자신의 꿈에 대한 분석은  1900년 『꿈의 해석』이라는 유명한 저서를 탄생시켰다. 이 저서에서 프로이트는 자신의 꿈, 기억, 어린 시절을 분석하고 인간의 심리에 미치는 무의식의 절대적 영향력을 주장하였다.

　그의 명성은 1919년부터 그가 죽은 해인 1939년까지 최고조에 달했으며, 프로이트의 정신분석이론은 심리학과 정신의학뿐 아니라 문학, 예술, 종교를 망라한 20세기 인류문명 전반에 막대한 영향을 끼쳤다. 프로이트의 막내 딸 안나 프로이트는 아버지의 뒤를 이어 정신분석가로 영국에서 활동했으며 융, 아들러와 함께 신프로이트 학파를 형성하여 아버지에 의해 창시된 정신분석이론을 지속적으로 계승 발전시켰다(김석희 역, 2005; Boeree, 2006).

안나 O의 사례

　'안나 O'로 알려진 사례의 주인공은 베르타 파펜하임이다. 그녀는 1880년 병든 아버지를 돌보기 시작하면서 기운이 빠지고 식욕을 잃게 되었으며 신경성 기침이 생겼다. 그리고 두통과 잦은 기분 변화 및 환각에 시달렸고, 오른팔과 목이 부분적으로 마비되기까지 했다. 프로이트의 친구이자 동료인 브로이어가

왕진을 오는 동안 베르타는 나아지는 것처럼 보였으나 1881년 아버지가 돌아가셨을 때 증세는 더욱 심하게 악화되었다. 브로이어는 베르타를 날마다 찾아가서 그녀의 이야기에 귀를 기울였다. 베르타는 끊임없이 말을 했는데 그것은 베르타로 하여금 잊어버린 감정과 기분을 되살리도록 도와주는 듯했다. 베르타는 이를 두고 농담조로 굴뚝 청소라고 불렀고, 굴뚝 청소를 통해 일부 증세가 사라지는 듯했다. 1882년 브로이어는 프로이트에게 이 흥미로운 증세를 이야기하고, 그가 '카타르시스 요법'이라고 부르는 방법으로 치료에 성공했다고 말했다. 그러나 이후 브로이어와의 치료관계를 종결할 때가 다가오자 베르타의 신경증이 극적으로 재발했다. 마지막으로 왕진을 간 브로이어는 베르타가 심한 복통으로 몸부림치고 있는 것을 발견했는데 그녀는 자신이 브로이어의 아이를 임신했다고 주장한 것이다. 물론 그것은 순전한 환상이었지만 브로이어는 당장 치료를 중단했다. 프로이트는 이 사례를 전해 듣고 베르타가 브로이어를 사랑하게 된 것이 분명하다고 확신했으며, 베르타의 성욕이 신경증 문제의 일부일 가능성에 눈을 돌리게 되었다. 1954년 독일에서 발행된 우표에는 베르타 파펜하임의 얼굴과 인류에게 도움을 준 사람이라는 글귀가 적혀 있다.

(출처: 김석희 역, 2005)

2) 인간관 및 기본 가정

프로이트는 인간에 대한 결정론적 관점을 가지고 있다. 그에 따르면 인간의 기본 성격구조는 초기 아동기, 특히 만 5세 이전의 경험에 따라 결정되며, 이러한 기본 성격구조는 성인기가 되어도 변하지 않고 지속된다. 이와 같은 성격의 불변성에 대한 강조, 그리고 초기의 사건이 이후의 사건을 결정한다는 결정론적 관점으로 인해, 프로이트의 정신분석이론은 현재보다는 과거를 더 중요시한다. 또한 인간의 정신활동은 의식과 무의식, 원초아와 초자아 사이에 일어나는 갈등의 결과라고 보았는데, 이런 가정 때문에 프로이트의 이론을 갈등심리학 또는 심층심리학이라고 부르기도 한다(권중돈·김동배, 2005).

(1) 생물학적 정신결정론

프로이트는 인간을 포함한 모든 유기체(organism)가 그 자체의 생존과 재생산을 위해 활동하며, 자신의 욕구를 충족시키는 방향으로 움직인다고 보았다. 그는 모든 인간행동에는 생물학적 기원이 있다고 주장하는데, 간단히 말하면 인간은 배고픔, 갈증, 성욕과 같은 생리적 욕구를 해결하고자 행동하며, 고통을 회피하고자 행동한다는 것이다. 예를 들어 위가 비어서 허기를 느끼게 되면 음식을 원하거나 떠올리게 된다. 배고픔을 느끼는 '신체적 긴장상태'는 음식에 대한 소망, 즉, '정신적 표상'을 만들어 내는데, 이러한 소망(wish)의 집합체를 프로이트는 본능(instinct)이라고 규정하고, 인간행동은 이와 같은 본능의 지배를 받는다고 보았다.

(2) 무의식적 동기

프로이트는 인간의 행동이 비합리적이고, 충동적인 무의식에 의해 결정된다고 보았다. 그에 따르면 인간의 모든 행동, 사고, 감정에는 의미와 목적이 있으며, 우연적 사건이나 인간의 자유의지의 결과가 아니라, 무의식이라는 인간 정신의 심층 구조에 근원을 두고 있다고 본다. 특히 인간의 행동, 사고, 감정은 신체적 긴장상태에 의해 유발되는 무의식적인 성적 본능과 공격적 본능에 의하여 좌우되며, 인간의 행동은 이러한 본능적 긴장을 해소하기 위한 것이다. 따라서 프로이트가 지닌 인간에 대한 관점은 '무의식적인 본능의 지배를 받는 수동적 존재'로 표현될 수 있다.

3) 주요 개념

(1) 의식, 전의식, 무의식

프로이트는 인간의 정신 세계를 자각 수준에 따라 세 가지 층으로 구분하였다. [그림 3-1]과 같이 의식, 전의식, 무의식이 그것인데, 이를 다른 말로 지형학적 모형이라고 한다. 세 층으로 구성된 인간의 정신 세계는 프로이트에 따르면 마치 거대한 빙산과 같다. 즉, 의식은 해수면 위에 떠 있는 부분이며, 전의식은 물 위와 아래를 오락가락하는 수면의 경계 부분이고, 무의식은 물 아래 보이지 않는 부분이 되는데, 이 때 인간을 움직이는 큰 힘은 의식도 전의식도 아닌, 바로 해수면 아래에 있는 거대한 얼음덩이인 무의식에서 나온다는 것이다(Boeree, 2006).

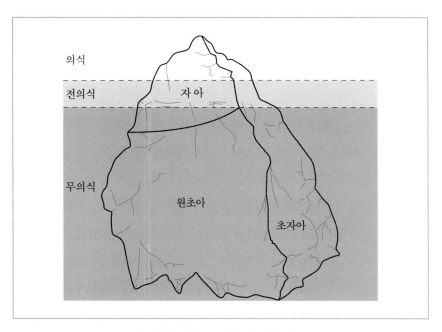

[그림 3-1] 프로이트의 정신지도

① 의식

의식(consciousness)은 우리가 자신에게 주의를 기울이는 바로 그 순간에 알아차릴 수 있는 경험과 감각들, 즉, 보고, 듣고, 만지고, 냄새 맡고, 맛보는 것과 같은 여러 가지 감각을 인식하고, 슬픔과 고통 같은 것을 쉽게 알아차릴 수 있는 정신 생활의 영역을 말한다. 의식은 우리가 감각 기관을 통해 인식하고 있는 모든 것을 의미하는데 이것에는 정신 세계의 극히 일부분만이 해당되며, 새로운 생각이 들어오고, 오래된 생각이 물러나면서 의식의 내용은 계속 바뀐다.

② 전의식

전의식(preconsciousness)은 즉시 인식되지는 않지만 조금만 노력하면 접근할 수 있는 정신의 영역으로, 의식과 무의식의 중간 부분에 위치한다. 당장은 기억하지 못하지만 조금만 주의를 기울이면 의식으로 가져올 수 있는 정신 영역을 말하는데, 예를 들면 친구의 전화번호를 기억해 낸다든지, 역사 시간에 배운 연대를 기억해 내는 일 등은 전의식에 있는 기억들을 의식으로 끄집어내는 것에 속한다.

③ 무의식

무의식(unconsciousness)은 인간 정신의 가장 깊은 곳에 있어서 인식할 수 없고, 직접적으로 확인할 수도 없는 접근 불가능한 영역을 말한다. 여기에는 우리가 자각하지 못하는 경험과 기억, 특히 어릴 적 외상(trauma) 그리고 식욕이나 성욕 등과 같은 욕구나 본능이 깊게 자리하고 있는데, 프로이트는 인간의 사고와 행동을 전적으로 통제하는 보이지 않는 힘이 바로 이 '무의식'이라고 주장했다.

(2) 성격의 구조

프로이트는 성격을 구성하는 요소를 원초아, 자아, 초자아로 구분하고, 인간의 행동은 이 세 가지 요소가 작동한 결과라고 보았다(손병덕 외, 2008; Boeree, 2006).

① 원초아

프로이트의 이론에서 가장 중시하는 무의식 세계의 주요 메커니즘이 바로 원초아(id)다. 이는 출생할 때부터 존재하는 정신에너지의 근원이자 무의식 안에 감추어진 일차적인 정신의 힘으로서, 즉각적이고 본능적인 욕구를 의미한다. 대부분이 본능과 욕구로 이루어진 원초아는 쾌락원리(pleasure principle)에 따라 본능적 욕구를 충족시키기 위해 비논리적이고 맹목적으로 작동한다. 따라서 현실을 고려하지 않고 생물적인 쾌락과 충동에 따라 움직인다. 예를 들어 배가 무척 고픈 갓난아이를 상상해 보자. 이 아이는 자기가 어디에 있는지, 주변에 누가 있는지는 전혀 고려하지 못한 채, 지금 당장 먹을 것을 달라고 운다. 프로이트가 볼 때 울고 있는 갓난아이는 아주 순수한 '원초아' 그 자체다. 그러나 이 순수한 원초아 자체인 갓난아이는 다행히 앞서 언급한 아주 조그마한 '의식'의 기능을 통해 그 원초아의 일부분은 내(I)가 되고, 또 어떤 부분은 자아(ego)가 되어 세상과 연결된다.

② 자아

원초아가 쾌락원리에 따라 맹목적으로 욕구의 충족을 꾀하는 데 비해, 자아(ego)는 현실원리(reality principle)에 따라 작동한다. 즉, 현실 세계를 고려해서 행동을 결정하도록 조절하는 기능을 하는데, 예를 들어 원초아의 충동을 적절히 만족시킬 수 있는 상황이나 대상을 발견할 때까지 그 욕구의 충족을 지연시킴으로써 즉각적인 만족을 추구하려는 원초아와 현실 사이를 중재하는 역할을 한다.

일반적으로 원초아의 맹목적인 충동을 견제, 통제하는 지적 활동이나 합리성은 생후 4~6개월부터 발달한다. 성격구조와 의식수준에 대한 [그림 3-1]을 보면 자아는 무의식과 의식 세계에 모두 걸쳐 있음을 알 수 있는데, 그것이 의미하는 바는 자아가 원초아로부터 발달되었기 때문에 무의식에 있는 원초아로부터 결코 독립적일 수 없다는 것이다. 자아는 원초아적인 욕구를 충족시키기 위해 직간접적으로 끊임없이 현실 세계와 접촉하게 되며 때로는 무의식 세계에, 때로는 의식 세계에 속하게 된다.

③ 초자아

자아는 원초아의 욕구를 충족시키는 역할을 하는 중에 때로는 어려움을 겪기도 하고 반대로 도움을 받기도 하는데, 자아는 이러한 장애 또는 도움을 지속적으로 입력해 둔다. 특히 가장 영향력이 많은 두 사람, 즉, 어머니와 아버지에 의해 주어진 처벌과 보상의 경험을 지속적으로 저장하게 되며, 이를 바탕으로 세 번째 단계인 초자아(super ego)가 형성된다.

초자아는 성격구조의 최고 단계로 무엇이 옳고 그른가에 대한 사회적 기준을 통합하는 성격의 요소이며, 부모나 주위 사람들로부터 물려받은 사회적 가치와 도덕이 내면화된 것을 말한다. 초자아는 양심(conscience)과 자기이상(self-ideal)이라는 두 측면으로 이루어진다. 양심은 처벌과 경고가 내면화된 죄책감이며, 자기이상은 아동기 때 제공되었던 칭찬과 보상에 의해 형성된 자부심이다. 초자아는 쾌락보다 완전을, 현실보다는 도덕과 이상을 추구하는데, 이러한 욕구가 지나치면 죄책감을 느끼게 된다. 초자아는 수치심이나 자부심, 죄책감과 같은 감정을 통해 자아에게 자신들의 요구를 전달한다. 즉, 초자아는 생리적 근원에서가 아니라 사회적 근원에 근거한 새로운 욕구와 소망을 창출해 내기 때문에 종종 원초아의 욕구와 상

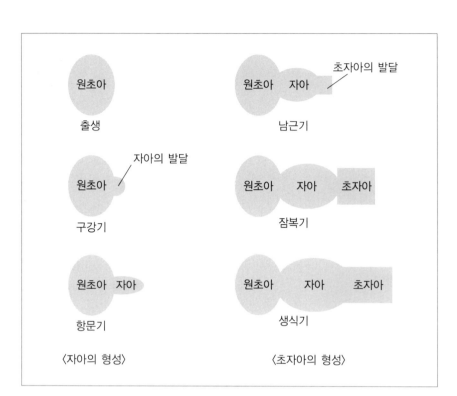

[그림 3-2] 자아 및 초자아의 발달과정

출처: Green & Piel(2002)

충된다. 초자아는 3~5세 사이에 발달하기 시작하나 반드시 모든 사람이 초자아를 형성하게 되는 것은 아니다.

요약하면 원초아는 유기체를 움직이는 원천적인 힘이자 본능이며, 초자아는 원초아의 원천적 힘을 제재하는 사회적, 도덕적 규제가 내면화된 것이고, 자아는 현실과 초자아의 제재 내에서 원초아의 원천적 힘을 중재하고 조절하는 기능을 하는 것이다. 따라서 자아의 조절기능은 인간행동을 이해하는 데 매우 중요한 요소가 된다.

(3) 불안과 자아방어기제

앞서 언급한 대로 자아는 현실과 원초아 그리고 초자아 사이에서 이들을 조정하는 역할을 한다. 그러나 이들이 서로 충돌하는 상황이 발생했을 때 자아는 위협을 느끼게 되는데, 이를 불안이라고 한다.

① 불안

불안(anxiety)은 자아가 위험에 처해 있다는 신호이자 어떤 행동을 하도록 우리를 동기화시키는 긴장상태다. 프로이트는 불안을 세 종류로 구분하여 설명하고 있다. 먼저 신경증적 불안(neurotic anxiety)은 원초아의 충동에 의해 압도되는 것에 대한 두려움을 말한다. 즉, 성적 본능이나 공격적 충동과 같은 본능이 통제되지 않는 것에 대한 두려움이다. 도덕적 불안(moral anxiety)은 우리 안에 내면화된 사회적 세계, 즉, 초자아로 인해 발생하는 것으로, 죄의식이나 수치심으로 인한 불안을 말한다. 마지막으로 현실적 불안(realistic anxiety)은 우리가 현실 세계에 있는 외적, 물리적 요인에 의해 느끼는 공포감 혹은 두려움을 말한다. 만약 조류 독감이나 신종 인플루엔자가 전 세계적으로 유행하고 있다면 우리는 두려움을 느끼게 되는데 이런 종류의 불안이 바로 현실적 불안이다(손병덕 외, 2008).

② 자아방어기제

자아는 최선을 다해서 현실과 원초아와 초자아의 욕구를 조정하는 역할을 하지만 사회적으로 그리고 도덕적으로 용납되지 않는 성적 충동, 공격적 욕구, 적개심, 원한, 좌절감 등의 다양한 요인으로 인해 갈등이나 불안을 느끼게 된다. 이러한 갈등이나 불안으로 심리적 불균형이 초래될 때, 자아는 이를 해결하기 위해 무의식적인 노력을 기울이게 된다. 자아방어기제(ego defence mechanism)란 바로 이러한 상황에서 자아가 무의식적으로 활용하는 심리적 기술 또는 책략이다. 자아방어기제는 모두 무의식 속에서 이루어지며, 일반적으로 한 가지 이상의 방어기제를 사용하는데, 위기 시에 어떤 방어기제를 두드러지게 사용하느냐에 따라 그 사람의 성격적 특성을 알 수 있다. 방어기제에 대한 이해는 사실 그 실천 분야를 막론하고, 억압되고 취약한 사람들과 일하는 모든 사회복지사들에게 매우 중요하다. 특히 클라이언트를 이해하고 그들을 돕기 위해서는 클라이언트가 사용하는 방어기제뿐 아니라 사회복지사 자신이 사용하는 방어기제에 대해서도 잘 인식할 필요가 있다(Parrish, 2010). 자아방아기제에 대한 연구는 프로이트 이후 그의 딸 안나 프로이트와 제자들에 의해 지속되었는데, 대표적인 방어기제들을 소개하면 다음과 같다(Boeree, 2006).

• 억압

억압(repression)은 방어기제 중 가장 일차적이고 원시적인 것으로서, 고통스럽고 위협적인 충동, 감정, 사건 등을 무의식 속으로 추방시켜 의식화되는 것을 가로막는 것을 말한다. 죄책감, 수치심 또는 자존심을 상하게 했던 경험일수록 그것은 억압의 대상이 된다. 억압은 정상적인 성격 발달에 필요한 것이며, 사람들은 누구나 어느 정도 억압을 사용하고 있다. 그러나 억압이 지나칠 때는 신경증적 행동, 히스테리, 위궤양 등과 같은 정신 신체적 장애를 일으키는 원인이 되기도 한다.

• 부정

부정(denial)은 억압과 함께 가장 원초적이고 단순한 방어기제 중 하나다. 엄연히 존재하지만 의식화되면 도저히 감당할 수 없는 위험이나 불쾌한 현실에 대해 그 사실 자체를 부인해 버림으로써 그로 인한 불안을 회피하고 편안한 상태를 유지하려는 무의식적 반응이다. 현실을 존재하지 않는 것으로 여기거나, 혹은 그 현실을 자신이 바라는 대로 공상함으로써 현실을 부정하고 고통을 피하므로 상당히 초보적이고 위험한 기제라고 볼 수 있다. 예를 들어 사랑하는 사람의 죽음을 부정하고 마치 함께 살고 있는 것처럼 행동하는 경우가 이에 해당된다.

• 퇴행

퇴행(regression)은 불안한 상황을 벗어나기 위해 초기의 발달단계나 행동양식으로 후퇴하는 기제로서 가장 대표적인 예로는 멀쩡하던 아이가 동생이 태어나면서 갑자기 말을 못한다든지, 손가락을 빤다든지, 대소변을 가리지 못하게 되는 경우다. 또한 정년 이후 아내에게 과도하게 의존하는 남자의 경우도 퇴행의 예가 될 수 있다.

• 전치

전치(displacement)는 어떤 대상이나 사물에게 향했던 감정이나 욕구를 다른 대상 혹은 사물로 바꾸어 표출하는 것을 말한다. 예를 들어 어머니 혹은 아버지를 증오하는 사람이 있다고 하자. 그러나 부모를 향한 증오는 도덕적으로 용납되지 않으므로 억압이라는 기제로 무의식 속에 두고, 대신 그 증오의 대상을 재설정해서 그 나이 또래 남자 혹은 여자라면 무조건 적대적인 감정을 가지고 대한다. 이와 같이 비록 만족스럽진 않다 하더라도 상대적으로 덜 위협적인 대상을 향해 에너지를 분출함으로써 보다 안전하게 긴장을 완화하도록 하는 심리적 기제를 전치라고 한다. 아버지께 야단 맞고는 개를 발로 차면서 억한 심정을 표출하는 것 역시 대표적인 전치의 예가 될 수 있다. '종로에서 뺨 맞고 한강에서 눈 흘기기' '만만한 게 수수 팥떡'이라는 우리 속담이 있는 것을 보면 전치라는 심리기제가 자주 사용됨을 알 수 있다.

• 투사

투사(projection)는 자기 내부에 존재하는 용납될 수 없는 소망이나 욕구로 인해 불안이 생겨남에도 불구하고, 이를 자신이 아닌 다른 사람의 것으로 간주하고, 남을 탓하거나 외부에 전가시켜 불안을 해소하고 자신을 방어하려고 하는 것을 말한다. 예를 들면 아내에게 화장도 못하게 하고 외출도 마음대로 못하게 하는 남편은 자신이 바람피우고 싶은 욕망을 아내에게 투사함으로써 자신을 방어하려는 무의식의 작용일 수 있다. 또한 어떤 사람에 대해 자신이 미운 감정을 가지고 있음에도 불구하고 오히려 그가 나를 미워한다고 생각하는 경우도 투사의 예라고 할 수 있다. 투사의 정도가 심하고 오래 지속되면 타인을 의심하게 되고, 적대시하며, 피해망상에 이르게도 된다.

• 내면화

투사나 전치는 남을 탓하고 다른 사람을 향해 분노를 표출하지만 내면화(introjection/turning against the self)는 그와 반대로 자기를 탓하고, 자신을 향해 증오나 분노, 공격적인 행동을 한다. 예를 들어 부모님이나 존경하는 사람에게 어떤 공격적인 언행을 한다는 것은 받아들일 수 없는 것이므로, 대신 자신에게 화풀이를 한다. 만약 우유를 쏟아 야단을 맞고 있는 상황에서 아이가 자기의 머리를 주먹으로 여러 번 때리면서 자신을 탓하는 행위를 하는 경우, 이는 내면화의 예가 된다. 내면화라는 방어기제는 우울감, 열등감 혹은 죄의식 등과 같은 감정적 상태가 왜 생겨나는지를 이해할 수 있게 해 준다.

• 반동형성

반동형성(reaction formation)은 겉으로 나타나는 행동이나 말이 마음 속

생각이나 욕구, 믿음과는 정반대로 나타나는 것(believing opposite)을 말한다. 가장 대표적인 반동형성의 예는 '미운 놈에게 떡 하나 더 준다'는 우리 속담이다. 즉, 떡을 하나 더 주는 행위는 속에 지니고 있는 진짜 마음 '밉다'를 숨기기 위한 반대의 행동이다. 예를 들어 부모에게 냉대를 받은 자녀가 오히려 부모를 더 잘 챙긴다든지, 자신을 학대하는 사람에게 가서 더 안긴다든지 하는 것도 반동형성이라는 방어기제가 작동한 결과라고 할 수 있다. 안나 프로이트에 따르면 7~10세 남녀 아동들의 경우, 실제로는 이성에게 매우 관심이 있으면서도 겉으로는 "여자들하고 노는 거 정말 재미없어."라고 말한다거나 반대로 "남자들 진짜 둔하고 무식해."라고 입을 모아 얘기한다. 그러나 이는 진짜 속마음을 감추려는 반동형성의 예다.

• 취소 혹은 원상복귀

취소 혹은 원상복귀(undoing)는 자신이 죄책감을 느끼는 행동이나 생각을 하고 나서, 마치 안한 것처럼 이전 상태로 되돌리기 위해, 또는 죄책감이나 죄의식을 덜기 위해 상징적인 행동이나 생각을 하는 것을 말한다. 예를 들어 수업시간에 성적인 상상을 한 학생이 이에 대한 죄의식을 털어 버리기 위해 알파벳을 거꾸로 외우는 행위를 무의식적으로 하는 경우, 알파벳을 외우는 특별한 행위를 통해 불유쾌한 생각이나 감정 등을 취소하려고 하는 것이라 볼 수 있다. 또한 상습적으로 폭력을 행사하는 알코올 중독자 남편이 평상시에는 아내에게 더 할 수 없이 잘해 주는 것도 이에 해당되며, 종교적인 속죄 의식들도 여기에 속한다. 일반적으로 사람들은 이 원상복귀의 방법을 의식적으로 사용한다. 어떤 이들은 사죄의 뜻으로 어떤 행동을 취하거나, 정식으로 용서를 구함으로써 잘못된 일을 제자리로 돌려 놓고자 한다. 하지만 모든 사람들이 이것을 의식적으로 하는 것은 아니며, 무의식적으로 이런 일들이 행해질 때 이를 방어기제라고 한다.

• 합리화

합리화(rationalisation)는 용납하기 힘든 상황이나 혹은 어떤 충동이나 욕구에 대해 그럴듯한 설명이나 이유를 대어 상황을 덜 위협적으로 만들고자 하는 인지적인 왜곡을 말한다. 이솝 우화의 '신포도 비유'가 합리화의 대표적 예로 자주 언급되는데, 어떤 목표를 달성하려 했으나 실패한 경우, 자신은 처음부터 그것을 원하지 않았다고 스스로 믿는 경우가 이에 해당된다. 이와는 달리 목표의 부정이 아니라 현재에 대한 만족으로 합리화를 하는 경우도 있다. 즉, 자기가 현재 가지고 있는 것이야말로 바로 자신이 진정 원하던 것이라고 스스로 믿는 것이다. 전자를 신포도형, 후자를 달콤한 레몬형이라고 한다. 합리화는 자신의 행동을 정당화하고 실망과 관련된 충격을 경감시키는 데 도움을 준다.

• 전이

전이(transference)는 과거 어떤 사람에 대해 품었던 감정이나 태도가 다른 사람에게 그대로 옮겨져 동일한 감정이나 태도를 갖게 되는 착각을 말한다. 어떤 사람이 까닭 없이 좋거나 싫은 이유는 새로 알게 된 사람이 전에 알았던 누군가와 비슷하기 때문이라는 것을 종종 발견하게 되는데, 바로 이런 경우가 해당된다. 흔히 정신과적 치료나 상담 상황에서 의사와 환자 혹은 사회복지사와 클라이언트 사이에 전이가 발생한다. 예를 들어 아버지의 권위에 억눌려 있던 클라이언트가 의사나 사회복지사를 만나 치료적 개입을 해 나가는 과정에서 치료자를 아버지와 동일시하여 자신이 느꼈던 감정을 그대로 갖게 되는 경우가 있다. 전이는 앞서 언급한 전치와 그 개념을 혼동하기 쉬운데, 전치는 자신의 욕망을 보다 안전한 대상으로 옮겨와 표출하는 방어기제이고, 전이는 두 인물을 동일 인물로 착각함으로써 발생되는 것이라는 점에서 구분되어야 한다.

• 승화

승화(sublimation)는 원초적이고 용납되지 않는 충동을 사회적으로 용납되거나 혹은 더 나아가 생산적이기까지 한 형태로 전환하여 표출하는 것을 말한다. 예를 들어 성적, 공격적 충동을 스포츠를 통해 해소한다거나, 예술활동을 포함한 다양한 창조적 활동에 몰입하는 것은 성적, 공격적 에너지를 전환시킨 승화의 예라고 할 수 있다.

이상에서 살펴본 대로 자아방어기제는 심리 내부의 평형상태를 유지하고 내적 긴장을 완화시키기 위한 심리적 기교라 할 수 있다. 또한 자존감은 유지하고, 실패나 박탈 혹은 죄책감은 줄이려는 무의식적 시도이기도 하다. 따라서 자아방아기제는 불안과 고통에서 개인을 안전하게 지켜주며, 그런 점에서 순기능을 한다고 볼 수 있다. 프로이트는 방어기제의 사용이 필요하다고 보았는데, 만약 사람들이 방어기제의 사용 없이 현실을 있는 그대로 직시하기만 한다면 누구든 그 스트레스를 감당하기가 매우 고통스러울 것이 분명하기 때문이다. 그러나 승화를 제외한 모든 방어기제는 일정 부분 사실을 왜곡하는 거짓인 셈이며, 따라서 방어기제에 의존하면 할수록 현실과는 점점 더 큰 괴리가 생겨난다. 그렇게 되면 자아는 더 이상 원초나 초자아의 욕구를 조절하는 기능을 상실하게 되고, 그 결과 불안이 다시 엄습해 온다. 따라서 방어기제에 지나치게 의존하는 것은 피해야 하는데, 만약 무분별하게 사용할 때는 병리적 증상을 초래할 수 있다(권중돈·김동배, 2005).

4) 심리성적 발달단계

프로이트는 성적 에너지 '리비도(libido)'[1]가 집중적으로 모이는 신체 부위를 성감대라고 하였으며, 성감대는 인간이 생물학적으로 성숙해 감에 따라 달라진다고 보았다. 그는 인간의 심리적 발달은 리비도에 의한 성적 충동을 얼마나 만족시키는가에 달려 있다고 보고, 성적 에너지가 집중되는 부위를 시기별로 구분하여 발달단계를 제시하였다. 따라서 프로이트가 제시한 발달단계를 심리성적 발달단계라고 한다(권중돈·김동배, 2005; 손병덕 외, 2008).

(1) 구강기(口腔期: oral stage, 0~18개월)

구강기는 생후 약 18개월까지를 말하는데, 이 시기는 입, 입술 그리고 혀를 포함하는 구순 영역이 생존 및 쾌락 획득과 밀접하게 관련된 신체 부위다. 익히 아는 바와 같이 영아의 주된 활동은 입으로 빨고 삼키고 깨무는 행위에 집중되어 있다. 손가락을 빨기도 하고 젖을 먹으면서 안심하기도 하며, 무엇이든지 입으로 가져가 대상을 탐색하는 특징이 있다. 또한 이가 나기 시작하면서부터는 깨물고 싶은 충동을 느끼며, 공격성이 발달한다. 프로이트는 이와 같은 영아의 발달적 특성을 두고, 성적 에너지가 입 주위에 집중되어 있다고 분석하였으며, 영아는 구강 영역과 관련된 행위를 통해 성적 기쁨을 충족시킨다고 보았다. 이 단계에서 욕구를 적절히 충족시키지 못하거나 반대로 너무 지나치게 만족감을 얻어 고착되면, 성인이 되어 음식에 대한 집착이나 과도한 흡연 혹은 음주를 하게 될 수 있고, 비판적이며 상대방을 비꼬는 성격적 특성을 지니게 될 수도 있다. 특히 구강기

---

1) 리비도는 '나는 소망한다.'라는 뜻의 라틴어에서 유래한 것으로 정신에너지 또는 본능적 충동을 의미하는데, 프로이트는 심리적 혹은 생리적 의미에서의 '성적 에너지'라고 정의하였다. 그에 따르면 리비도는 생의 본능인 '에로스(Eros)'와 죽음의 본능인 '타나토스(Thanatos)'로 구분되는데 생의 본능이란 생명을 유지하고 발달시키고 사랑하는 본능이며, 죽음의 본능이란 공격적이고 파괴적인 본능을 뜻한다.

동안 신체적으로나 정서적으로 무시나 박탈을 당한 영아는 성인이 된 후, 어릴 때 충족되지 못한 보살핌에 대한 강한 갈망을 갖게 되기 쉬우며, 타인에 대한 불신으로 대인관계가 어려울 수 있다.

(2) 항문기(肛門期: anal stage, 18개월~3세)

생후 18개월에서 3세까지 성감대는 구순 영역에서 항문 영역으로 옮겨 간다. 이 시기는 신경계의 발달로 괄약근을 본인의 의지에 따라 조절할 수 있게 되며, 대변을 보유하거나 배설하는 데서 쾌감을 느낀다. 배변과 관련된 행동을 중심으로 성격이 발달하므로 배변 훈련은 성격 형성에 매우 중요한 영향을 미친다. 배변 훈련은 타인으로부터의 요구에 직면하고, 대상을 다루고, 환경을 탐색하는 경험을 하게 된다는 것을 의미하는데, 이를 통해 욕구 좌절을 경험하기도 하고, 자기조절, 자립, 자부심 등을 경험하고 배우기도 한다. 배변 훈련이 너무 엄격하거나 너무 느슨한 경우, 항문기 고착적인 성격이 나타날 수 있는데, 너무 엄격하여 잦은 욕구 좌절을 경험한 경우, 인색하거나 지나치게 청결한 성격적 특성을 가질 수 있으며, 반대로 너무 느슨한 경우는 무질서하고 낭비가 심하거나 혹은 반항적, 공격적 행동을 중심으로 성격이 발달할 수 있다.

(3) 남근기(男根期: phallic stage, 3~6세)

3세에서 약 6세까지 성적 에너지는 성기에 집중된다. 이 시기 아동을 관찰해 보면 주로 자신의 몸을 보여 주거나 다른 사람의 몸에 관심을 가지는 것을 볼 수 있다. 성기를 자세히 관찰하거나 자랑하기도 하고, 만지작거리면서 놀기도 하며, 의사놀이를 즐기거나 출생과 성에 대해 질문을 하기도 한다. 프로이트는 이 시기 아동들이 이성 부모에 대해 무의식적인 성적 소망을 가진다고 주장하였는데, 그에 따르면 남아의 경우는 어머니의 관심을 바라고, 아버지에 대해서는 적대감과 두려움을 갖게 되는 '오이디푸스 콤플렉스(oedipus complex)'를 경험하고, 여아의 경우는 반대로 아버지를 사랑하고 어머니를 경쟁자로 생각하는 '엘렉트라 콤플렉스(electra complex)'를 경험한다. 오이디푸스적 갈등을 겪게 되는 남아는 자신이 어머니를 애정의 대상으로 여기고 아버지에 대해 경쟁의식과 적대감을 품고 있다는 것을 아버지가 안다면, 아버지가 자기를 해칠 수도 있다는 공포감을 느끼게 되는데 이를 '거세불안'이라고 한다. 한편, 여아는 자신에게 남근이 없음을 인식하고, 남성의 성기를 부러워하게 되는 심리적 상태를 경험하는데, 이를 '남근선망'이라 한다. 여아의 심리적 발달에 대한 이와 같은 지극히 남성 중심적인 프로이트의 해석은 당시 수많은 논쟁을 불러일으켰다.

> **오**이디푸스 신화와 엘렉트라 신화
>
> 　오이디푸스 콤플렉스는 오이디푸스 신화에서 따온 이름이다. 테베의 왕 라이우스는 아들 오이디푸스가 자신을 살해하고 자신의 아내와 결혼하게 될 것이라는 신탁을 받게 된다. 이에 라이우스는 신하를 시켜 아들을 죽이라고 명령을 내린다. 그러나 신하는 아이를 불쌍히 여겨 죽이지 않는다. 친부모가 누군지 모른 채 성장한 오이디푸스는 우연히 라이우스와 그 일행을 만나 결투를 벌이게 되고, 자신의 친부 라이우스를 죽이고 테베의 왕위에 오른 후 자신의 친모를 아내로 맞이하게 된다. 마침내 자신의 비극을 알게 된 오이디푸스는 자신의 눈을 찔러 스스로 장님이 되어 테베를 떠났다.
>
> 　한편, 엘렉트라 신화는 다음과 같다. 트로이 원정의 총지휘관 아가멤논은 10년 만에 고향으로 돌아왔으나 그날 자신의 왕비 클리타임네스트라와 아이기스토스의 손에 살해된다. 아버지의 살해자로부터 모진 학대를 받던 아가멤논의 딸 엘렉트라는 망명 중인 동생과 함께 왕비를 죽임으로써 아버지를 대신해 복수를 한다.

(4) 잠재기(潛在期: latency stage, 6세~12세)

남근기 이후에 성적 에너지는 무의식 속으로 잠복하면서 성적 정숙기에 들어간다. 성적 소망이 완전히 사라진 것은 아니지만 학령기에 들어가면서 학교와 또래 집단 등 보다 넓은 사회를 경험하게 되고, 그 속에서 다양한 흥미가 생겨나 성적 에너지는 약화된다. 특히 지적인 활동이나 운동, 친구와의 우정 등에 에너지를 집중시킴으로써 성적 충동의 상당 부분이 승화된다.

(5) 생식기(生殖期: genital stage, 12세 이상)

사춘기에 접어들면서 리비도는 생식기 및 전신으로 분산된다. 이 시기는 대개 이성 친구에게 관심을 보이고, 청년기를 지나 성인으로 성숙해 감에 따라 진정한 사랑의 대상을 찾아 만족을 얻고자 한다. 또한 부모의 영향력으로부터 벗어나 성인으로서의 책임을 갖기 시작하고, 가족 이외의 타인에게 관심을 보이고, 친밀한 관계를 형성하는 능력을 발달시킨다.

심리성적 발달단계에서 프로이트는 사춘기 이후 성인기에 대해서는 관심을 가지지 않았다. 그러나 프로이트의 제자 에릭 에릭슨은 프로이트의 이 같은 발달단계를 기반으로 성인기까지 확장된 발달단계를 제시하였다(4장 참조).

2. 고전 정신분석이론과 사회복지실천

프로이트의 고전 정신분석이론에만 전적으로 의존하여 사회복지실천에 임하는 사회복지사를 찾기는 쉽지 않다. 그러나 클라이언트의 과거 경험,

부모와의 관계 그리고 클라이언트가 사용하는 방어기제 등에 대한 분석은 사회복지사들로 하여금 클라이언트를 이해하고 그들의 문제를 보다 과학적으로 진단하는 데 도움을 준다고 할 수 있다. 정신분석이론이 사회복지실천에 끼친 영향력을 구체적으로 살펴보면 첫째, 정신분석이 강조하는 무의식의 중요성은 사회복지사가 클라이언트의 행동 및 배경을 이해하는 데 결정적인 도움을 주었으며, 클라이언트가 자신의 무의식을 발견하고 이를 의식수준으로 끌어올리도록 돕는 것을 사회복지의 실천과정의 중요한 부분이 되도록 하였다. 둘째, 성격구조의 체계화 및 자아기능에 대한 강조를 통해, 정신분석이론은 클라이언트의 자아인식 및 자아통제력 향상이 사회복지의 실천과정에서 중요한 부분을 차지하도록 만들었다. 셋째, 생애 초기의 경험 및 모자관계를 중시하여 사회복지사가 사회조사(social study)를 통해 개인의 역사를 이해하고, 이를 바탕으로 진단하고 개입계획을 세울 수 있는 이론적 근거를 제공해 주었다(사회복지사수험연구회, 2002).

비록 정신분석이론이 사회복지실천의 과학화 및 전문화에 막대한 영향력을 끼쳤으나 사회복지가 지닌 이중 초점, 즉, '환경 속의 인간' 가운데 환경을 고려하지 않은 채, 지나치게 인간의 정신 내적 현상만을 강조하여, 사회복지실천의 불균형을 초래하였다는 점 그리고 정신분석이론이 지닌 기계론적, 결정론적 인간관은 사회복지사가 개입하여 변화시킬 수 있는 여지를 줄인다는 점은 한계로 지적되고 있다. 정신분석이론이 지닌 한계를 좀 더 구체적으로 살펴보면 첫째, 대부분 자신의 환자들과의 면담을 바탕으로 이론을 만들었다는 점 그리고 주로 중산 혹은 상위 계층의 환자들로 제한되었다는 점에서 이 이론이 설명할 수 있는 범위에는 한계가 있다. 둘째, 앞서 언급한 것처럼 환경에 대한 고려가 부족하다는 점이다. '환경 속의 인간'이라는 사회복지실천의 기본 관점에서 볼 때, 프로이트의 이론은 환경을 고려하지 않고 개별 인간에 초점을 둔 이론이다. 따라서 사회복지실천에 있어서 사회복지사는 프로이트의 이론에 더하여 사회적 · 문화적 요인에 대한 보완을 해야 할 필요가 있다. 셋째, 치료적 과정에서 사용되는 자유연상, 꿈의 분석, 해석 혹은 전이의 분석 같은 기법은 기본적으로 명석하거나 내향적인 성격의 소유자, 다시 말해 자아 소스(ego source)가 많은 클라이언트에게 적합하도록 고안된 방법이다. 그런데 실제로 사회복지사의 도움을 요청하는 대부분의 클라이언트는 이런 내적 성향을 가지지 않은 경우가 많아 실제적 치료기법의 적용에는 한계가 있다(Strean, 1975).

사례를 통해 생각해 보기

　　네 살 여아 현진이는 엄마와 단둘이 살고 있다. 현진이 엄마는 폭력적이고 예측이 불가능한 사람으로, 어떤 때는 현진이에게 매우 친절하지만 또 어떤 때는 현진이를 때리거나 음식을 주지 않고, 내다 버린다거나 죽일 거라고 위협하기도 한다. 현진이 엄마는 한두 명의 친구 외에는 친척도 이웃도 거의 만나지 않는 고립된 생활을 한다. 그래서 현진이는 엄마가 만나는 친구 외에 아는 사람이 거의 없을 뿐 아니라 자기 또래를 만난 적도 없다.

(Beckett & Taylor, 2010, p.24-25에서 발췌 및 수정)

1. 현진이는 이 상황에서 어떻게 스스로를 지켜 낼 수 있을까? 어른이라면 도망을 가거나 다른 사람에게 도움을 요청하는 등의 대안을 찾겠지만 네 살짜리 아이 현진이는 자신을 보호하거나 현재 상황에서 벗어날 수 있는 능력을 가지고 있지 않다.

2. 자신에게 해를 입히는 사람이 바로 자신이 의지할 수밖에 없는 사람인 이 상황에서 조그마한 아이인 현진이는 자신에게 벌어지는 일들을 스스로에게 어떻게 설명하고, 어떻게 받아들이고 있을까?

3. 이 아이가 할 수 있는 것은 오직 심리적으로 방어하는 것뿐일 것이다. 예를 들

어 자신에게 위해를 가하는 엄마는 자신에게 친절한 엄마와는 다른 사람이라고 생각하거나 혹은 스스로를 나쁜 아이이며, 그렇게 취급받아 마땅하다고 생각하게 될 수도 있을 것이다. 이것은 어떤 방어기제이며, 장기간 작용할 때 어떤 결과를 초래하게 될까?

Chapter 4 정신역동이론 II

　이 장에서는 프로이트의 고전 정신분석으로부터 진화되어 나온 다양한 이론들을 살펴본다. 프로이트의 이론은 정신역동이론의 역사적 기초로서 의의를 지니고 있는 반면, 여기서 소개하는 정신역동이론들은 실제 이론가나 이론을 활용하는 실천가들 사이에서 더 많이 활용될 뿐 아니라, 사회복지가 지닌 관점에 조금 더 가깝다고 할 수 있다. 이 장에서 다루는 이론들은 자아에 보다 강조점을 둔 심리학이라는 공통점을 가지고 있다.

1. 개인심리학

1) 알프레드 아들러

개인심리학(individual psychology)의 창시자 알프레드 아들러(Alfred Adler, 1870~1937)는 오스트리아 빈에서 곡물상을 하는 유대인 가정의 4남 2녀 중 차남으로 출생하였다. 그는 구루병으로 인해 네 살이 될 때까지 제대로 걷지 못했으며, 폐렴을 심하게 앓아 죽을 고비를 넘긴 뒤 의사가 되기로 결심했다고 한다. 아들러는 형에 대한 경쟁심이 유별났으며, 건강한 형제들 사이에서 열등감을 경험하며 어린 시절을 보냈다. 열등감, 보상심리, 인정욕구 등을 골자로 하는 그의 이론은 바로 이러한 개인적 경험에 기초하고 있다. 그는 처음에는 안과 전문의였으나 한동안 일반 의학에 종사한 후 정신과 의사가 되었으며, 비엔나의 저소득층 지역에 개원하여 의사로 활동하였다. 당시 병원 주변에는 놀이공원이 있었는데, 아들러의 환자들 중에는 그곳에서 일하는 서커스 단원들이 포함되어 있었다. 아들러는 그들을 진료하면서 그들이 지닌 특출한 강인함이나 나약함, 신체적 열등함 등에 관심을 가졌다.

1901년 아들러는 당시 비엔나에서 활동하고 있던 프로이트로부터 비엔나 정신분석학회의 전신인 '수요모임'에 초청을 받았으며, 1902년부터 프로이트와 함께 연구하면서 이후 비엔나 정신분석학회의 회장직도 맡았다. 1907년 아들러는 『신체적 열등과 그에 대한 정신적 보상에 관한 연구』를 발표한다. 그 저서에서 아들러는 사람은 신체적 장애와 이에 수반되는 열등감을 심리적으로 극복하려고 노력하며, 만족스럽지 못한 보상은 신경증 및 수많은 감정과 정신 기능에 장애를 가져올 수 있다는 견해를 밝혔다. 프

로이트나 비엔나 학회의 다른 회원들과는 상이한 그 자신만의 생각을 발전
시킨 아들러는 1911년 정신분석학과의 관계를 끊고, 프로이트와 결별했
다. 이후 그는 '개인심리학회'를 설립하였고, 이를 중심으로 독자적인 학
문 세계를 구축해 나갔다.

　아들러는 이론적인 문제에만 관심을 기울인 학자가 아니었다. 그는 직
접 사람들을 만나 상담과 치료를 하는 데 더 역점을 두었고, 구미 전역에서
수많은 강연을 하였다. 제1차 세계대전 중에는 오스트리아군 군의(軍醫)로
참전하였고, 종전 후 '아동지도(Child Guidance)'에 관심을 가지고 비엔나
의 학교들과 연계된 최초의 지도상담소를 설립하였다. 또한 자신의 교육
이론을 적용시킨 실험학교를 비엔나에 설립하는 일도 착안하였다. 1935년
그는 미국에 정착하여 정신과 의사로서의 일을 계속하면서 롱아일랜드 의
대에서 교수로 봉직했다. 그는 평생을 '인간 이해의 심리학'을 체계화하는
데 전념하였으며, 인간을 이해하는 것이 곧 삶의
주인이 되는 길임을 알려 준 최초의 인본주의 심
리학자라고 할 수 있다. 주요 저서로는 『기관성
열등에 관한 연구』, 『신경증적인 성격에 관하여』,
『인간 이해』, 『개인심리학과 학교』, 『우리는 무엇
때문에 사는가?』 등이 있다(Boeree, 2006).

2) 인간관 및 기본 가정

　개인(individual)이라는 말은 '나누어질 수 없다(indivisible)'는 말에 그
어원을 두고 있다. 아들러의 이론을 개인심리학이라 명명하는 것은 인간을
정신과 신체, 혹은 각종 정신 기능 등으로 따로 분리하지 않고 하나의 통합
된 유기체로 본다는 의미를 반영한 것이다. 이는 다시 말하면 인간에 대하

여 전체주의적 관점을 지니고 있다는 의미이기도 하다. 아들러는 특히 프로이트의 성적 본능을 최소한으로 축소시켰다. 인간은 근본적으로 사회적 동물이지 성적 동물이 아니다. 따라서 아들러는 사람은 사회적 관심에 의해 지배되는 것이지 성적 관심에 의해서 지배되지 않는다고 보았다. 또한 그는 인간에게 이타주의, 인본주의, 협동, 창조성, 고유성 그리고 인지력을 부여함으로써 정신분석학이 파괴하였던 인간의 존엄성과 가치를 인간에게 부활시켰다.

아들러는 의식을 성격구조의 주요소로 간주했는데, 이것은 그로 하여금 자아 중심 심리학의 개척자가 되게 하였다. 아들러에 따르면 인간은 의식을 가진 존재이므로 자기 행동의 이유를 알고 있으며, 자신의 열등감을 의식하고, 자신이 추구하는 목표를 알고 있다. 따라서 인간은 인생의 목표를 직시할 수 있고, 스스로 결정을 내리며, 그들의 목적과 가치가 일치되는 여러 삶의 방식을 선택할 수 있는 존재, 즉, 주관적이며, 목적 지향적인 존재이자 창조적 존재다(손병덕 외, 2008).

3) 주요 개념

(1) 우월을 향한 추구

과거의 경험에 의해 인간의 행동이 결정된다는 프로이트의 인과론적 원리와 달리 아들러는 목적론적 원리를 주장한다. 그에 따르면 인간은 과거의 경험이 아닌 미래에 대한 기대에 의해 행동하게 되며, 본능이나 충동이 아닌 최종 목적만이 인간의 행동을 설명할 수 있다. 그렇다면 본질적으로 모든 사람들이 추구하는 목적은 무엇인가? 성적 본능에 초점을 둔 프로이트와 달리 아들러는 공격적 본능에 초점을 두고 그 답을 찾고자 했다. 모든 인간은 공격 본능을 지니고 있으며, 그 공격성은 힘(power), 곧 강하게 되고자 하는 것이다. 아들러는 이 강력하게 되고자 하는 힘에 대한 추구를 다시 '우월을 향한 추구(striving for superiority)'로 재해석하고, 이를 인간의 최종 목적이라고 주장하였다.

아들러에 따르면 인간은 선천적으로 우월을 향한 투쟁을 하는데, 바로 이 우월에 대한 추구가 인간을 보다 높은 단계로 발달할 수 있게 한다. 아들러가 말하는 우월은 사회적으로 높은 지위, 혹은 탁월함을 뜻하는 것이 아니라 융의 자아개념과 아주 비슷한 것으로, '위대한 향상의 욕구(the great upward drive)'를 의미한다. 아들러는 우월을 향한 추구는 그 자체가 수천 가지 방법으로 나타날 것이며, 모든 사람들은 그 자신만의 일정한 투쟁 형태를 가지고 있다고 보았다. 예컨대 신경증적인 사람은 자존심, 권력, 자기 강화 등과 같은 이기적이고 자기 중심적인 목적을 위해 싸우는 반면, 정상적인 사람은 우선적으로 사회적 목적을 위해서 투쟁한다(이상로·이관용 역, 1987).

(2) 열등감과 보상

아들러가 아직 일반 의학에 흥미를 가지고 있던 초기, 그는 '왜 인간은 어떤 고뇌가 있을 때 신체의 특정 부위에 고통이 생기는가'에 대해 의문을 가졌다. 그는 특수한 부위에서 고통을 겪는 이유가 그 부분이 열등하기 때문이며, 이것은 유전이나 혹은 발달 이상(異常)에서 온다고 생각했다. 그는 또 신체기관에 결함을 가진 사람들이 철저한 훈련을 통해 그 기관을 강화함으로써 약점을 보상하려고 노력하는 것을 관찰하였는데, 어려서 말더듬이었던 사람이 세계에서 가장 위대한 웅변가 중 하나가 된 사례나, 젊어서 병약했던 테오도르 루즈벨트가 체계적인 운동을 통해서 신체적으로 강건한 사람이 되었던 예가 그것이다.

신체적 취약함에 대해 가졌던 그의 관심은 점차 주관적으로 느끼는 심리적, 사회적 무능감과 이에 따른 열등감으로 확대되었다. 아들러에 따르면 열등감(inferiority)이란 생의 모든 면에서 누구나 느낄 수 있는 불완전감과 부족감 때문에 발생하는 것으로, 상대적으로 자신이 무능력하고 부족하다고 느끼는 감정이다. 일반적으로 우리가 생각하는 것과 달리 아들러는 열등감을 부정적이거나 비정상적인 것으로 보지 않았다. 오히려 그는 모든 인간들에게 있어서 좀 더 나아지고자 하는 추진력(driving force)이 바로 열등감에서 비롯된다고 주장하였다. 그에 따르면, 인간은 열등감을 보상하기 위해 더 높은 수준의 발달을 향해 노력하며, 원했던 수준에 도달하면 다시 열등감을 느끼게 되어 향상하려는 움직임이 또다시 생긴다. 결국 열등감은 자신을 더 높은 수준으로 발달시키려는 동기가 된다(Boeree, 2006).

(3) 사회적 관심

아들러에 의하면, 인간은 선천적으로 사회적 존재다. 사회적 존재로서의 인간에게는 이상적인 공동사회의 목표를 달성하도록 돕고자 하는 성향이 잠재되어 있는데, 아들러는 이를 사회적 관심(social interest)이라 하였다. 사회적 관심에는 협동, 대인 및 사회적 관계, 집단에의 동일시, 공감 등과 같은 것들이 포함되나 이보다는 훨씬 더 광범위한 개념이다. 인간은 타인들과 관계를 가지며, 협동적 사회생활에 종사하고, 이기적 관심보다는 사회 복리를 추구하며, 우선적으로 사회를 앞세우는 생활양식을 습득한다. 아들러는 "사회적 관심은 각 개인의 모든 선천적 약점에 대한 진실하고도 필연적인 보상이다."(Adler, 1929: 31; 이상로·이관용 역, 1987에서 재인용) 라고 하였는데, 다시 말하면 공동의 이익을 위한 활동에 의해서 인간은 자신의 개인적 약점을 보상한다는 것이다.

비록 사회적 관심은 선천적으로 타고나는 것이지만 지도와 훈련에 의해 의식적으로 개발되고 실현된다. 따라서 양육자의 행동과 태도가 사회적 관심의 발현에 많은 영향을 미친다. 특히 아들러는 교육의 유익함을 믿었기 때문에 그의 생애에서도 보았듯이 아동지도상담소를 수립하고, 육아방법을 교육시키는 데 많은 시간을 바쳤다.

(4) 생활양식

모든 사람은 우월성 추구라는 목표를 가지고 있으나 이 목표를 달성하기 위한 노력에는 무수한 방법이 있다. 만약 신체적으로 약한 사람이 있다면 그는 신체적 강화를 가져오는 생활양식을 취하게 되며, 또 지적 능력에 부족함이 있는 사람은 지적 우월감을 가지기 위한 생활양식을 취하게 될 것이다. 이와 같이 생활양식(style of life)은 열등감을 극복하고 우월을 향한 추구를 실현하기 위해 인간이 취하는 구체적인 대처 양식이며, 개인의 성격을 기능하게 하는 원리로 작동한다. 모든 사람은 각자의 생활양식을 지니고 있으며, 어느 누구의 생활양식도 같을 수는 없다.

아들러에 따르면, 생활양식은 4~5세경에 형성되고, 그때부터 이 독특한 생활양식에 따라 그의 태도나 감정이 결정된다. 이후에는 기본적 양식이 구체화되고 특수화될 뿐 변화되지는 않는다. 아들러는 나폴레옹의 '정복자'적 생활양식이 그의 작은 체구에 의해서, 그리고 히틀러의 세계 지배를 위한 탐욕적인 야망이 성적 무능에 의해 결정된 것이라고 설명하였다. 아들러의 이 간단한 설명은 많은 사람들을 매혹시켰고, 1920년대와 1930년대 성격분석에 널리 적용되었다. 그러나 아들러는 그것으로 만족하지 않고 더 역동적인 원리를 탐구하여 마침내 '창조적 자기'라는 개념을 찾아냈다(이상로 · 이관용 역, 1987).

(5) 창조적 자기[1)]

이 개념은 성격이론가로서의 아들러의 최고 업적으로 평가된다. 그가 자아의 창조력을 발견한 이후, 그의 다른 개념들은 모두 이 개념에 종속하는 것이 되어 버렸는데, 창조적 자기(creative self)는 인간에게 작용하는 자극과 이 자극에 대한 반응 사이에 개입하는 어떤 것이다. 아들러는 인간에게 유전과 경험이라는 원료를 이용해 독창적인 자기를 만들어 내는 능력이 있다고 보았다. 즉, 인간은 유전된 능력과 환경과의 상호작용에서 나온 경험을 해석하여, 자기 나름대로의 성격을 형성하는 창조성을 가지고 있다는 것이다. 인간은 스스로 인생의 목표를 세우고, 이를 추구하는 방법을 결정하며, 사회적 관심을 발달시킨다. 결국 창조적 자기라는 개념 속에는 본질적으로 인간 스스로가 그 자신의 성격을 만든다는 아들러의 관점이 담겨져 있다(이상로 · 이관용 역, 1987).

4) 성격 발달

아들러는 발달단계를 제시하지는 않았으나 가족 상황 및 사회적 요인에 따른 개인의 지각에 의해 성격이 형성된다고 보고, 그에 따른 성격적 특성을 구분하였다. 성격 형성의 사회적 결정요인에 대해 관심을 가졌던 아들러는 자신의 환자들을 통해 출생 순위가 성격과 관련되어 있음을 발견하였다. 아들러는 특히 신경증 환자나 술꾼 혹은 범죄자들이 대개 맏이임을 보고, 동생의 출현으로 인한 정서적 박탈감의 경험이 맏이에게 공통적으로 어떤 성격적 특성을 형성하게 한다고 생각했다. 아들러가 보기에 맏이는 사람을 싫어한다거나 행운의 갑작스러운 역전에 대해 자신을 보호하거나 불안전감을 갖게 되고, 과거에 관심을 가지는 경향이 있었다. 이는 동생이

---

1) '창조적 자아'라고도 번역되나, 프로이트의 'ego'와 구별하기 위해 'self'는 모두 '자기'로 번역하였다.

태어남으로써 자신이 관심의 주요 대상에서 밀려나고, 부모의 애정을 나누어 가져야 했던 경험과 관련되어 있으며, 만일 부모가 동생이 생길 것에 대하여 현명하게 준비시켜 준다면, 맏이는 책임감 강하고 독립적이며 규칙에 잘 따르고 적응력이 높은 어른으로 성장할 수 있다고 보았다. 반면, 둘째나 가운데의 경우, 손윗형제를 정복하려고 노력하며, 반항적이고, 질투가 많다. 만약 경쟁하기에 맏이가 너무 우월할 경우, 열등감, 현실 도피 성향 또는 문제 행동을 나타낼 수 있다. 그러나 아들러는 전반적으로 가운데가 손위나 손아래 형제들보다 더 잘 적응한다고 보았다. 아들러는 막내 역시 문제나 신경증적인 부적응을 나타내는 어른이 많다고 보았다. 막내는 가족의 애정이 집중되므로 정서적으로 안정되나 과잉보호의 가능성이 높다. 아들러는 특히 지나친 애정 속에서 자란 아이들이 사회적 관심을 발달시키지 못하므로 사회가 자신의 자기 중심적 욕구에 따르기를 기대하는 폭군이 된다고 지적한 바 있다.

그의 출생 순위에 관한 이론은 출생 순위 그 자체가 아니라 가족의 구성과 상황에 대해 각자가 지각하고 경험하는 것에 차이가 있다는 것을 보여 준다. 출생 순위와 성격의 연관성은 샥터(Schachter, 1959)의 보다 치밀한 연구를 통해 확인되었으며, 이후 이 주제에 대한 막대한 양의 연구들이 꽃을 피우게 되었다.

2. 분석심리학

1) 칼 융

정신과 의사이자 분석심리학의 기초자인 칼 융(Carl G. Jung, 1875~

1961)은 스위스 케스빌의 목사 집안에서 태어났다. 융의 부계는 아버지를 포함하여 총 6명의 목사가 배출된 가문이었고, 모계는 신령한 것, 초자연적인 현상에 대한 믿음을 가진 것으로 알려져 있다. 양계의 서로 다른 문화적 영향 아래서 융은 역사, 철학, 고고학, 심령 현상에 깊은 관심과 해박한 지식을 가지게 되었으며, 이는 후에 그의 이론의 토대가 된다.

바젤 대학과 취리히 대학에서 의학을 공부하고 정신과 의사가 된 융이 프로이트와 관계를 맺게 된 계기는 『꿈의 해석』을 통해서다. 스위스에서 정신과 의사로 활동하던 중, 융은 1900년 프로이트가 출간한 『꿈의 해석』을 접하고 정신분석학에 심취하게 되었으며, 그는 곧 자신의 논문과 편지를 프로이트에게 보내 그와 인연을 맺게 되었다. 융은 1907년부터 프로이트와 공동 작업을 시작하였으며, 프로이트는 융을 아들이자 자신의 학문적 후계자로 생각하였다. 한때 정신분석학회 회장을 역임하기도 했지만 융은 프로이트가 주장한 범성설에 대해 다른 견해를 가지게 되었으며, 1912년 『무의식의 심리학』이라는 저서를 출간하였다. 이 저서에서 융은 리비도의 개념을 성적(性的)인 것에 국한된 것이 아닌 전반적인 에너지로 정의함으로써 프로이트의 정신분석과는 다른 분석심리학을 수립하기 시작한다. 프로이트의 수제자로 인정받았던 그는 결국 이 저서로 인해 1914년 프로이트와 결별하게 된다. 프로이트와 헤어진 후 융은 혼란과 내적 불안정으로 상징적인 꿈과 환상을 경험하는 정도가 거의 정신병적 상태에 가깝게 되었다. 그러나 그는 이런 혼란을 새로운 개인적 통합으로 이끄는 내적 여행으로 보았고, 자신의 체험에 근거해 무의식과 상징에 대한 탐구를 계속하였다.

융의 가장 큰 공적은 바로 모든 인간의 영혼에는 이른바 '집단 무의식'이 존재한다는 가설에 있다. 개인적 경험과는 상관없이 조상 또는 종족 전체의 경험 및 생각과 관계가 있는 원시적 감정, 공포, 사고, 성향 등을 포함하는 무의식인 '집단 무의식'의 개념이 등장하면서 그 이전까지 주목받지 못

했던 신화, 전설, 꿈, 환상 등이 인간 정신을 이해하는 데 중요한 역할을 하는 것으로 부각되었다. 인간의 정신 속에 끊임없이 반복 각인된 신화, 전설, 꿈, 환상 등은 어떤 기본적인 인간 상황을 나타내는 '원형'의 이미지라는 융의 생각은 심리학뿐만 아니라 예술과 과학에까지 지대한 영향을 끼쳤다. 그의 대표적 저술로는 『정신분석의 이론』, 『심리학과 종교』, 『영혼을 찾는 현대인』, 『심리학적 유형』, 『미발견의 자아』 등이 있다(Boeree, 2006).

2) 인간관 및 기본 가정

융의 이론은 무의식에 강조점을 두었다는 점에서 프로이트의 정신분석 이론과 맥을 같이하지만, 인간에 대한 관점에서는 매우 현저한 차이를 보인다. 프로이트는 인간을 무의식적 동기에 의해 지배를 받는 수동적 존재로 보았으나 융은 인간을 생물학적, 심리적, 사회문화적 존재로 보고 있으며, 의식과 무의식 간의 본질적인 대립 양상을 극복하고 이를 하나로 통일해 나가는 전체적 존재로 본다. 이러한 전체적 존재로서의 인간은 역사적이면서 동시에 미래 지향적인 존재다. 즉, 인간은 실재했던 과거로부터 영향을 받으면서 현재를 살아가지만 미래의 목표와 가능성을 달성하기 위하여 노력하고 자신의 행동을 조절하는 존재다. 따라서 인간은 인과론적 존재이자 목적론적 존재다.

3) 주요 개념

융은 인간의 '정신(psyche)'[2]을 생리적 충동에 예속되지 않은 독자적 실체로 보고, 이를 의식, 개인 무의식, 집단 무의식이라는 세 가지 영역으로 나누었다. 각 영역을 구성하는 주요 요소들과 함께 그 기능과 특성을 살펴보자.

(1) 의식과 자아

의식(consciousness)은 개인이 직접 인식할 수 있는 정신의 한 영역이며, 여기서 가장 핵심이 되는 것은 자아(ego)다. 자아는 의식적인 지각, 기억, 사고, 감정 등으로 이루어져 있으며, 의식의 중심부에 자리를 잡고, 의식의 주인으로서 의식을 지배한다. 인간은 자아를 통해 자신을 외부에 표현하며, 외부의 현실을 인식할 뿐만 아니라 자신의 내면 세계를 탐색한다. 자아는 외부 세계와 접촉하는 과정에서 자신이 속한 사회 집단의 견해나 가치관 및 행동 규범을 지각하게 되고, 그 집단의 요구에 적응하기 위한 여러 가지 행동양식을 익히게 된다(Hall & Nordby, 1973).

(2) 개인 무의식과 콤플렉스

개인 무의식(personal unconsciousness)은 억압되고 망각된 경험들의 저장고다. 의식되기에는 너무 약한 경험들이나 혹은 의식화되지 못하게 자아가 막아 버린 개인의 경험은 정신에서 소멸되지 않고, 개인 무의식에 저장된다. 개인 무의식은 프로이트가 말한 전의식처럼 의식으로 쉽게 전환될 수 있으며, 개인적 무의식과 자아 사이에는 빈번한 상호 교류가 일어난다(이

---

2) 정신이란 영(spirit), 혼(soul) 그리고 마음(mind)이라는 의미를 포괄하는 것으로 의식 및 무의식적인 모든 사고, 감정, 행동을 포함한다(Hall & Nordby, 1973).

상로·이관용 역, 1987). 개인적 무의식에는 복합체라는 뜻의 콤플렉스 (complex)가 존재하는데, 어떤 특정 주제와 관련된 정서, 기억, 지각, 사고 등이 한데 묶여진 관념 덩어리를 말한다. 콤플렉스는 개인의 사고의 흐름 을 방해하거나 의식의 질서를 일시적으로 또는 장기적으로 교란시킨다. 또 한 감정적으로 동요하거나 흥분하게 하고, 강한 정서적 반응을 경험하게 하 며, 이를 행동으로 표현하게 만들기도 한다. 예를 들어 모성 콤플렉스 (mother complex)는 어머니에 관한 생각, 감정, 기억 등이 모여 하나의 콤 플렉스를 형성한 것이다. 그 핵심의 일부는 어머니들에 대한 종족적 경험 에서, 그리고 또 다른 일부는 개별 인간이 지닌 자신의 어머니와의 경험에 서 비롯된다. 어떤 사람의 성격이 어머니에 의해 지배될 때 그는 강한 모성 콤플렉스를 가졌다고 할 수 있다. 그의 생각, 감정 및 행동은 어머니에 대 한 개념에 따라서 좌우된다. 어머니가 말하고 느끼는 것은 그에게 중대한 의미를 가진 것이며, 마음에 어머니의 상이 크게 자리 잡고 있다(이상로· 이관용 역, 1987).

(3) 집단 무의식과 원형
  무의식에 대해 융의 이론이 지닌 독특성은 바로 집단 무의식(collective unconsciousness)에 있다. 융은 유사한 내용의 신화들이 서로 다른 문화권 에 공통적으로 존재한다는 것을 발견하고, 인종과 문화에 상관없이 모든 인류에게 공통적으로 유전되어 온 무엇인가가 있다는 것에 착안하였다. 그 는 비록 배우거나 경험하지 않았지만 특정한 방법으로 생각하고, 느끼며, 지각하고, 행동하도록 모든 인류에게 공통적으로 유전되어 온 정신적 소인 이 있다고 생각했으며, 그러한 잠재된 기억의 저장소를 집단 무의식이라고 불렀다. 융에 따르면 집단 무의식은 인간행동에 많은 영향을 미치며, 예술 이나 꿈을 통해서도 표현된다. 개인 무의식과는 달리 집단 무의식은 유전

이라는 기제를 통해 한 세대에서 다음 세대로 계승되어 온 것이지만 개개
인의 경험에 따라 집단 무의식이 발현되는 정도는 다르다. 개인의 경험이
많을수록 집단 무의식이 표현될 가능성은 높아진다(Hall & Nordby, 1973).

집단 무의식은 수많은 원형들로 구성되어 있다. 원형(archetype)은 커다
란 정서적 요소를 내포하는 보편적인 관념으로서, 시간, 공간, 문화나 인종
의 차이와 관계없이 모든 인간에게 보편적으로 존재하는 인류의 가장 원초
적인 행동유형(behavior patterns)이며, 동시에 인간이 갖는 보편적이고 집
단적이며 선험적인 심상(心象, image)을 말한다. 원형은 여러 세대를 통해
계속적으로 반복되어 온 경험이 마음속에 영구히 축적된 것이다. 예컨대
헤아릴 수 없는 많은 세대들이 태양이 한 지평선에서 다른 지평선으로 지
나가는 것을 보았다. 이러한 인상적인 경험의 반복은 결국 강하고 지배적
이며 빛을 주는 존재로서 인간이 신성시하고 숭배하는 태양신의 원형으로
집단 무의식 속에 고정되었다. 최고의 신에 대한 개념들과 심상들은 이 태
양 원형에서 갈라져 나온 것이다(이상로 · 이관용 역, 1987). 탄생, 죽음, 힘,
영웅, 악마, 늙은 현자 등에 대한 보편적 이미지 역시 인류가 원시 시대부
터 새겨 온 경험의 축적으로 생겨난 원형의 예라고 할 수 있다. 논리 이전
의 사고에 기원을 둔 이와 같은 원초적인 심상과 상황은 사람들에게 놀랄
만큼 비슷한 감정을 불러일으킨다.

(4) 페르소나

개인이 외부 세계에 내보이는 이미지 또는 공개적으로 보여 주는 가면
을 뜻하는 페르소나(persona)는 자아가 외부 세계에 적응하기 위하여 사용
하는 여러 가지 행동양식을 말한다. 페르소나는 진정한 자신이라기보다 주
위의 일반적 기대에 맞추어 만들어 낸 자신이며, 공적 성격(public person-
ality)이라고도 할 수 있다. 페르소나는 종족의 경험에서 비롯된 하나의 원

형에서 나온다. 페르소나를 발전시키는 원형은 사회적 동물로서의 인간이 그 역사를 통해서 경험한 사회적 역할과 사회적 상호작용에서 비롯된다. 사회에 적응하기 위해서는 어느 정도 페르소나가 발달하는 것이 필요하나 자아가 페르소나와 지나치게 동일시되면, 그의 순수한 감정을 의식하기보다는 그가 맡은 역할을 더 의식하게 된다. 그는 자신의 내면 세계로부터 유리될 위험이 있으며, 자발적인 인간이기보다는 사회의 반영일 뿐이다(이부영, 1998).

(5) 아니마와 아니무스

인간은 본질적으로 양성적 특질을 가지고 있으나 유전적인 성 차이와 사회적 압력으로 인해 남성은 남성적 측면을, 여성은 여성적 측면을 발달시키도록 요구받는다. 이 때문에 발현되지 못한 반대편 성은 인간의 정신 속에 그대로 존재하는데 남자의 집단 무의식에 존재하는 여성적 원형을 아니마(anima), 여자의 집단 무의식에 존재하는 남성적 원형을 아니무스(animus)라고 한다. 이러한 원형은 남성이 여성과 그리고 여성이 남성과 가졌던 오랜 종족적 경험의 유산이며, 이성에게 반응하고 이성을 이해하도록 동기화시키는 집단적 심상으로 작용한다(이부영, 2001).

(6) 자기

자기(self)는 인간의 의식과 무의식 모두를 포함한 전체 정신의 중심이며, 성격을 조화시키고 통일시키며, 안정성을 유지하려는 무의식적 갈망이다. 자아(ego)가 '일상적인 나' '경험적인 나'라면, 자기는 '본래적인 나' '선험적인 나'다. 자기는 사람들이 계속 그것을 위해 노력하지만 도달되기는 어려운 생의 목표이기도 하다. 모든 원형과 마찬가지로 자기는 인간의 행동을 유발하며, 인간으로 하여금 종교가 제공하는 길을 통해서 완성을 추구하도록 만든다. 예수와 부처의 이미지는 인간이 현대 세계에서 찾아볼 수 있는 고도로 분화된 자기 원형의 표현이다. 융에 따르면, 자기는 사람들이 중년에 이르기까지 뚜렷해지지 않으며, 이 때가 되면 성격의 중심을 의식적인 자아로부터 의식과 무의식의 중간으로 옮겨 놓으려고 노력을 하기 시작하는데 바로 이 중간 영역이 자기의 영역이다(이상로·이관용 역, 1987).

4) 성격 발달

융은 프로이트와 달리 성격의 발달이 인생 초기에 결정되는 것이라기보다는 일생에 걸친 연속적인 과정이라고 보았다. 그는 발달단계를 아동기, 청소년기와 성인기, 중년기, 노년기로 구분하고 있으나 프로이트와 달리 주로 성인기의 발달에 초점을 둔다. 융에 따르면 성인 초기까지는 외적으로 팽창하는 시기로 자아가 발달하고 외부 세계에 대처하는 역량이 발휘된다. 따라서 남자는 남성적 원리를 여자는 여성적 원리를 발달시킨다. 그러나 중년기부터는 정신에너지의 흐름이 내부로 향하여 자신의 내면 세계에 대한 탐색이 강화된다. 따라서 남자는 여성적 측면을, 여자는 남성적 측면을 표현하기 시작하며, 완전성의 상징인 자기(self) 이미지와 만나게 된다. 노년기에 이르면 죽음 앞에서 생의 본질을 이해하게 되는데, 내세에 대한 믿음을 통해 죽음에서 인간이 추구할 수 있는 목표를 발견한다.

융의 이론이 사회복지실천에 미친 직접적인 영향력은 적지만 그의 내향성과 외향성 개념에 근거한 성격유형론은 현재 사회복지실천에서 개인 성격을 이해하는 데 유용한 도구로 활용되는 MBTI(Myers-Briggs Type Indicator)의 모체가 되었다. 융에 따르면 내향성은 리비도가 주관적 세계를 지향하고 있으며, 여성적, 소극적, 수동적 성격 특성을 보이는 반면, 외향성은 리비도가 객관적 세계를 지향하고 있으며, 쾌활하고, 남성적이며, 적

극적이고, 능동적인 성격 특성을 나타낸다. 모든 사람은 두 가지 성격 특성을 다 가지고 있으나 상대적으로 우세한 쪽으로 성격유형이 결정된다.

내향성·외향성으로 구분되는 자아의 기본적 태도에 더하여 융은 자아의 심리적 기능을 사고, 감정, 감각, 직관의 네 가지로 구분하고, 이 중 어느 기능이 우세한지에 따라 사고형, 감정형, 감각형, 직관형으로 분류하였다. 사고와 감정은 평가 혹은 판단에 사용되는 기능을 말하는데, 감정형은 사물을 평가할 때 감정에 의존하고, 사고형은 지적 능력과 생각에 의존한다. 한편, 감각과 직관은 이성이 필요하지 않은 비합리적 기능이다. 감각형은 보이거나 만져지는 사물의 현재 있는 그대로의 모습에 관심이 있으나 직관형은 미래 또는 가상의 가능한 모습으로 사물을 바라본다. 이상의 네 가지 기능 중 어느 기능을 주로 사용하는지에 따라 기본 성격이 달라진다 (조흥식 외, 2010).

3. 자아심리학

1) 에릭 에릭슨

프로이트의 사후 그의 정신분석이론을 다듬고 확대하여 새 생명을 불어넣은 사람은 바로 에릭 에릭슨(Erik H. Erikson, 1902~1994)이다. 에릭슨은 독일 프랑크푸르트에서 태어났다. 덴마크 사람이었던 그의 친부(親父)는 에릭이 태어나기 불과 몇 개월 전에 가족을 버렸으며(Forte, 2007), 이후 그는 소아과 의사인 양아버지 홈베르거(Homberger) 밑에서 성장하였다. 파란 눈과 금발 그리고 큰 키를 가진 전형적인 북유럽인 외모의 에릭슨은 유대인들 사이에서는 이방인 취급을 당했으며, 독일 학교에서는 반대로 유대인이라고 놀림을 받았다. 그는 고등학교(김나지움) 졸업 후 무엇을 할 것인가를 결정짓지 못했다. 당시 많은 독일 청년들과 마찬가지로 무엇이 될 것인가에 대한 방향이나 영감을 찾기 위해 1년간 유럽을 돌아다니다가 마침내 그림을 그리기로 작정했다(이상로 · 이관용 역, 1987). 그가 25세가 되던 해 비엔나에 있는 조그마한 사립학교에서 미술을 가르쳐 달라는 초청을 받았는데, 이 학교는 아동들이나 그 부모가 정신분석을 받을 동안 교육을 하기 위해 세워진 학교였다. 이를 계기로 에릭슨은 프로이트 서클을 알게 되었고, 안나 프로이트와 함께 정신분석학 훈련을 받았으며, 비엔나 정신분석연구소에서 공부하고, 1933년 졸업했다.

에릭슨은 정신분석학을 연구하면서 교편을 잡고 있는 동안 캐나다 출신의 무용가이자 동료교사인 아내와 결혼하였으며, 히틀러의 유대인 박해 정책을 피해 1933년 미국으로 이주하였다. 거기서 그는 자녀들을 위해 독일식 이름 'Homberger' 대신 우리에게 알려진 'Erikson'이라는 성을 처음으로 사용하였는데, 이는 에릭의 아들(Erik's son)이라는 뜻으로 지어진 것이다(Forte, 2007).

에릭슨은 보스톤 최초의 아동정신분석가였으며, 하버드와 예일 대학에서 강의하면서 동시에 여러 기관에 상담가로 활동했다. 1939년에는 버클리에 있는 캘리포니아 대학으로 옮겨 와 일하면서, 다양한 인디언 족에 대한 연구를 통해 성격에 영향을 미치는 상이한 문화 여건에 관심을 가졌다. 에릭슨의 정신역동적 접근은 사회적 관계라는 메트릭스 속에 있는 개인의 위치(person's place) 그리고 전 생애에 걸친 심리사회적 발달에 세심한 주의를 기울인다. 예를 들어 프로이트와 달리 에릭슨은 사춘기 이후에도 인간의 발달은 계속되며, 심지어 노년에도 지속적으로 성장할 수 있다고 주장하였다. 또한 에릭슨은 정체성(identity)에 대한 것도 이론화하였는데, 에릭슨 자신의 어린 시절의 경험뿐 아니라, 나치 정권과 미국 이민자로서의 경

험이 그의 이론적 견해를 발달시키는 데
많은 영향을 주었을 것이라 추측된다
(Smelser, 1996). 그는 자아정체감(ego
identity)이 내적 갈등을 통합하는 인간의
능력을 대표한다고 믿었다. 그는 개인적
이며 공동체적인 근원을 가진 자아정체
감이 사람들로 하여금 자신의 아동기 때

의 경험을 창조적이고 적응적으로 벗어날 수 있게 해 준다고 보았다.

2) 인간관 및 기본 가정

에릭슨은 프로이트의 고전 정신분석이론을 가장 잘 계승하고 정교하게
다듬은 인물이지만 그의 자아심리학은 프로이트와 다른 인간관을 가지고
있다. 자아심리학에서는 인간을 환경 속의 존재로 규정하고 인간을 제대로
이해하기 위해서는 생리 · 심리 · 사회적 총체로 보아야 한다고 보았다. 즉,
인간의 행동이 생물학적 요인에 의해 동기화되지만 발달은 사회적 관심에
대한 욕구와 환경을 통제하고자 하는 욕구 등의 사회적 요인에 의해 자극
받는다고 보았다. 또한 인간은 가변성을 지닌 존재로서 끊임없이 새로운
발달과업과 투쟁하고, 인생의 전환점에 직면하여 새롭고 더 나은 자아를
획득하려고 하는 가운데 변화와 성장을 하는 존재라고 보았다.

3) 주요 개념

에릭슨은 그의 모든 저작에서 자아가 지닌 잠재적 힘에 집중하였다. 그
만큼 자아는 에릭슨 이론에서 가장 중심이 되는 개념이다. 특히 그가 제시

한 전 생애에 걸친 심리사회적 발달단계도 결국은 자아의 발달과정을 설명하는 것이다.

(1) 자아

프로이트에 의하면 자아는 원초아의 충동을 만족시키고, 외부의 현실 세계를 고려하며, 초자아의 완전한 도덕적 기준에 맞추려고 노력한다. 그리고 그 사이에서 압도당하는 것을 피하기 위해 여러 가지의 방어기제를 사용하는 방어적 자아다. 따라서 프로이트의 자아개념은 원초아와 현실, 초자아의 부속물 혹은 노예라 할 수 있다. 그러나 에릭슨에게 있어서 자아는 그들의 주인이다(이상로·이관용 역, 1987). 에릭슨이 말하는 자아는 일생 동안의 신체·심리·사회적 발달과정에서 외부 환경에 대처하고 적응하는 과정을 통해 형성되는 역동적인 힘이다. 자아는 생애의 각 단계에서 그것을 둘러싸고 있는 새로운 문제들을 창조적으로 해결하며, 갈등과 위기를 통해 발전해 간다. 자아는 각 단계에서 내적인 준비성과 외적인 기회를 결합시킬 줄 알며, 좌절할 경우도 자아는 포기하지 않고 새로운 노력으로 다시 대응한다. 자아는 대단히 강하고 탄력성이 있으며, 비단 젊은 시절만이 아니라 평생을 통해 그 힘을 발전시켜 간다. 비록 자아의 본질은 유전적, 생리적, 해부학적 요인에 의해 타고나는 것이지만, 에릭슨은 여기에 더하여 사회적, 문화적, 역사적 영향력에 초점을 두었다. 자아의 강도를 형성하는 데 영향을 주는 관계의 범위도 아동기의 가족에서 청소년기의 친구, 이성, 동료, 경쟁자로 그리고 노년기에는 인류 공동체로까지 확대하였으며, 나아가 법, 경제, 종교와 같은 제반의 사회제도들도 포함된다고 보았다(Forte, 2007). 이는 앞서 언급한 것처럼, 에릭슨 자신의 생애사를 통한 심리사회적 발달의 경험과 문화적 차이에 대한 그의 광범위한 연구들이 반영된 것이라 할 수 있으며, 그만큼 에릭슨의 자아개념은 매우 사회화되고 역사적인 개념이다.

(2) 자아정체감

자아정체감은 일반적으로 '자기 자신의 독특성에 대한 비교적 안정된 느낌'으로 정의될 수 있으며, 이는 한 개인이 자신이 누구이며, 어느 위치에 서 있는지를 알고자 하는 노력의 결과에 의해 형성된다. 자아정체감은 이전의 나와 현재의 내가 동질성과 연속성을 가지고 있다는 사실을 아는 동시에 자기 존재의 동일성과 독특성을 지속하고 고양시켜 나가는 자아의 자질을 의미한다. 자아정체감의 형성은 인생에 대한 개인적 철학과 통합된 가치체계의 형성을 포함하는 발달과업이며, 에릭슨의 심리사회적 발달이론의 핵심 영역이다. 에릭슨은 자아정체감의 형성을 청소년기의 주된 발달과업으로 제시하지만 그는 정체감 형성이 일생 동안 지속되는 과정이므로, 발달과정의 여러 단계에 거쳐 진행될 뿐만 아니라, 재구조화나 재통합도 가능하다고 보았다.

(3) 점성원리

점성원리(epigenetic principle)는 다음에서 설명하게 될 에릭슨의 발달단계를 이해하는 데 필요한 개념 중 하나다. 점성원리는 인간의 발달이 어떤 방식으로 이루어지는가, 특히 이전 단계와 그다음 단계가 어떤 관계성을 가지며 발달하는가를 설명하는 에릭슨의 관점이라고 할 수 있다. 그에 따르면 인간의 발달은 기본적으로 타고난 요소들이 시간의 경과에 따라 결합과 재결합을 통해 새로운 구조를 형성하는데, 심리사회적 측면 역시 각 요소가 다른 요소에 체계적으로 관련되면서 연속적으로 발달하는 원리에 따른다. 보다 쉽게 설명하자면 인간의 발달은 이미 존재하는 것을 바탕으로 이루어지므로, 이전 단계에서의 발달과업의 성취 여부는 다음 단계의 발달에도 지속적으로 영향을 준다는 것이다. 그렇게 볼 때 매 단계는 완전히 끝나 버리는 것이 아니라 후에도 지속적으로 그 영향을 남기면서 전체 성격 형성에 영향을 주게 된다. 이러한 발달의 원리를 점성원리라고 한다.

4) 심리사회적 발달단계

에릭슨의 발달단계는 기본적으로 프로이트가 제안한 심리성적 발달단계에 근거를 두고 있다. 그러나 프로이트와 달리 에릭슨은 전 생애를 통해 발달이 진행된다고 주장하였으며, 그 발달은 개인의 생물학적 요구와 사회적 요구 사이의 상호작용에 의한 것이라고 보았다. 에릭슨은 발달단계를 모두 8개로 구분하였는데, 처음 네 단계는 영아기와 아동기에 속하며, 다섯째 단계는 청소년기에 그리고 마지막 세 단계는 성인기에 걸쳐 있다. 에릭슨에 따르면, 각 발달단계마다 신체적 성장과 함께 사회문화적으로 요구되는 심리사회적 과업들이 있는데, 이 과업들은 딜레마나 도전의 형태로 던져진다. 따라서 에릭슨은 이를 '위기(crisis)'라고 명명하였다. 위기는 각 단계별 명칭에서 볼 수 있는 바와 같이 두 가지 대립 항으로 나타난다. 에릭슨에 따르면 인간은 자아의 힘(ego powers)을 활용하여 각 단계별 위기를 극복하고 과제를 완성할 수 있는데, 그 결과로 획득하게 되는 것을 '덕목(virtues)' 또는 '기본적 강점(basic strengths)'이라고 한다. 획득된 덕목은 곧 심리사회적 능력이라고 할 수 있으며, 이 능력을 얻게 되면 자아는 더 강건해진다. 그러나 만약 각 단계별 과제를 회피하거나 완수하지 못하면 자아가 약화되어 심리적 문제 혹은 취약한 성격을 갖게 된다.

(1) 기본적 신뢰감 대 불신감(basic trust vs. basic mistrust)

프로이트의 구강기에 해당되는 첫 번째 발달단계에서 인간은 신뢰와 불신이라는 연속선상에서 세상에 대한 기본 입장을 발달시킨다. 이 시기는 영아가 전적으로 타인에게 의존해 있는 상태로서, 모성인물(어머니 혹은 주양육자)에 의해 제공되는 보살핌을 통해 다른 사람에 대한 기본적 신뢰감을 발달시킨다. 특히 양육자의 지지와 일관성은 신뢰감 형성에 매우 중요한데, 이를 통해 영아는 양육자를 의지하고 믿게 될 뿐 아니라 무엇보다도 자기 자신을 신뢰하는 것을 배우게 된다.

기본적 신뢰감은 그 부정적 상대인 불신감보다 우세해야 하나, 분별력 있는 신뢰를 위해 불신감 역시 원칙적으로는 인간 발달에 필요하다. 신뢰감과 불신감이 적당한 비율로 형성되면 인간의 심리사회적 발달에 있어서 가장 최초이자 가장 필수적인 덕목인 '희망'이 생긴다. 에릭슨에 의하면 희망은 "존재의 시작을 나타내는 어두운 충동과 분노에도 불구하고 강렬한 소망을 이룰 수 있다는 끊임없는 신념"이다(Erikson, 1964: 118; 이상로 · 이관용 역, 1987에서 재인용). 희망의 기초는 영유아의 욕구에 반응하여 만족스런 경험을 제공해 주는 믿을 수 있는 주 양육자와의 관계에서 비롯된다. 그 관계 속에서 영아는 어떠한 희망이 가능한 것인가를 배우게 되고, 거기에 따라서 새로운 희망에 대한 영감을 갖고 기대를 걸며 나아가게 된다. 영아는 특히 자신을 향한 어머니의 눈길, 잡아 주고, 웃어 주고, 먹여 주며, 이름을 부르고, 자신을 알아주는 어머니를 신성한 존재로 느끼며 숭상한다(이상로 · 이관용 역, 1987). 그러나 주 양육자로부터의 인정과 지지가 부족하거나 일관성 없는 양육으로 타인과 자신에 대한 기본적 신뢰감을 형성하지 못하면 사회적 상호작용이 위축된다. 인생 후기의 낮은 자존감, 우울증 그리고 사회적 위축의 경향은 첫 번째 단계를 거치는 동안 어려움이 있었다는 것을 암시해 준다(권중돈 · 김동배, 2005).

(2) 자율성 대 수치심과 의심(autonomy vs. shame and doubt)

두 번째는 자율성 대 수치심과 의심이라는 이슈를 중심으로 심리사회적 발달이 이루어지는 항문기다. 이 단계에서는 배변 훈련을 통해 유아가 변을 보유하고 방출하는 것 간의 균형을 찾는 과제가 주어진다. 특히 이 시기의 유아는 활동량이 많아지고 신체적, 인지적 발달이 빠르게 나타나면서 새롭고 행동 지향적인 경험을 추구한다. 이에 따라 배변과 관련된 행동뿐 아니라 유아의 모든 행동에 대해 외부로부터 통제가 가해지게 되는데, 자율성을 획득하느냐 수치심과 의심이 더욱 우세해지느냐는 바로 외부로부터의 통제 정도에 달려 있다. 즉, 적절한 외부 통제와 함께 부모나 양육자가 생활공간 내에서 선택의 자유를 보장함으로써 유아가 자신의 행동을 결정할 수 있도록 기회를 주고, 어른에 대한 전적인 의존에서 조금씩 벗어나도록 돕는다면 자율성이 강화된다. 이에 반해 부모가 인내를 갖지 못하고 유아를 대신하여 일을 처리하거나 유아가 할 수 없는 것을 강압적으로 요구할 경우, 유아는 수치심을 느끼며 환경을 극복하는 자신의 능력에 대해 의심하기 시작한다. 자율성을 유지하는 선에서 적절한 외부 통제로 이 위기를 잘 극복하면 자신이 무엇인가를 하고자 하는 '의지'라는 덕목이 생겨나 자아 강도를 높여 주는 반면, 부모가 지나치게 억압적으로 통제하여 아동이 무력감을 갖게 되면 수치심이나 의심을 갖게 되고, 자신의 결정을 믿지 못하고 불안해하는 강박적인 성향을 갖게 된다(권중돈 · 김동배, 2005).

(3) 주도성 대 죄의식(initiative vs. guilt)

세 번째는 학령전기에 속하는 초기 아동기로서 신체 발달 외에도 지적, 언어적 발달로 인해 아동이 스스로 계획을 세우고, 목표를 설정하여 이를 달성하고자 노력한다. 이 시기의 아동은 중요한 관계망 안에서 보다 폭넓게 움직이는데, 가족 그리고 어린이집이나 유치원은 발달을 위한 장소가 된다(Forte, 2007). 아동은 놀이를 통해 자기가 선택한 행동을 직접 해 보는 기회를 갖고, 스스로 추구하는 활동에 대해 격려를 받는 경험한다. 이런 경험들이 많을수록 주도성이 강화되며, 그 결과 '목적'이라는 덕목을 발달시키게 된다. 그러나 양심의 발달과 부모에 대한 반항 판타지의 증가로 인해 죄의식이 생겨날 수 있으며(Forte, 2007), 극단적인 순응이나 복종을 포함하는 '억압'이라는 자아 특성을 형성하는 등 과도한 죄의식과 관련된 문제가 생겨날 수 있다. 어느 정도의 죄의식은 사회화 과정에 필수적이지만 주도성을 너무 위축시키지 않아야 한다. 죄의식을 갖게 된 아동은 무슨 일에나 잘 체념하고 자신에 대해 무가치감을 갖게 되며, 이후 소극적 자세, 성적 무기력, 불감증 등으로 발전한다.

(4) 근면성 대 열등감(industry vs. inferiority)

잠재기 단계의 아동이 직면하는 심리사회적 과업은 근면성이다. 이 시기 아동은 체계적인 교육을 받으며, 학교라는 조직사회에 적응한다. 유아기의 주된 활동이었던 '놀이'에 '일(work)'이 더해지면서 아동은 무언가를 해냈을 때 인정받게 된다는 것을 배운다. 여기서 에릭슨이 말하는 '일'이란 학교에 다니는 것, 책임을 다하는 것, 조작 기술을 배우는 것, 운동에 참여하는 것 등을 의미한다. 아동은 일에 몰두하면서 근면성을 발달시키고, 인내와 근면이 주는 보상을 경험하게 된다. 또한 과업을 완수함으로써 자부심, 효율감을 경험하게 되며, '역량'[3)이라는 덕목을 얻게 된다. 역량이란 "과업을 완수하는 데 기민한 솜씨와 지능을 자유로이 구사하는 것"이다(Erikson,

---

3) 역량(competence)은 주로 '능력'이라고 번역 사용되어 왔다. 그러나 일반적으로 능력이라고 번역되는 'ability'와는 구분되어야 할 필요가 있다. competence는 단순히 무언가를 할 수 있는 능력이라기보다는 어떤 일을 잘 해낼 수 있는 유능함이나 역량의 의미다. 따라서 본서에서는 능력대신 역량으로 번역하여 사용한다.

1964: 124; 이상로·이관용 역, 1987에서 재인용).' 이전 단계까지의 발달을 통해 형성된 덕목들, 즉, 희망, 의지, 목적은 아동에게 미래에 수행할 과제에 대한 견해를 갖게 한다. 그러나 이 단계에 이르면 과제를 명료화하고, 기본적인 기술을 습득하는 '방법'에 대한 가르침이 필요해진다. 만약 아동이 단기 과업을 수행해 보거나 문제를 해결해 보는 기회를 제공받지 못하고 그의 노력이 반복적으로 비난을 받게 되면, 열등감을 발달시키게 되며, 자신을 무용지물로 여기게 되거나 일에 대한 마비(work paralysis) 증상을 보이게 된다(Forte, 2007).

(5) 정체감 대 정체감 혼란(identity vs. identity confusion)

정체감 대 정체감 혼란은 사춘기의 주된 심리사회적 딜레마다. 급격한 신체 변화와 생식기의 성숙으로 인해 자신의 내적 통일성과 연속성에 의문을 갖게 되며, '나는 누구인가'에 대해 집중하고, 이에 대한 답을 탐색한다. 이 때 동년배 친구들, 자신이 속한 집단의 내부 혹은 외부의 구성원들, 지도자들 그리고 다른 역할 모델들이 그 답을 찾는 데 중요한 역할을 한다. 성공적으로 이 발달과업을 수행하는 십대들의 경우, 여러 가지 정체감들을 시도하는 방법을 습득하고, 아동기 정체감의 일부를 통합 또는 폐기하며, 궁극적으로는 하나의 정체감에 충실하는 능력과 그 정체감을 확인해 주는 집단에 대한 충성심을 획득하게 된다(Forte, 2007). 만약 정체감에 대한 확고한 선택을 하지 못하여 정체감 혼란이 생기면 사회적 역할과 가치에 냉담하고 무관심한 태도를 나타내는 '거부'라는 심리적 문제가 유발된다. 에릭슨은 전 생애에 걸친 발달과정을 논하지만 청소년기를 특히 강조한다. 그 이유는 청소년기가 아동기와 성인기 사이의 전환이 일어나는 시기이기 때문이며, 자아정체감 확립이 인간 발달에 가장 중요한 의미를 준다고 보았기 때문이다.

(6) 친밀감 대 고립(intimacy vs. isolation)

성인 초기에 이르면, 친구들이나 성적(性的) 파트너 혹은 협동과 경쟁의 관계에 있는 사람들을 통해 정신적 피해 없이 타인과 제휴할 수 있는 방법을 배우도록 하는 여러 가지 도전에 직면하게 된다(Forte, 2007). 성숙한 성인이 되기 위해서는 이러한 도전들을 통해 친밀감이라는 심리사회적 발달과업을 성취해야 한다. 친밀감은 타인에게 진정한 관심을 갖고 타인을 받아들이며, 또한 자신을 타인에게 주는 능력이다. 이러한 능력은 청소년기의 심리사회적 발달과제인 자아정체성 확립이 선행될 때 비로소 가능하다. 특히 이 단계에서는 이성과의 친밀한 관계를 형성하게 되며, 배우자(혹은 파트너)와의 관계를 통해 상호성을 배우고 성적 만족을 실현시키며, '사랑'이라는 덕목이 자라나 자아를 강하게 한다. 그러나 친밀감 형성에 실패하면 절망, 낮은 자존감, 소원함 등으로 친밀한 대인관계를 피하고 타인을 밀쳐내는 '배척'이라는 성향을 갖게 된다.

(7) 생산성 대 침체(genertative vs. stagnation)

성인 중기에 해당하는 일곱 번째는 생산성의 단계로서 무엇을 생산하느냐에 대한 관심과 다음 세대들을 위한 지침을 확립하는 것이 주요 과제가 된다(이상로·이관용 역, 1987). 여기서 말하는 생산에는 자녀뿐 아니라 물건(goods)이나 사상(ideology) 등 자신의 사후에도 남아 있게 될 것들을 생산하는 것을 말한다. 이 시기에는 자녀를 낳아 양육하는 데 관심을 가지는 것과 동시에 전체 사회의 다음 세대를 위해 헌신하고 기여하고자 하며, 이상적인 가치를 청년에게 전해 주는 전달자로서의 역할을 한다. 이러한 사회적 가치의 수행은 성격을 풍부하게 하지만 생산성이 약하거나 나타나지 않으면 성격은 퇴행되고 빈곤감과 침체성을 띠게 된다. 생산성과 침체 간의 갈등을 잘 극복하는 경우, 타인을 보살피는 능력인 '배려'가 자아 강도에 더해지는 반면, 그렇지 못한 사람은 자신에게 이익이 될 만한 것 외에는 무관심하며, 이기주의로 흐르는 '거절'을 획득함으로써 자아를 허약하게 만든다.

(8) 통합성 대 절망감(integrity vs. despair)

끊임없이 발달하는 인간은 생의 마지막 단계에 이르러서도 해결해야 할 심리사회적 발달과업을 가지고 있다. 지나온 시간들을 회고하고 반성하며, 인생의 의미를 최종적으로 파악하여 자아통합을 이루어 내야 하는 과제가 그것이다. 자아통합이란 자신의 삶을 되돌아보면서 자신의 인생을 수용하고 갈등, 실패, 실망 등을 성공, 기쁨, 보람 등과 함께 전체의 삶 속에 포함시키는 것이며, 이를 통해 자신의 삶을 수용하고, 죽음을 위엄과 용기로 직면할 수 있게 된다(최옥채 외, 2003). 통합성의 본질적인 대립자는 죽음에 직면한 현재의 상태나 사회적, 역사적 상황에 대한 절망, 그리고 인간의 영고성쇠(榮枯盛衰)에 대한 절망감이다. 이것은 인생이 무의미하며 죽음이 가까워졌다는 감정과 죽음에 대한 공포를 더욱 악화시킨다(이상로·이관용 역, 1987). 통합성과 절망감의 대립을 잘 극복하면 삶에 대한 통찰적 '지혜'를 얻게 되며, 지혜는 과거의 축적된 경험의 통합성을 유지하고 전달해 준다. 그러나 자아통합을 이루지 못하면 인생을 무의미하게 느끼면서 심한 자기 혐오감, 즉, '경멸'에 빠진다.

다음의 〈표 4-1〉은 에릭슨이 제시한 발달단계를 정리한 것이다. 표에 나타난 바와 같이 에릭슨은 각 단계별 도전을 직면하도록 하는 의미 있는 관계의 범위를 가족에서 친구, 배우자, 동료, 경쟁자로, 노년기에는 인류 공동체로까지 확대하였다(Goldhaber, 2000). 또한 각각의 과업 성취 후 달성되는 덕목은 일종의 심리사회적 능력이며, 이는 자아의 강도를 높여주는

〈표 4-1〉 심리사회적 발달단계

연령 및 생애주기	발달과업 또는 위기	의미 있는 관계의 범위	주요 사건 및 과업 성취의 열쇠	획득된 자아 강도	과업 실패에 따른 심리 문제	프로이트 발달단계 비교
0~18개월	기본적 신뢰감 대 불신감	모성인물	음식과 보살핌/ 일관성 있는 양육 태도	희망	위축	구강기
18개월~ 3세	자율성 대 수치심과 의심	부모	배변 훈련/자기통제/ 실패에 대한 격려	의지	강박	항문기
3~5세	주도성 대 죄의식	가족	놀이, 운동/ 다양한 기회 제공	목적	억제	남근기
5~12세	근면성 대 열등감	이웃과 학교	취학/성공적인 경험을 할 수 있도록 기회를 주고 격려	역량	무력함	잠복기
청소년기	정체감 대 정체감 혼란	또래 집단 친구, 이성,	독자적인 인간으로서의 자신에 대한 확고한 이미지	성실	거부	생식기
성인 초기 (청년기)	친밀성 대 고립	경쟁과 협동의 대상	친밀하고 지속적인 관계 형성 능력/경력 쌓기	사랑	배척	–
성인 중기 (장년기)	생산성 대 침체	직장, 확대가족	부모 역할/ 다음 세대에 대한 배려	돌봄	거절	–
성인 후기 (노년기)	통합성 대 절망	인류	인생 회고와 수용/ 죽음을 떳떳하게 대함	지혜	경멸	–

것이다. 따라서 〈표 4-1〉에서는 덕목 대신 자아 강도라고 표시했다. 반대로 실패에 따라 생겨나는 특성들은 자아의 약점 혹은 자아의 기능을 취약하게 하는 것으로, 〈표 4-1〉에서는 심리 문제라고 표기했다. 대략적인 연령 구분은 있지만 에릭슨은 각 단계가 반드시 연대기적 이정표에 의해 진행되는 것은 아니며, 개인마다 각자의 이정표가 따로 있다고 보았다.

이상과 같은 에릭슨의 발달단계는 프로이트의 심리성적 발달단계를 바탕으로 하고 있지만 다음과 같은 점에서 차이를 보인다. 첫째, 에릭슨은 성적인 것이 아니라 개인과 사회의 상호작용을 중심으로 발달단계를 분류하였다. 둘째, 에릭슨은 일생에 걸친 성장을 논하여 유아기부터 노년기까지의 주된 쟁점들을 규명하였다. 셋째, 에릭슨은 한 단계에서의 실패가 다음 단계에서 회복될 수도 있다는 긍정적 관점을 가졌다.

4. 정신역동이론과 사회복지실천

이상에서 살펴본 바와 같이 아들러, 융 그리고 에릭슨은 프로이트의 고전 정신분석학에 그 뿌리를 두고 있으나, 프로이트와 달리 인간의 주체적이고 능동적인 측면에 보다 초점을 두고 있으며, 목적 지향적이고 창조적인 존재로서의 인간을 가정하고 있다. 특히 위기에 처한 사람들의 자아 기능을 강화시키고 지지함으로써 효과적인 사회복지실천을 할 수 있도록 했다는 점에서 기여한 바가 크다고 할 수 있다.

각 이론들이 사회복지실천에 미친 영향을 구체적으로 살펴보면, 먼저 이론가이자 실천가인 아들러의 이론은 가족상담과 집단사회복지실천에 유용한 지식 기반을 제공하였으며, 직접적으로 치료하기보다 클라이언트가 가진 사회적 관심과 왜곡된 삶의 목표를 수정하도록 돕고, 클라이언트의 잠재된 창조성을 끌어내도록 격려하는 것을 강조함으로써 인지치료이론의 출발점이 되었다(사회복지사수험연구회, 2002).

집단 무의식과 상징의 중요성을 강조한 융의 이론은 비합리적이고 무의미하게 보이는 인간행동에 대한 의미를 이해할 수 있는 기반을 제공하였으며, 중년기 클라이언트의 심리분석에 유용한 것으로 평가된다. 특히 그의 이론에 기반한 분석심리치료에서 치료자는 행동의 주체가 아니라 클라이언트의 발전 과정을 함께 체험하는 사람으로, 클라이언트가 내면 세계의 목소리와 요구를 귀담아듣고 자신의 내면의 삶을 탐색함으로써 정신의 전체성을 회복할 수 있도록 돕는 것을 강조한다.

에릭슨의 이론은 사회제도가 성격 발달에 미치는 영향에 관심을 가짐으로써 '환경 속의 인간'이라는 사회복지실천의 기본 관점에 일치하는 이론적 기반을 제공하였다. 특히 프로이트의 정신분석이론에서 제한적으로 다루어졌던 사회적 관계를 가족, 친구, 동료, 직장, 인류 공동체 등을 포함하여 포괄적으로 다룸으로써 사회적 관계에 관한 사회복지적 접근의 타당성을 제공하였다고 평가된다. 또한 사회복지실천과정에서 클라이언트의 자아를 강화하고 클라이언트를 둘러싼 환경적 조건을 향상시킴으로써 문제해결이 가능하다는 사회복지실천의 핵심적 시각을 제공하였을 뿐 아니라, 사회복지사들로 하여금 연령에 따른 발달과제를 이해하도록 하는 데 크게 기여하였다(사회복지사수험연구회, 2002).

사례를 통해 생각해 보기

　노인요양시설의 사회복지사에게 의뢰된 61세의 최규남 씨는 5년 전 아내와 사별했으며, 2년 전에는 다니던 직장에서 퇴사했다. 아직 퇴직 연령에 이르지는 않았지만 고객의 주문내용을 기억하지 못하는 일이 잦아져 직장을 그만두었는데, 병원에서 알츠하이머 진단을 받아 최근 요양시설에 입소했다. 그에게는 세 명의 자녀가 있으나 모두 다른 도시에 살고 있으며, 각자 생활에 바빠 보고 싶어도 자주 만나지 못했다. 가까이에 사는 친척도 없으며, 오직 이웃에 있는 몇 명의 친구가 아는 사람의 전부다.

　최규남 씨는 요양시설에 입소하면서 이웃 친구들과도 멀어질까 염려하고 있다. 또한 점점 정신을 놓게 될까 봐 두려워하고 있으며, 무엇보다도 장기간 요양시설에서 지내게 될 경우, 그 비용을 어떻게 감당할 것인지에 대해서도 걱정이 많다. 최근에는 매우 우울하고 남은 삶의 의미에 대해서도 비관적이다. 지금까지 자신이 해 온 일이 무엇을 위한 것이었는지 확신할 수 없고,

가족을 위해 평생을 바쳐 일했던 것도 모두 허사라는 생각을 하고 있다.

(출처: Rogers, 2010, p. 48에서 발췌 및 수정)

1. 에릭슨이 제시한 심리사회적 발달단계를 적용해 볼 때 현재 최규남 씨가 경험하고 있는 발달단계상의 위기는 어떤 것인가?

2. 에릭슨에 따르면 지금 최규남 씨가 경험하고 있는 해결되지 못한 발달상의 과제들은 이전 단계에서의 특정한 발달과제를 성공적으로 완수하지 못했기 때문일 수 있다. 예를 들면 어떤 것이 있을까?

[길잡이] 사회복지사는 현재의 심리사회적 발달 위기뿐 아니라 이전 단계의 발달과업들과 관련된 영역을 탐색하고 현재의 발달상의 위기를 초래하고 있는 장애물들을 규명한다. 최규남 씨의 경우, 지역사회 내에서 의미 있는 역할들을 수행하지 않았거나 혹은 자녀의 안녕에 대해 충분한 기여를 하지 못했다고 느끼는 등 이전 단계에서의 발달과업, 즉, 생산성 대 침체의 위기를 성공적으로 극복하지 못했을 수 있다.

3. 일반적인 발달과업 외에 최규남 씨는 알츠하이머가 진행 중이다. 최규남 씨가 이와 관련하여 염려하는 것은 무엇이며, 사회복지사는 이것을 어떻게 도울 수 있을까?

[길잡이] 에릭슨의 이론에 따르면 지금 진행되고 있는 변화들에도 불구하고 통합을 성취할 수 있도록 그를 돕는 것이 사회복지개입의 목표가 될 수 있다. 그의 삶에서의 성공적인 부분들을 돌아보게 하고 그것을 자기충족과 연결시키며, 그의 질병 및 요양시설로의 입소와 같은 변화된 환경에 적응할 수 있도록 함으로써 자아통합을 이루도록 도울 수 있을 것이다.

Chapter 5 행동주의이론

이 장에서는 행동주의 학파에 속하는 이론들을 소개한다. 행동주의는 동물과 인간의 행동에 관한 연구에 초점을 둔 전통적 사회과학 이론 중 하나로 이전까지 우세했던 정신역동이론의 관점에서 벗어나 1950년대와 1960년대 초반에 새롭게 대두되었다. 행동주의는 특정 행동을 학습하는 과정과 방법에 관심을 두기 때문에 학습이론이라고도 불리는데, 이 장에서는 스키너를 대표로 하는 급진적 행동주의와 반두라에 의해 발달된 사회학습이론을 중심으로 살펴본다. 급진적 행동주의는 개인 내적, 정신적 사건에 대한 고려 없이 외적으로 관찰 가능한 인간행동에만 초점을 두는 반면, 사회학습이론은 인간이 복잡한 행동을 배우게 되기까지에는 반드시 인지적 과정이 있다고 가정한다. 반두라 덕분에 행동주의는 최근 들어 인지이론과 결합되는 경향을 보이고 있으며, 인지이론과 행동주의 전통을 모두 적용하는 실천가들은 자신을 인지행동주의자라고 부른다.

1. 행동주의의 시조

1) 이반 파블로프

행동주의 학파의 할아버지라고 불리는 러시아의 생리학자 이반 파블로프(Ivan Pavlov, 1849~1936)는 가난한 시골 교회 목사의 아들로 태어나 생리학 연구에 평생을 바쳤다. 그는 개의 소화샘에 대한 실험을 통해 행동주의의 밑거름이 된 고전적 조건형성이론을 탄생시켰다. 파블로프는 개의 소화액 분비 메커니즘에 대한 연구를 진행하던 중, 주인의 발자국 소리만으로도 개의 침이 분비된다는 것을 발견하였다. 이 발견을 시작으로 그는 메트로놈 소리, 부저 소리, 불빛, 색깔 등과 같은 자극들이 반복해서 먹이와 함께 제시되면, 대뇌의 작용에 의해 해당 자극과 먹이가 짝을 이루게 되고, 그 결과 먹이가 제공되지 않더라도 자극만으로 침을 흘리게 된다는 것을 밝혀냈다. 그 유명한 '파블로프의 개 실험'은 바로 이를 증명한 것으로서, 종소리를 먹이와 함께 제시하는 조건형성 과정을 통해 종소리만으로 개가 침을 흘리도록 조건화시킨 것이다. 여기서 먹이는 자동적으로 침 분비를 일으키게 하므로 무조건 자극(unconditional stimuli)이라고 부르며, 먹이와 함께 짝지어 제시되었던 새로운 자극은 조건 자극(conditional stimuli)이라고 부른다. 조건 자극이라고 명명한 이유는 애초에는 먹이와 무관한 중립 자극이던 종소리가 위와 같은 조건형성의 과정을 통해 침을 흘리는 반사를 일으키는 자극으로 전환되었기 때문이다. 따라서 무조건 자극인 먹이로 인해 침을 흘리는 것은 무조건 반사(unconditional reflexes)지만 종소리에 반응하여 개가 침을 흘리는 것은 조건화에 따른 조건 반사(conditional reflexes)가 된다. 행동주의의 싹을 틔우게 한 파블로프의 학문적 업

스키너의 급진적 행동주의가 지닌 인간행동에 대한 기본 가정은 첫째, 인간의 행동은 환경적 자극에 의해 동기화되며, 그에 수반되는 강화에 의해 행동의 빈도와 강도가 결정된다는 것이며, 둘째, 인간은 자신의 행동을 통제할 수 있는 힘이 없을 뿐 아니라, 셋째, 외적 강화 없이는 어떠한 행동의 학습이나 수정도 이루어질 수 없다는 것이다. 따라서 스키너에게 있어서 인간은 기계적이고 결정론적인 원리로 움직이는 존재이며, 외적 환경에 의해 지배받는 수동적 존재가 된다(권중돈·김동배, 2005).

3) 주요 개념

(1) 조작적 조건형성

스키너는 특정 행동 후에 뒤따르는 결과가 긍정적이냐 부정적이냐에 따라 그 행동이 유지되거나 혹은 통제된다고 전제하고, 파블로프나 왓슨처럼 행동이 발생하기 이전이 아니라 이후의 결과, 즉, 후속요인에 개입하는 실험을 진행하였다. 스키너의 상자에 갇힌 배고픈 쥐를 생각해 보자. 쥐는 상자 안에서 이리저리 돌아다니다 우연히 지렛대를 건드리게 되고, 이 때 미리 설계된 대로 먹이가 튀어나온다. 지렛대를 누를 때마다 먹이가 제공되는 경험이 반복되면서 쥐가 지렛대를 누르는 횟수는 증가한다. 여기서 지렛대를 누르는 행동은 실험자가 의도한 조작적 반응(response)이고, 먹이는 그 행동을 강화하는 자극(stimulus)이 된다. 이 같은 실험을 통해 스키너는 어떤 행동의 결과에 보상이 주어지면 그 행동이 쉽게 재현되나 그 행동의 결과가 고통스럽거나 도움이 되지 않는다면 그 행동이 재현되지 않는다는 것을 발견하였으며, 인간의 행동은 어떤 결과가 주어지느냐에 의하여 형성되고 유지된다고 주장하였다. 스키너는 쥐 실험에서처럼 행동과 결과, 즉, 반응과 자극 사이의 관계를 수정함으로써 자발적으로 행동이 변화되도록 만드는 자신의 행동 수정 및 형성 기법을 '조작적 조건형성(operant conditioning)'이라 이름하였으며, 조작적 조건형성에 의해 습득된 행동을 '조작적 행동'이라고 한다. 여기서 '조작적'이라는 말은 바라는 결과를 얻기 위해 행해지는 노력을 의미한다. 즉, 쥐의 실험에서 지렛대를 누르는 행동은 그 행동 자체가 의미를 가지는 것이 아니라, 행동 후에 뒤따르는 먹이를 얻기 위해 행해진 것이므로 조작적 행동이 된다.

(2) 강화

강화(reinforcement)란 어떤 특정 행동의 재현 가능성을 높이기 위한 과정을 말하며, 강화를 목적으로 제공되는 자극을 강화인(强化因, reinforcer)이라고 한다. 쥐 실험의 예에서 보면, 먹이는 강화인이 되고, 이 강화인은 지렛대를 누르는 행동을 강화시킨다. 강화에는 정적 강화(positive reinforcement)와 부적 강화(negative reinforcement)가 있다.[1] 정적 강화는 행동에 뒤따르는 자극, 즉, 강화인을 그 행동의 주체가 좋아하고 즐거워하는 것으로 제공하여 강화하는 것을 말하고, 부적 강화는 싫어하고 혐오하는 자극을 사라지게 해 줌으로써 특정 반응을 강화하는 것이다. 부적 강화는 처벌과 혼동되기 쉬운데, 처벌은 특정 반응이 더 이상 일어나지 않도록 하는 것을 목적으로 고통스러운 자극을 주는 것인 반면, 부적 강화는 특정한 행동을 빈번하게 일어날 수 있도록 강화하기 위한 목적을 가진 자극이라는 점에서 다르다. 예를 들어 숙제를 해 오지 않은 학생들에게 벌점을 준다면 이는 처벌이라는 자극을 제공하는 것이 된다. 그러나 숙제를 해 온 학생들에게 그 보상으로 그동안 받은 벌점을 없애 준다면 이는 부적 강화가 된다. 스키너에 따르면 처벌보다는 강화, 특히 정적 강화가 바라는 결과를 더 오

---

1) '정적/부적'이라는 용어는 '적극적/소극적'이라는 말로 번역되기도 한다.

래 지속시키는 데 효과적이다.

(3) 강화계획

강화계획(reinforcement schedule)은 강화인을 얼마나 자주, 어떤 비율로 제공할 것인가에 대한 계획을 말한다. 강화 간격과 비율에 따라 연속적 강화계획, 고정간격 강화계획, 변동(가변)간격 강화계획, 고정비율 강화계획, 변동(가변)비율 강화계획 등으로 구분된다.

이와 같은 강화계획은 실험에서뿐 아니라 우리 실생활에서도 그 예를 쉽게 찾을 수 있다. 아이가 10권의 책을 읽을 때마다 엄마가 사탕을 하나씩 준다면 이것은 고정비율 강화계획을 이용한 예다. 일정한 시간이 지나면 보수를 주는 월급제는 고정간격 강화계획의 예가 될 수 있다. 일반적으로 시간의 간격보다는 반응의 횟수에 따른 강화계획을 사용했을 때 유기체의 반응률이 높은 것으로 나타나는데, 월급제와 성과제를 비교해 보면 그 이유를 쉽게 짐작할 수 있다. 또한 강화비율이 고정적인 것보다는 가변적일 때 더 높은 반응율이 나타난다. 언제 강화인이 제공될지 모르기 때문에 오

〈표 5-1〉 강화계획의 종류

강화계획의 종류		설명
	연속적	목표로 삼고 있는 행동이 일어날 때마다 강화인이 제시된다.
시간의 흐름	고정간격 (fixed interval)	일정 시간이 경과한 후에야 다시 강화인이 제시된다. 아무리 반응을 많이 한다 해도 정해진 시간이 지나지 않으면 강화인은 제공되지 않는다.
	변동간격 (variable interval)	다음 강화인 제시가 있기까지의 시간 간격이 일정하지 않다. 비록 평균적인 간격은 있다 해도 강화인 제시는 불규칙하다.
반응의 횟수	고정비율 (fixed ratio)	반응이 일정한 횟수만큼 일어났을 때 강화인이 제공되므로, 특정 행동을 많이 할수록 보상이 주어진다.
	변동비율 (variable ratio)	목표 행동에 대한 강화인 제시가 무작위로 주어진다. 따라서 언제 강화인이 제시될지 예측하는 것이 매우 어렵다.

히려 더 잦은 반응을 보이는 것인데, 카지노의 슬롯머신은 변동비율 강화
계획의 대표적인 예다. 도박에 쉽게 중독되는 것은 바로 강화인의 제공이
불규칙적이기 때문이라고 할 수 있다.

(4) 처벌

강화와 반대로 처벌(punishment)은 반응의 빈도를 감소시키는 자극을 의
미한다. 처벌에도 역시 정적 처벌(positive punishment)과 부적 처벌(nega-
tive punishment)이 있는데, 정적 처벌은 싫어하는 자극을 제공하는 것이
고, 부적 처벌은 좋아하는 것을 없애는 것이다. 예를 들어 용돈을 줄인다거
나 게임시간을 줄이는 것은 부적 처벌의 예라고 할 수 있으며, 정적 처벌은
체벌과 같은 것이 포함된다.

〈표 5-2〉 강화와 처벌 비교

자극의 종류	제시	철회
유쾌한 자극	정적 강화(칭찬, 상 등)	부적 처벌(게임시간을 줄임, 친구와 놀지 못하게 함 등)
혐오적 자극	정적 처벌(꾸지람, 체벌 등)	부적 강화(청소 면제, 벌점을 없애 줌 등)

(5) 소거

소거(extinction)란 특정 행동에 대해 더 이상 아무런 강화인이 제공되지
않을 때 발생한다. 즉, 획득된 조건 반응에 대해 아무런 자극을 제공하지
않음으로써 그 행동의 재현 가능성을 감소시키는 것을 말한다. 특정 행동
의 빈도를 감소시키는 기능을 한다는 점에서 처벌과 같으나 특정 행동 뒤
에 따르는 자극이 없다는 점에서 처벌과 다르다.

3. 사회학습이론

영향력 있는 또 한 사람의 행동주의 이론가는 바로 '앨버트 반두라'다. 그는 고전적 조건형성과 조작적 조건형성에 인지적 요소를 포함시킴으로써 행동주의를 더욱 확장시켰을 뿐 아니라, 초기 행동주의이론과 이후에 오는 인지과학(cognitive science)을 연결하는 교량 역할을 한 사람으로 평가받고 있다. 이와 더불어 반두라는 '근거기반실천(evidence-based practice)', 즉, 효과성이 입증된 기법을 클라이언트에게 적용해야 한다고 주장한 최초의 학자이기도 하다.

1) 앨버트 반두라

캐나다로 이민 온 폴란드 출신의 부모 사이에서 태어난 반두라(Albert Bandura, 1925~)는 밴쿠버에서 대학을 졸업한 후 학습 과정에 대한 연구로 유명한 미국의 아이오와 대학에서 석·박사과정을 마쳤으며, 스탠퍼드 대학 심리학과 교수로 재직하면서 인간행동을 이해하기 위한 사회인지적 접근의 개발에 열정을 쏟았다. 인간의 학습에 대해 연구한 반두라는 스키너의 이론이 설명하지 못하는 학습의 형태, 즉, 직접적인 처벌과 보상의 경험 없이도 새로운 행동을 습득하게 되는 것을 이론적으로 설명하고자 하였다. 예를 들어 반두라와 그의 동료 리차드 월터스는 비록 강화인이 제공되지 않더라도 아이들이 새로운 행동을 배운다는 것을 관찰하였으며, 대부분의 인간행동은 타인을 관찰함으로써 학습된다는 결론을 도출했다. 인간은 다른 사람을 관찰하면서 그들이 어떤 보상을 받는지 혹은 처벌을 받는지를 알게 되며, 그 사람의 행동을 지배하는 규칙을 파악한다. 반두라에 따르면 인간은 스키너식의 시행착오를 통해서도 배우지만 더 흔하게는 모델링(modeling)에 의해 자신의 행동역량을 증가시킨다. 특히 청소년의 공격성은 부모행동에 대한 모델링의 결과라는 이론적 설명을 최초로 내놓기도 하였다.

반두라가 초기 행동주의 학자들과 뚜렷이 구별되는 것은 감추어지고 보이지 않는 학습의 '인지적 과정'에 관심을 기울였다는 점이다. 따라서 그는 초기 행동주의자들의 이론적 작업과 이후에 오는 인지 과학자들의 이론적 혁신 사이를 연결해 주는 다리 역할을 한 사람이라 할 수 있다. 반두라에게 있어서 인지적 요인들은 인간 발달에 매우 중요한데, 예를 들어 반두라는 인간의 동기가 자기효능감에 대한 믿음에 의해 크게 영향을 받는다고 주장하였다. 즉, 어떤 사람이 자신은 힘이 없고 사건과 변화의 패턴에 끼칠 수 있는 영향력이 미미하다고 생각한다면 그는 환경적 장애를 극복하지 못할 가능성이 높다는 것이다.

앨버트 반두라는 효과성이 검증된 방법을 통한 실천, 다시 말해 '근거기반실천(evidence-based practice)'에 헌신한 최초의 이론가이기도 하다. 그

는 "임상심리학이 그 책임을 다하기 위해서는 반드시 신뢰할 수 있는 지식적 근거에 바탕을 둔 치료를 해야 한다. 사람을 대상으로 삼아 한 번 적용해 보고, 몇 년 후에 그것이 어떤 효과를 나타내는지를 파악하려고 해서는 안 된다. 널리 적용하는 것에 착수하기 전에 반드시 치료법에 대해 테스트를 거쳐야 한다."고 주장하였다 (Evans, 1989: 3).

2) 인간관 및 기본 가정

반두라는 기본적으로 고전적 조건형성이나 조작적 조건형성의 전제들을 수용한다. 또한 인간의 행동을 유발하는 요인이 환경적 자극에 있다는 것에 동의하고 있으며, 인간의 행동은 변화 가능하다고 본다는 점에서도 스키너와 입장을 같이한다. 그러나 반두라는 인간을 창조적이며 의도적인 사고를 할 수 있는 존재로 본다는 점에서 스키너와 다른 인간관을 가지고 있다. 반두라에 따르면 각 개인이 지닌 인지적 요소들은 어떻게 지각하고 해석하며 가치를 부여할 것인가, 그리고 어떻게 환경적 자극에 반응할 것인가를 결정하는 데 영향을 주며, 새로운 행동 패턴을 만들어 내는 과정에 작용한다(Bandura, 1983). 그러므로 반두라는 인간이 환경에서 오는 외부 자극에 수동적으로만 반응하는 것이 아니라 자신의 인지적 능력을 활용하여 사려 깊고 창조적인 사고를 함으로써 합리적 행동을 계획할 수 있는 능력이 있다고 본다. 또한 인간은 자신의 행동을 자기 관찰과 판단 등의 인지적 과정(내적 요인)과 물리적, 사회적 환경(외적 요인)을 통해 조절하므로 결국 자신의 삶의 질을 통제할 수 있는 능력이 있다고 전제한다(Feist & Feist, 2006).

반두라는 환경적 자극과 강화에 의해서 인간행동이 결정된다고 본 스키너와 달리 인간의 행동을 인지ㆍ행동ㆍ환경 간의 지속적인 상호작용이라는 관점에서 접근한다. 그는 인간의 행동이 환경적 자극에 의해 동기화되지만 개인의 인지적 요인과 그 외 다른 내적 사건들에 의해 중재되어 최종적으로 행동이 결정된다고 보고, [그림 5-2]와 같은 삼각형 모형의 상호 결정주의를 인간행동에 대한 패러다임으로 제시하였다.

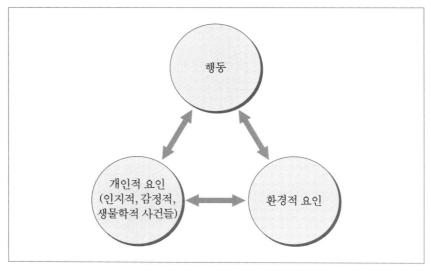

[그림 5-2] 상호 결정주의

3) 주요 개념

(1) 관찰학습

타인의 행동을 관찰하는 것을 통해 배우는 이른바 관찰학습은 반두라의 사회학습이론에서 핵심이 되는 개념이다. 관찰학습은 자신이 직접 처벌이나 보상을 경험하지 않더라도 간접적으로 타인의 행동과 그에 따른 결과를 관찰하고 모델링함으로써 사회적 학습이 가능하다는 전제에서 출발한다. 반두라에 의하면 사람들의 행동은 다른 사람의 행동을 관찰한 결과에 따라 변화하며, 관찰대상의 행동이나 말, 옷 등을 모방하여 인지 및 행동 목록을 확대해 나간다(Parrish, 2010). 그러나 관찰학습은 타인의 행동을 기계적으로 흉내 내는 것만을 의미하지 않는다. 상이한 모델들로부터 행동을 선택하고 이를 종합해서 새로운 행동을 만들어 내는 것도 관찰학습에 포함된다(권중돈 · 김동배, 2005).

전통적인 행동주의자들의 견해와는 달리 반두라는 관찰학습이 성공적으로 이루어지기 위해서는 반드시 다음과 같은 과정들이 따른다고 보았다(오창순 외, 2010).

① **주의집중 과정**(attention process)

관찰학습이 이루어지기 위해서는 모델이 되는 사건과 그 안에 포함된 요소들이 관찰되어야 하며, 학습자는 행동의 결과에 주의를 기울여야 한다. 주의를 기울이는 데 실패한 학습자는 제대로 된 행동을 모방할 수 없다. 타인의 행동에 주의를 기울이는 과정에 영향을 미치는 요인은 모델이 지니는 특성, 관찰자가 지니는 속성, 과거 행동의 결과에 대한 보상 등이다.

② **보유 과정**(retention process)

성공적인 학습을 위해서는 주의를 기울여 관찰한 것을 기억 속에 저장하고 유지해야 한다. 효과적인 학습자는 관찰한 문제해결 전략이나 창조적 행동을 기억하면서 정신적으로 시연하는 것을 반복한다.

③ **운동재생 과정**(motor reproduction process)

기억 속에 저장된 것을 행동으로 전환하는 과정으로 직접적인 시연을 통해 학습하는 과정이다. 관찰한 행동들을 그대로 정확하게 할 필요는 없으며, 학습자의 필요와 상호작용 유형에 적합한 방식으로 대략적인 일련의 행동을 재생한다. 이를 위해 학습자는 관찰한 구체적 행동을 수행할 수 있는 신체적 능력을 가지고 있어야 하며, 자기관찰과 타인으로부터의 피드백을 통해 행동을 수정하고 조정한다.

④ 동기화 과정(motivational process)

　고전적 혹은 조작적 조건형성에서와 달리 관찰학습은 외적 강화 없이도 가능하다. 그러나 어떤 모델에 주의를 집중할 것인지, 관찰을 할 것인지 말 것인지를 결정하는 데 있어서 동기화 과정은 중요하다. 만약 학습자가 자신이 관찰한 행동을 모델링했을 때 보상이 주어질 것이라고 예측한다면 그 행동에 대한 주의집중, 보유, 운동재생 과정은 더욱 촉진될 수 있다. 반두라는 관찰학습을 동기화시키는 강화 형태로 외적 강화뿐 아니라 내적 강화, 대리 강화, 자기 강화를 들고 있다.

〈표 5-3〉 관찰학습에서의 강화유형

강화유형	설명
외적 강화	인공적으로 조성된 강화/메달이나 학점 등
내적 강화	행동 자체에 자연적으로 동반되는 강화/성취감, 만족감 등
대리 강화	타인이 처벌이나 보상을 받는 것을 관찰함에 따른 강화
자기 강화	자신이 스스로에게 보상이나 처벌을 제공하는 강화

(2) 자기효능감

　자기효능감(self-efficacy)은 자신이 주어진 과제에서 혹은 현재 노력하고 있는 것에서 성공할 수 있는 능력이 있는가에 대한 개인의 지각을 말한다. 다시 말하면 자기효능감은 자신의 능력에 대해 스스로가 가지고 있는 믿음이다. 스스로 어떤 것을 할 수 있다고 믿는 사람들, 다시 말해 자기효능감이 높은 사람은 도전을 피하기보다는 택할 가능성이 높은데, 이는 자신이 도전으로 인해 압도당하기보다는 도전을 이겨 낼 수 있다고 믿기 때문이다. 따라서 자기효능감이 높은 사람은 상황을 바꿀 잠재력을 가지고 있으며, 자기효능감이 낮은 사람보다 새로운 행동과 변화를 시도할 가능성이 높다(Parrish, 2010).

일반적으로 자기효능감은 이전의 경험을 통해 형성되는데, 과거의 성공적인 경험은 자기효능감을 높이는 반면, 실패한 경험은 자기효능감을 낮춘다. 또한 자기효능감은 사회적 모델링을 통해 획득되기도 한다. 인간의 자기효능감은 비슷한 능력을 가진 타인이 성공하거나 성취를 이룬 경험을 관찰할 때 증진되며, 반대로 타인이 실패하는 경험을 관찰할 때 낮아진다. 개인의 신체적, 정서적 상태에 따라서도 자기효능감은 달라질 수 있다. 즉, 신체적, 정서적으로 불안한 상태는 두려움, 불안, 높은 수준의 스트레스 등의 강한 정서적 감정을 불러일으키게 되고, 이는 수행 능력을 저하시킨다(Bandura, 1997).

반두라의 자기효능감은 클라이언트의 변화를 이끌어 내고자 하는 사회복지사에게 특별히 중요한 개념이라고 할 수 있다. 클라이언트가 현재 지니고 있는 강점을 활용하여 사회복지사는 그가 새로운 행동을 수행할 수 있는 능력이 있음을 알게 하고 강점을 격려함으로써 클라이언트의 자기효능감을 강화시킬 수 있는 중요한 위치에 있다(Parrish, 2010).

4. 행동주의와 사회복지실천

스키너와 같은 전통적인 행동주의 이론들은 인간을 기계적이고 수동적인 존재로 본다는 점에서 그리고 행동에만 초점을 두고 있다는 점에서 클라이언트의 자기결정과 역량강화를 중요시하는 사회복지의 가치에 부합되지 않는 부분들이 분명히 존재한다. 그럼에도 불구하고 행동주의이론들은 실천적인 면에서 사회복지에 많은 영향을 미쳤는데, 이를 정리하면 다음과 같다.

첫째, 행동주의이론들은 사정단계에서 문제에 대한 정의를 내리는 데 유용한 틀을 제공해 준다. 사회복지사는 해결되어야 할 행동상의 문제, 예를 들면 상습적인 폭력이나 약물 및 알코올 남용과 같은 문제를 가진 클라이언트를 만나게 될 때, 문제 행동을 일으키는 선행 조건과 이 행동을 지속적으로 일어나게 하는 강화 요인이 무엇인지에 초점을 맞추어 문제를 정의할 수 있도록 해 줌으로써 개입단계에서 어떻게 접근할지를 결정하도록 해 준다.

둘째, 행동주의이론들은 사회복지실천의 개입과정에서 실제 사례에 적용할 수 있는 다양한 기법들을 제공해 준다. 예를 들어 아동에 대한 개입에서 정적 강화를 통해 바람직한 행동을 지속할 수 있도록 격려하기도 하며, 행동수정을 유도하기도 하는데, 이는 매우 효과적이며 자주 활용되는 기법이다. 모델링과 같은 사회학습이론의 기법 역시 부적응 행동을 보이는 아동이나 청소년, 사회적 기술이 부족한 정신장애인에 대한 개입기법으로도 활용된다. 특히 어떤 상황에 대하여 공포나 두려움을 가진 사람들에게 모델링 기법은 매우 성공적인데, 사회복지사는 위협적인 상황에 대한 대처 모델을 보여 주고 클라이언트가 어려움 없이 행동을 할 수 있을 때까지 모델링된 행동을 연습하도록 한다(Forte, 2007).

셋째, 측정 가능한 행동에 관심을 둔 행동주의이론들은 사회복지실천에서도 개입의 효과를 측정할 수 있는 보다 객관적이고 실증적인 실천 모델이 되고 있다. 즉, 문제 행동의 강도와 빈도를 양적으로 측정하도록 함으로써 개입을 통한 효과성과 목표 달성의 정도를 가시적으로 평가할 수 있도록 하는 데 도움을 준다(최순남, 2002).

학습장애 성인들로 구성된 그룹홈에서 일하는 사회복지사가 있다. 그룹홈의 목적은 학습장애 성인들의 독립성을 향상시키는 것에 있다. 어느날 그룹홈 구성원 중 한 사람이 사회복지사에게 찾아 왔다. 그는 정부에서 주는 생계급여와 보조금이 나오지 않아 현재 통장에 잔액이 하나도 없다고 무엇 때문인지 모르겠다면서 안절부절못했다. 사회복지사는 그 사람의 입장을 공감하고, 그를 좀 진정시킨 후, 차를 한 잔 건네주고는 그 자리에서 바로 관할 구청에 전화를 걸어, 급여와 보조금 문제를 해결해 주었다. 사회복지사에게 찾아왔던 그 사람은 너무 고마워하며 돌아갔다.

(출처: Beckett & Taylor, 2010, p. 89에서 발췌 및 수정)

1. 사회복지사가 한 행동에 대해 어떻게 생각하는가?

2. 행동주의적 관점에서 볼 때 사회복지사의 행동에는 어떤 부정적 측면이 있는가?

3. 어떻게 하는 것이 보다 나은 반응일까?

[길잡이] 반두라의 상호 결정주의에서 알 수 있는 바와 같이 어떤 종류의 학습이든 그것은 결코 일방적일 수 없다. 위 사례에서도 사회복지사가 해결사 노릇을 해 줌으로써 클라이언트로 하여금 도움을 요청하는 행동을 지속하게 만든다. 이와 동시에 문제를 해결해 준 것에 대해 클라이언트가 행복해하고 고마워하는 것을 보며 느끼는 보람이 사회복지사로 하여금 대신 해결해 주는 행동을 지속하도록 강화한다. 결국 클라이언트와 사회복지사 간의 상호 의존성은 더욱 강화되며, 독립성 증진의 목표에서는 한 발짝 더 멀어지게 된다.

Chapter 6 인지이론

프랑스 철학자 데카르트는 "나는 생각한다. 고로 존재한다."라는 유명한 말로 이미 오래전에 인간을 사고하는 존재로 정의한 바 있다. 인지과학은 바로 인간이 가진 사고 능력을 그 어떤 측면보다도 중요시하는 과학이다. 여기서 인지란 새로운 정보를 획득하고, 해석하며, 저장하고, 활용하는 정신 과정을 의미하며, 그 결과로 생겨난 사고와 신념을 포함하는 개념이다. 인간과 인간의 행동을 이해함에 있어서 무의식과 욕망을 강조하는 고전 정신분석이론이나 행동의 결과와 강화에 초점을 두는 급진적 행동주의와 달리, 인지이론은 인간의 행동이 어떻게 그들의 경험에 대한 생각과 해석의 복합적 작용을 통해 영향을 받게 되는지에 관심을 기울인다. 인지이론가들에 따르면, 동일한 사건, 동일한 자극이라도 모두가 다르게 느끼고 다르게 행동하는 것은 바로 그 사람 내면의 인지적 구조가 다르기 때문이다. 이 장에서는 인지이론의 대표 학자들을 먼저 소개하고, 인지이론 전반의 기본 가정을 구체적으로 살펴본 후, 주요 개념에서 피아제의 인지발달단계와 엘리스의 합리적 정서행동치료에 대해 살펴본다.

1. 대표 학자들

1) 장 피아제

스위스의 심리학자 장 피아제(Jean Piaget, 1896~1980)는 지적 발달에 대한 연구에서 선구자적 위치를 차지하고 있다. 그는 제네바 대학에서 아동심리학 교수를 역임하였지만 동물학자로서, 수학자로서, 그리고 철학자로서도 알려져 있다(Richmond, 1970). 피아제는 어렸을 때부터 자연 속의 새나 물고기, 동물들을 관찰하는 것을 즐겼으며, 신동으로 불릴 만큼 명석했다. 그는 이미 10살 때 알비노 스페로우(참새 종류)에 대한 논문을 발표했으며, 10대 초반에는 연체동물에 대한 논문들을 여러 개 발표했다. 15세에는 제네바 박물관 내 연체동물관의 큐레이터가 되어 달라는 제안을 받기도 했다.

1919년 피아제는 파리의 소르본 대학에서 공부를 시작하면서 비네(Binet) 연구소에서 진행하는 아동용 지능검사를 개발하는 연구에 공동으

로 참여하게 되었다. 이 과정에서 그는 아동들의 오답 유형이 아동의 연령과 관계가 있다는 것을 발견하고, 아동의 사고가 성인과는 다른 독특한 특성을 가진다는 사실에 주목하게 되었다. 이후 그는 줄곧 아동의 사고와 인간의 인지 발달에 대한 연구에 몰두하였다. 피아제는 50년이 넘는 시

기 동안 아동 발달과 인식론에 대해 60권이 넘는 책과 500개가 넘는 논문을 발표했다. 그의 이론은 수많은 심리학자, 사회학자, 교육자, 경제학자, 철학자 그리고 사회복지사들에게 영감을 주었다(Forte, 2007).

2) 아론 벡

　나비 넥타이와 백발이 인상적인 임상심리학자 아론 벡(Aaron Beck, 1921~　)은 개인이 지닌 신념과 사고 과정이 그 사람의 정서 및 행동상의 문제를 설명하는 핵심이 된다는 것을 보여 주었다. 아론 벡은 러시아에서 미국으로 건너온 유대인 이민자의 아들로, 로드아일랜드에서 태어났다. 육상에 관심이 많았던 벡은 어렸을 때 감염으로 인해 거의 죽다 살아난 이후, 독서에 관심을 돌렸다. 그는 예일 의과대학에서 정신의학 박사학위를 취득한 후, 의사로서의 경력을 쌓기 시작했으며, 커싱(Cushing) 퇴역군인 행정병원을 거쳐 한국 전쟁 동안에는 밸리 포지(Valley Forge) 군인병원에서 근무하였다(Forte, 2007).

　아론 벡은 1954년 펜실베이니아 대학의 정신의학과에 합류한 이후 정신분석방법을 우울증 환자 치료에 사용하였으나 효과적이지 못함을 발견했다. 대신 그는 우울증 환자들이 부정적인 생각들을 끊임없이 떠올리고 있다는 것을 발견하고, 정신분석과는 다른 치료 접근을 시도하였다. 벡은 환자들이 지속적으로 떠올리는 부정적인 사고를 '자동적 사고(Automatic thoughts)'라고 이름하였는데, 이 자동적 사고는 자신·세계·미래, 이 세 가지 영역에 대한 부정적인 생각들로 구분된다. 벡은 환자들 자신이 가진 부정적 생각들을 깨닫고 이를 스스로 평가하

도록 도왔으며, 나아가 보다 현실적인 생각들을 할 수 있게 함으로써 정서
적으로 안정이 되며, 보다 기능적으로 행동할 수 있게 해 주었다.

　인지치료라고 불리는 벡의 이와 같은 새로운 접근 방법은 우울증뿐 아니
라 불안장애, 공포장애, 약물중독, 섭식장애 그리고 성격장애의 치료에서
도 효과적이었다. 최근에는 습관적인 자살시도나 정신분열증 등 심각한 정
신질환으로 고생하는 사람들을 돕는 데 적용되기도 한다. 특히 약물치료와
인지치료의 병행이 약물치료만 하는 경우보다 훨씬 더 정신분열증 환자에
게 효과적이라는 것이 밝혀졌다. 벡은 자신이 개발한 다양한 사정 도구들로
더욱 유명해졌는데, 여기에는 벡우울증목록(Beck Depression Inventory)과
자살관념척도(Scale for Suicidal Ideation)가 포함되며, 그는 지금까지 22권
의 책과 540개가 넘는 논문을 발표했다(아론 벡 연구소, www.beckinstitute.
org).

3) 앨버트 엘리스

　합리적 정서행동치료의 아버지이자 인지행동치료의 개척자라고 할 수
있는 앨버트 엘리스(Albert Ellis, 1913~2007)는 1913년 피츠버그에서 태어
났으며 뉴욕에서 성장하였다. 심각한 신장장애로 운동보다는 책을 읽는 데
관심을 돌렸으며, 12세 때 부모님의 이혼으로 가족이 해체되는 경험을 하
면서 다른 사람을 이해하는 일에 관심을 갖게 된다. 청소년기에 그는 위대
한 소설가가 되기를 소망하여 30세가 될 때까지 충분한 돈을 벌고, 그 이후
에는 소설을 쓰는 데 전념하겠다는 계획을 세웠지만 대공황으로 그 꿈을
이루지 못한다. 대신 엘리스는 뉴욕시립대학에서 경영을 전공하고, 형제와
함께 속옷 사업에 뛰어들었으며, 틈틈이 단편이나 극본, 수필 등을 써 내려
갔다. 그러던 중 자신이 글을 쓰는 것뿐 아니라 다른 사람의 고민을 들어 주

고 상담과 충고를 해 주는 것에도 소질이 있다는 것을 발견하였다. 1942년에 그는 전문적인 치료자가 되기로 결심하고, 콜롬비아 대학에 진학하여 1947년 임상심리학자로서 박사학위를 취득하였으며, 정신분석학이 가장 심도 있고 효과적인 치료방법이라 여겨 4년 동안 정신분석훈련을 받았다.

1940년대 후반 엘리스는 임상심리학자로 대학에서 가르칠 뿐 아니라 상담센터에서 일하면서 수동적인 정신분석보다는 적극적으로 충고를 주고 환자의 행동을 해석해 주는 것이 더 효과적임을 발견하였다. 1955년 엘리스는 정신분석학을 완전히 내려놓고 자신만의 접근 방법을 사용하였다. 그는 많은 심리적 문제들이 자기 실패적 사고에 의해 발생한다고 확신했으며, 클라이언트들이 자신의 비합리적 사고방식을 인식하도록 돕고, 이를 긍정적인 사고로 대치시키도록 하는 치료를 수행했다. 엘리스는 논리적 사고와 스토아 학파의 철학을 자신의 실천 모델에 연결시켰으며, 환자들에게 자신이 적용한 원칙들을 가르쳐 주기도 했다.

엘리스의 합리적 정서행동치료 모델은 1957년 그의 첫 번째 책 『신경증과 함께 살아가기』를 통해 발표되었다. 비록 초기에는 많은 비판이 있었지만 정신역동이론과 행동주의에 만족하지 못한 수많은 임상가들이 1960년대에 들어 엘리스의 이론을 추종하게 되었다. 그

는 2007년 사망하기까지 자신의 합리적 정서행동치료 및 성(sex)과 결혼에 대한 50여 권의 저서와 600개가 넘는 논문을 발표하였다. 지금도 수많은 심리학자들, 정신과 의사 및 사회복지사들이 엘리스의 합리적 정서행동치료를 활용하고 있다(앨버트 엘리스 연구소, www.rebt.org).

2. 인간관 및 기본 가정

인지이론에 속하는 학자들마다 주요 개념은 조금씩 다르지만 이들은 모두 인간의 사고가 인간행동에 미치는 영향에 대한 중요성을 강조하고 있다. 인지이론가 및 실천가들이 개인과 인간행동 그리고 환경에 대해 공통적으로 지니고 있는 몇 가지 주요 가정에 대하여 살펴보면 다음과 같다(Forte, 2007: 257-260).

1) 인간의 행동은 사고(thoughts)에 의존한다

보다 단순한 동물들은 자극과 반응에 기초하여 환경에 적응할 것이지만 인간의 행동은 훨씬 더 복잡하다. 인지과학자들은 눈에 보이지 않는 정보처리 과정이 환경적 자극과 인간의 행동 사이를 중재한다고 가정한다. 정신역동이론과 행동주의 그리고 인지이론을 비교한 아론 벡(Beck, 1976)에 따르면, 행동주의에서는 인지 과정을 전적으로 거부한다. 물론 반두라는 행동주의와 인지이론을 이어 주는 역할을 하지만 전통적인 행동주의는 기계적이고 결정론적인 인간관을 가지고 있다. 앞 장에서 살펴본 대로 스키너를 중심으로 한 급진적 행동주의에 따르면 인간행동은 외부 자극에 대한 기계적 반응일 뿐이며, 따라서 외부 사건이 직접적으로 조건 반응을 일으킨다고 본다. 이에 비해 정신역동이론은 보다 복잡한 과정을 제시하긴 하지만 사고의 중요성을 무시했다는 점에서는 행동주의와 다르지 않다. 정신역동이론에 따르면 외적 사건은 무의식적 충동을 일으키는데, 일반적으로 무의식적 충동은 개인에게 위협이 된다. 따라서 개인은 충동을 일으키는 사건에 대해 생각하기보다는 오히려 억압하고자 노력하게 되며, 불안이나 죄책감은 바로 내적, 정신적 갈등에 대한 전형적 반응으로 나타난다. 그러나 인지심리학자인 벡은 '자극-의식적인 생각-반응' 모델을 제안하고 있다. 사람들은 사건이나 자극에 기계적으로 반응하는 것이 아니라 이를 '지각'하고 '경험'한다. 그런 후 그것에 대해 생각하고 그 사건을 이해하게 된다. 이와 같은 의식적 감정 과정(conscious appraisal process)에서 떠오르는 생각이나 이미지 혹은 느낌은 그 사건이나 자극에 대해 인간이 취하는 반응에 매우 결정적인 역할을 한다. 인지이론가들에 따르면 사람들이 동일한 사건에 대해 서로 다르게 반응하는 것은 조건화가 달랐거나 혹은 무의식적 정신역동이 다르기 때문이 아니라 결국 유사한 사건에 대해 '다르게 생각'하기 때문이다.

2) 인지 과정은 환경에 의해 형성된다

인지 과정과 인지 구조는 환경에 의해 만들어진다고 가정한다. 모든 인간은 비슷한 해부구조와 뇌를 가지고 있기 때문에 누구에게나 기본적이고 보편적인 인지 과정과 구조가 존재한다. 그러나 인간은 사회적 동물이다. 인간은 어떻게 생각해야 하며, 무엇을 생각해야 하는지 혹은 무엇을 생각하지 말아야 할지를 집단, 조직 그리고 지역사회 내 타인들과 상호작용하면서 학습한다. 비록 개인들은 각각 독립적이고 독창적인 생각들을 할 수 있으나 사회 구성원들은 그들의 '사고 공동체(thought communities)'와 공통된 생각들을 나누며, 다른 사람과 유사한 생각을 하는 경향이 있음을 볼 수 있다. 클라이언트의 사고 과정을 면밀히 관찰해 보면, 문화, 사회계층, 역사 그리고 다른 사회적 힘(force) 등의 환경적 요소들이 내재되어 있음을 알 수 있다. 즉, 그가 속한 문화, 자라 온 배경, 사회적 지위 등의 환경적 요소들은 그 사람으로 하여금 무엇을 지각할 것인가, 어떻게 분류할 것인가,

무엇을 어떻게 기억할 것인가라고 하는 전반적인 인지 과정을 형성하기 때문이다.

3) 클라이언트가 겪는 어려움은 기본적으로 인지적 문제다

인지이론가들은 인간의 행동을 한 개인이 다른 사람에 대해 그리고 환경에 대해 어떤 가정을 가지고 있는가, 자신의 정체성과 역할이 무엇이라고 믿고 있는가, 그리고 사회적 상황에 대해 스스로에게 무엇이라고 말하는가에 의해 나타나는 직접적인 결과라고 본다. 비합리적인 자기독백(self-talk)이나 부정적인 자기신념, 외부 세계에 대한 잘못된 인식은 문제 행동 혹은 부적응 행동을 초래하는 근원이 된다. 예를 들어 아내를 때리는 남편들은 아내의 잘못되고 부적절한 행동이 문제라고 생각하며, 이 생각은 아내에 대한 폭력을 유발한다. 그리고 아내 폭력이 당연한 것처럼 정당화하는 것을 볼 수 있다. 벡(1976)은 폭력 남편과 같이 다른 사람과의 관계에서 문제를 지닌 클라이언트들은 자동적이며 틀에 박힌 사고 과정을 한다고 보았으며, 엘리스(1973) 역시 대부분의 감정적 방해와 행동상의 문제는 비합리적 사고에 기인한다고 주장하였다. 이처럼 인간의 사고를 강조하는 인지적 접근에서는 클라이언트의 인지 변화가 있을 때만이 의미 있고 지속적인 행동 변화가 일어날 수 있다고 믿는다. 따라서 자동적 사고를 변화시키고, 새로운 자기독백과 정체성 그리고 도전을 주기 위해 노력한다. 즉, 자신의 사고 방식을 깨닫게 하고, 자기신념이 어떻게 자신의 결정과 행동을 지배하고 있는가를 밝혀 주며, 그들 문제에 내재된 인지적 요소들을 깨닫게 한다.

3. 피아제의 인지발달단계

피아제에 따르면, 인간은 장기간에 걸쳐 자신의 인지적 능력을 발달시킨다. 그는 인지 발달에 대하여 뚜렷이 구분되는 연속적 단계를 제안하였는데, 먼저 피아제 이론의 주요 개념부터 살펴보자.

1) 주요 개념

(1) 도식

유기체는 외부의 사물을 인지하고 대응하는 데 있어 지각의 틀 또는 반응의 틀을 사용하는데 이를 도식(shema)이라고 한다. 도식은 유사한 상황 속에서 반복되면서 전승되거나 일반화되는 행동의 구조 또는 조직이다 (Piaget & Inhelder, 1969). 도식은 신체활동 혹은 정신활동의 패턴이라고도 할 수 있는데, 신체 활동이란 빨기, 물기, 잡기 등과 같은 것을 말하며, 정신활동은 수학 등식을 푸는 것과 같은 활동을 말한다. 예를 들어 신생아들은 배가 고프지 않아도 입이나 손에 닿은 모든 것을 빨아 본다. 이는 인간의 첫 도식이 빨기도식이라는 것을 보여 주는 것이며, 자라면서 빠는 것 이외에 잡기, 보기 등의 새로운 도식을 발전시킨다. 도식은 인간이 환경에 적응하는 데 필수적인 인지 구조로 조직화되므로, 도식을 인지적 조직화의 기초 단위라고 할 수 있다. 피아제는 바로 이 도식의 확장과 재조직화가 곧 인지 구조의 발달을 의미하는 것이라고 보았다.

(2) 적응

적응(adaptation)이란 주위 환경과 조화를 이루고 생존하기 위해 일어나는 인지적 과정을 말하는데 이는 동화와 조절이라는 두 과정으로 이루어진다(정옥분, 2007).

① 동화

새로운 환경 자극 혹은 새롭게 입력되는 정보를 기존의 도식에 맞춰 처리하는 인지적 과정을 동화(assimilation)라고 한다. 사람들은 외부로부터의 새로운 정보나 대상을 접하게 될 때, 이미 가지고 있는 이해의 틀로 그 정보나 대상을 이해하고 해석한다. 예를 들어 네 발로 다니는 동물은 개라고 이해하고 있는 유아가 고양이를 보면 일단 개와 비슷한 동물이라고 이해하는 경우가 동화에 해당된다. 그러므로 동화는 인지 구조의 양적 확대와 관련된다.

② 조절

반면, 개와 고양이 간의 차이를 발견하여 네 발로 다니는 동물 중 '멍멍' 짓는 것은 개이고, '야옹' 우는 것은 고양이라고 구분한다면 이는 기존의 이해의 틀(도식)을 수정, 재조직화하는 것이 된다. 이와 같이 새로운 정보나 대상에 적응하기 위해 자신의 인지 구조 자체를 능동적으로 변경시키는 것을 조절(acommodation)이라고 한다. 조절은 기존의 도식에 동화시킬 수 없는 새로운 정보를 접했을 때 기존의 도식을 수정함으로써 인지 구조를 재조직화하는 것이므로 인지 구조의 질적 변화와 관련된다.

(3) 조직화

습득한 것을 인지 구조 속에서 체계화하는 것을 말하며, 이는 곧 인지한 것을 의미 있게 만드는 작업이다. 조직화(organization)는 상이한 도식들을 서로 결합하고 확장해 나가는 것이다. 다양한 정보를 논리적으로 종합하는 것도 조직화의 한 양상이다.

2) 인지발달단계

피아제는 유전적 요인, 개인의 경험, 사회적 전달(예를 들면 교육) 등의 상호작용을 통해 추상적이고 논리적인 인지 발달로의 진행이 이루어진다고 보았는데, 그가 제시하고 있는 인지 발달의 단계를 살펴보면 다음과 같다(정옥분, 2007).

(1) 감각운동기

감각운동기(sensory motor stage)는 간단한 반사 반응을 반복하는 시기로 빨기, 잡기, 차기와 같이 자극에 대해 반사적으로 행동하는 것이 특징이며, 직접적인 신체적 감각과 경험을 통해 대상을 학습한다. 이 시기의 행동양식은 과거에 대한 기억이나 미래에 대한 계획이 아니라 현재적이고 직접적인 감각운동에 기초한다. 감각운동기는 반사활동기, 1차 순환반응, 2차 순환반응, 2차 도식들의 협응, 3차 순환반응, 상징적 표상이라는 6단계로 다시 세분화되며, 그 시기별 특징은 〈표 6-1〉과 같다.

감각운동기 동안 대상영속성이 발달하기 시작하는데, 대상영속성이란 어떤 사물이 자신의 눈에 보이지 않더라도 그 대상은 계속해서 존재한다는 개념이다. 예를 들어 장난감을 이불 아래 숨기고 "장난감이 없어졌네. 어디 갔지?" 했을 때 유아가 장난감을 덮고 있는 이불을 치워 장난감을 찾아냈다면 이는 대상영속성이 발달했다는 것을 나타낸다.

(2) 전조작기

2세에서 7세까지는 전조작기(pre-operational stage)에 해당된다. 조작이

〈표 6-1〉 감각운동기의 6단계

단계	연령	특징
반사 활동기	출생~1개월	빨기, 파악반사, 바빈스키반사, 미소반사 등 타고난 반사행동을 통하여 환경과 접촉한다. 이 가운데 가장 지배적인 것은 빨기 도식으로, 모든 것을 이 도식에 동화시킨다.
1차 순환반응	1~4개월	우연한 행동이 재미있는 결과를 초래하게 되면 그 행동을 반복한다. 점차 대상의 특성을 발견하고 그 물체의 요구에 따라 반응을 수정해 가는데, 이를 위해서는 체계 간의 협응이 이루어져야 한다.
2차 순환반응	4~8개월	자신의 신체활동에 대한 흥미에서 벗어나 주위 환경에 흥미를 가지며 딸랑이 흔들기와 같은 반복적인 행동을 한다. 또한 자신의 행동과 예상되는 결과를 예측하며, 자신의 욕구 충족을 위해 의도적으로 행동한다. 그러나 예상치 못한 행동결과가 나타나면 놀라기도 한다.
2차 도식들의 협응	8~12개월	친숙한 행동이나 수단을 통해 새로운 결과를 얻으려고 하므로 이 단계의 행동은 의도적이고 목적 지향적이다. 1차 도식과 2차 도식의 협응이 이루어지는데, 예를 들어 엄마의 손을 당기는 것(1차 도식)과 엄마를 다른 곳으로 이끌어 가는 것(2차 도식)이 협응을 이루어 목적 지향적인 행동을 하게 된다.
3차 순환반응	12~18개월	실험적 행동에 열중한다. 즉, 같은 결과가 아닌 서로 다른 결과를 얻기 위해 여러 가지 행동을 시도한다. 도식 자체가 크게 변화하게 되고 능동적으로 새로운 수단을 발견한다.
상징적 표상	18~24개월	행동하기 전에 생각을 함으로써 돌연한 이해와 통찰을 얻을 수 있다. 또한 상징적 표현을 이해하는 초보적 능력이 나타나는데, 뭔가 먹는 척 하면서 '아! 맛있어'라고 말하는 행동은 그 예라고 할 수 있다. 한편, 타인이 하는 행동을 보아 두었다가 일정한 시간이 지난 후 그 행동을 재현하는 '지연모방'도 가능해진다.

란 신체적 운동보다는 사고를 통해 수행되는 도식의 변환을 말한다. 언어 습득을 통해 상징적 개념을 활용할 수 있게 되고, 상징놀이를 통해 언어의 부족도 보충할 뿐 아니라 현실적으로 불가능한 것도 다룰 수 있게 된다. 직

접적으로 경험할 수 있는 대상에 한해 제한적이긴 하지만 논리적인 사고도 가능해진다. 그러나 추리능력이 불완전하기 때문에 다양한 차원에서 이해하지는 못한다. 이 시기의 인지적 능력은 자기중심성, 집중성, 비가역성을 특징으로 하며, 물활론적 관점에서 사물을 이해한다.

- **자기중심성**: 상대방의 관점이나 입장이 자신과 다르다는 것을 이해하지 못하는 아동의 인지적 특성을 말한다. 이 시기의 아동은 내가 아는 사람을 내 친구도 안다고 생각하며, 비록 전화로 통화하고 있는 상대라도 자기가 지금 보고 있는 사물을 그 사람도 보고 있다고 생각하는데 이것이 바로 자기중심성의 예라고 할 수 있다.
- **집중성**: 상황의 한 부분에만 집중하고 다른 부분은 무시하는 경향을 말한다. 같은 양의 물을 좁고 긴 컵과 넓고 짧은 컵에 부었을 경우 아동은 높은 쪽에 더 물이 많다고 생각한다. 전조작기에는 이중 분류가 불가능하기 때문에 다양한 차원 중 하나의 차원에만 주의를 기울이는 특성을 보인다.
- **비가역성**: 한 방향에서만 상황을 이해할 뿐 역으로 유추하지는 못하는 인지적 특성을 말한다. 예를 들어 "너의 사촌이 누구니?" 하면 "지원이에요." 하고 대답하지만 거꾸로 "그럼 지원이의 사촌은 누구니?" 하면 대답하지 못한다.
- **물활론**: 모든 사물이 살아 있다고 생각하는 것을 말한다. 예를 들어 의자에 걸려 넘어지면 "엄마, 의자 따찌해 줘." 한다거나, 인형을 떨어뜨렸을 때 인형에게 "많이 아팠지?" 하며 "호~" 해 주는 것, 또는 태양을 그릴 때 눈·코·입을 그려 넣는다든지 하는 것 등에서 물활론적 사고의 특성을 찾아볼 수 있다.

(3) 구체적 조작기

구체적 조작기(concrete operational stage)에 이르면, 비논리적 사고는 논리적 사고로 전환된다. 그러나 오직 직접적 경험을 통한 구체적 사물이나 행위에 대해서만 논리적 사고가 가능하므로 '구체적'이라는 수식어가 붙는다. 구체적 조작기에는 전조작기의 특성인 자기중심성을 극복하기 시작하면서 사회적 상호작용이 보다 원활해지는데 이를 탈중심화라고 한다. 대략 7세에서 11세까지의 시기가 구체적 조작기에 해당되며, 이 때 보존, 가역성, 서열화(연속성), 분류와 같은 기본적 논리 개념 및 체계를 획득하게 된다.

- 보존(conservation): 형태와 위치가 변하더라도 물질의 양은 동일하게 유지된다는 것을 이해하는 능력이다. 보존의 개념을 획득했다는 것은 가역성과 함께 논리적 규칙에 따르는 정신적 활동이 가능해짐을 의미한다.
- 가역성(reversibility): 비가역성과 반대로, 일련의 단계를 따라 사고한 다음 그 방향을 역으로 돌려 시작점으로 다시 되돌아갈 수 있는 인지 능력이다.
- 서열화(seriation): 길이나 무게, 크기와 같은 양적 차원의 증가나 감소에 따라 대상물을 순서대로 배열하는 능력이다.
- 분류(classification): 기준이 되는 특성에 따라 대상물들을 다양한 범주로 나누는 능력이다. 대상을 구분하고 동시에 두 개 이상의 계층을 고려할 수 있는 이중 분류가 가능해진다.

(4) 형식적 조작기

형식적 조작기(formal operational stage)는 인지 발달의 마지막 단계로서

대체로 11세 이후가 해당된다. 이 단계에 이르면 개인의 사고는 자신의 지각이나 경험보다는 논리적 원리의 지배를 받는다. 직접 경험하지 않고도 구체적 상황을 초월한 상상적 추론, 다시 말해 추상적 사고가 가능해진다. 따라서 논리적 추론을 필요로 하는 문제들을 해결할 수 있게 된다. 예를 들어 '현서는 세린이보다 작고 민영이보다 크다면 누가 가장 클까?'와 같은 질문에 대해 구체적 조작기의 아동은 이들을 한 줄로 세워 봐야 답을 얻을 수 있지만 형식적 조작기 아동은 직접 세워 보지 않고도 추론을 통해 그 답을 찾아낼 수 있게 된다. 추상적 사고뿐 아니라 형식적 조작기에는 체계적이고 조합적인 사고 역시 가능해져서, 있을 수 있는 모든 변인들을 체계적으로 고려하고, 그들 간의 관련성을 파악하여 적절한 문제해결 방법을 찾아낼 수 있게 된다.

피아제에 의하면, 이상과 같은 인지 발달단계는 순서대로 진행되며 단계를 뛰어넘을 수 없다. 그러나 단계별 성취연령은 개인차가 있기 때문에 제시된 연령에 누구나가 부합하는 것은 아니다. 또한 다음 단계로 이동하는 과도기에는 두 단계의 인지적 특징이 공존할 수 있으며, 형식적 조작기에 도달한 아동이나 고도로 인지가 발달된 성인도 때로는 낮은 단계의 사고를 한다.

4. 엘리스의 합리적 정서행동치료

임상심리학자 벡과 엘리스의 인지치료적 접근은 개인이 가지고 있는 자신과 세계에 대한 지각이 문제를 야기하는 근원이라고 전제한다. 즉, 어떤 사건이나 타인의 행동과 말이 우리의 기분을 좋게 혹은 나쁘게 만드는 것이 아니라 우리 스스로의 생각이 그렇게 만든다는 것이다. 따라서 인지치료에서는 인지적 왜곡이나 비합리적 신념을 수정하여 정서 및 행동상의 문제를 해결하고자 한다. 특히 합리적 정서행동치료(Rational Emotive Behaviour Therapy: REBT)의 창시자 엘리스는 인간의 문제가 외부적인 사건에 의해 만들어지는 것이 아니라 인간 스스로 만들어 낸 잘못된 비합리적 신념에 의해 야기된다고 보았다.

1) 주요 개념

(1) 비합리적 신념

비합리적 신념(irrational belief)이란 우리의 안정된 삶을 방해하고, 많은 정서적, 행동적 문제를 야기하는 것으로, 주로 어린시절부터 부모와 사회, 문화로부터 영향을 받아 형성되는데, 그 예는 다음과 같다.

- 나는 내가 알거나 내게 중요한 모든 사람들에게서 사랑과 인정을 받아야 한다.
- 나는 내가 하는 모든 일을 성공적으로 수행해야 한다. 만약 이번 일에 실패하면 나는 무능력한 사람이 될 것이다.
- 내가 하고 싶은 대로 솔직하게 말하면 다른 사람들은 나를 싫어할 것이다.
- 나는 무슨 일을 제대로 한 적이 없으며, 이번 일도 결코 성공할 수 없을 것이다.
- 내가 사귀던 사람과 헤어진 것은 내가 사랑받을 만하지 못하기 때문이며, 나는 혼자 쓸쓸히 늙어 갈 것이다.

이 외에도 엘리스는 지나치게 낙관적인 경향, 자신이 다른 사람보다 우월하고 완벽하다는 것을 입증해 보이려는 욕구에서 벗어나지 못하는 경향, 핑계를 대며 게으름을 피우는 경향 등 비합리적 신념체계를 형성하는 여러 경향들을 지적하였다(권중돈·김동배 2005).

(2) 자기독백

자기독백(self-talk)이란 어떤 상황이나 사건에 대한 개인적인 판단 및 평가를 말하는데, 사람들은 어떤 사건이 일어나면 자신의 신념체계에 기반한 자기독백을 하게 되고, 이것이 반복되면서 태도, 가치, 신념을 형성하게 된다. 이는 결국 자아개념에 영향을 주어 그 개인의 전반적인 감정과 행동을 결정하게 되는데 이것을 흐름도로 나타내면 다음과 같다.

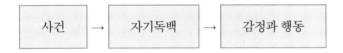

(3) 합리적 신념

합리적 신념(rational belief)은 우리의 행동을 합리적이고 효과적으로 통제하는 신념들로 객관적 현실에 근거하여 다른 사람과의 불필요한 갈등을 피하고 편안한 감정을 느낄 수 있도록 하는 사고를 말한다. 엘리스에 따르면, 누구나 일련의 합리적 신념을 가지고 생활하고 있다. 타인과의 협력이나 일상생활에서 대부분의 사람들은 자신의 행동 방향을 결정짓고 통제할 때 합리적 신념을 사용하고 있다. 그러나 어떤 사건에 부딪혔을 때는 합리적 신념을 외면하고 순전히 비합리적으로 대응하게 될 수도 있다(조흥식 외, 2010). 따라서 엘리스는 개인이 가지고 있는 특정한 비합리적 신념을 찾아내고 이를 보다 현실적이고 합리적인 신념으로 대체하도록 돕는 것이 정서와 행동상의 문제를 해결하는 핵심이라고 본다.

2) ABCDE 모델

합리적 정서행동치료에서는 어떤 사건에 대해 느끼는 감정이나 행동은 스스로에게 무엇을 말하였는가라고 하는 자기독백에 의해 좌우된다고 본다. 만약 비합리적 신념을 가지고 있다면 그 사람은 부정적인 자기독백을 통해 정서상의 문제나 문제 행동을 일으키게 된다는 것이다. 따라서 합리적 정서행동치료는 클라이언트가 비합리적이고 부적절한 자기독백을 인식하고 보다 합리적이고 긍정적인 자기독백으로 대처할 수 있도록 돕는다(최옥채 외, 2003).

엘리스의 합리적 정서행동치료는 [그림 6-1]에서와 같이 ABCDE 모델로 설명될 수 있다. 개인에게 혼란을 야기하는 어떤 사건(Activating event)이 일어나면 사람들은 그 자극에 대해 자신이 갖는 태도나 사고방식인 신념체계(Belief system)에 의거하여 그 사건을 해석한다. 그리고 그 해석에 따라 특정 감정과 행동이 유발되는데 이것이 결과(Consequence)이다. 비합리적인 신념은 부적절한 정서와 행동을 야기하는데, 이 때 치료자는 클

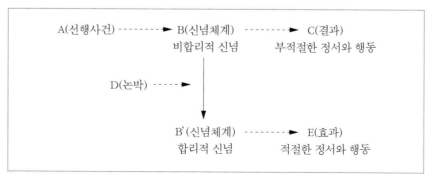

[그림 6-1] 합리적 정서행동치료 ABCDE 모델

라이언트가 가지고 있는 비합리적인 신념이나 사고에 도전하고 그것이 사리에 맞는지를 검토하는 논박(Dispute)의 과정에 개입하게 된다. 논박의 결과로 나타나는 효과(Effect)는 합리적 신념으로 대체한 뒤 느끼게 되는 수용적이고 긍정적인 감정 그리고 보다 적절한 행동이다.

앞의 ABCDE 모델에서 사회복지사를 포함한 치료자가 개입하는 과정이 논박인데 여기서 주의해야 할 것은 '클라이언트'를 논박하는 것이 아닌 클라이언트가 가진 '비합리적 신념'을 논박한다는 점이다. 엘리스가 제시한 자조양식(self-help form)에 따르면 논박의 과정을 좀 더 분명하게 알 수 있다. 〈표 6-2〉에 나타나 있는 것처럼 첫째, 클라이언트에게 먼저 부정적

〈표 6-2〉 자조양식

• 비합리적 신념 찾아내기
 – 나는 반드시 완벽해야 한다.
 – 나는 다른 사람들에게 반드시 인정받아야 한다.
 – 사귀던 사람과 헤어진 것은 내가 사랑받을 만하지 못하기 때문이며, 나는 평생 혼자서 쓸쓸히 늙어 갈 것이다.

• 비합리적 신념에 대해 논박하기
 – 왜 나는 반드시 완벽해야 하는가?
 – 왜 사람들에게 내가 하는 모든 일을 인정받아야 하는가?
 – 사귀던 사람과 헤어진 경험이 있는 모든 사람이 사랑받을 만하지 못한가? 그 사람들은 지금 다 혼자 살고 있는가?

• 비합리적 신념을 대체할 효과적인 합리적 신념 찾아보기
 – 나는 완벽할 수 있으면 좋겠지만 항상 그래야만 하는 것은 아니며, 또한 그럴 수도 없다.
 – 모든 사람에게 인정받는 것은 기분 좋은 일이지만 반드시 필요한 것은 아니며, 거절당하고 인정받지 못한다고 해서 이 세상이 끝나는 것은 아니다.
 – 사귀던 사람과 헤어진 것이 전적으로 내게 문제가 있어서는 아니며, 언제든 새로운 사람을 만나 새로운 사랑을 가꾸어 갈 수 있다.

출처: Engler(2006); 오창순 외(2010), p.153에서 발췌 및 수정

결과나 상황을 일으키는 사건을 떠올려 이에 대한 자기 패배적 느낌이나 행동을 일으키는 비합리적 신념을 찾아보도록 한다. 둘째, 비합리적 신념에 대해 구체적으로 논박한다. 셋째, 이를 합리적 신념으로 대체한 후 자신의 감정이나 행동이 어떻게 달라졌는지에 주목하도록 한다. 마지막으로 합리적 신념을 정기적으로 소리 내어 읽고 실천하도록 한다(Engler, 2006; 오창식 외, 2010에서 재인용).

5. 인지이론과 사회복지실천

환경에 대한 지각, 기억, 감정, 해석 등과 같은 인지이론의 핵심 요소들은 인간의 성격과 행동에 대한 이해의 틀을 확장시켜 주었을 뿐 아니라 클라이언트의 문제 해결과 변화를 목적으로 하는 사회복지실천에서도 그 활용도가 높다. 예를 들어 정신보건, 위기개입, 청소년 및 가족 서비스 등에서 인지치료의 유용성이 보고되고 있으며(김기태 외, 2006), 특히 정신 건강과 약물 및 알코올 의존문제를 지닌 클라이언트들에게 효과적인 실천기법으로 인정받고 있다(Parrish, 2010). 실제로 인지이론을 사용한 개입은 구조화된 접근이므로 사회복지사와 클라이언트가 함께 목표를 정하고 개입의 단계를 밟아 나가는 데 유용한 것으로 평가된다(오창순 외, 2010).

이와 같은 효과성에도 불구하고 인지이론에 기반한 실천을 할 때 사회복지사들이 반드시 유념해야 할 것들이 있는데, 포르테와 재스트로의 의견에 따르면 다음과 같다(Forte, 2007: 280-281; Zastrow, 1995: 613-614).

첫째, 인지적 접근을 선호하는 사회복지사들은 인간이 생리·심리·사회적 존재라는 점을 잊지 말아야 한다. 지금까지 살펴본 바, 인지이론가들은 인간의 다른 어떤 측면들보다 정신적 능력과 사고 과정을 우선시한다.

그러나 우리가 익히 알고 있듯이 클라이언트의 문제가 반드시 비합리적 사고나 인지적 측면에만 기인하는 것은 아니다. 예를 들어 우울증은 생화학적 혹은 신경학적 근원을 가지고 있으며(11장 청소년기 참조), 약물중독의 경우도 그 행위를 지속시키는 클라이언트의 신념체계뿐 아니라 신체상의 갈망이나 금단 증상도 많은 영향을 미친다. 또한 인지이론에서는 감정이 개입된 사고 과정은 비합리적이라고 간주하고 감정에서 자유로운 정보인식 과정과 논리적 사고 과정을 더 우월한 것으로 여기는 경향이 강하지만, 사실 사고와 감정은 분석을 위한 경우를 제외하고는 따로 분리하기가 쉽지 않을 뿐 아니라 양질의 정보처리 과정은 인지적 측면과 감정적 측면을 모두 포함한다.

둘째, 인지이론을 활용하는 사회복지사는 사회적 맥락과 다양성의 이슈를 유념해야 한다. 피아제를 포함한 인지과학자들은 인간의 실패나 성공을 설명할 때 사회적 변수보다는 개인적 측면의 변수를 강조하는 경향이 있다. 환경에 대한 개인의 주관적 해석과 이를 바탕으로 한 인지구성을 가정하는 인지이론에서는 개인의 인지와 신념을 강조하기 때문에 자칫 사건 자체의 중요성을 간과할 수 있다. 특히 빈곤이나 박탈, 학대, 차별 등과 같은 사회적 근원을 가진 문제들에서조차 그 핵심을 접어 둔 채 개별적 사고의 전환만을 강조하게 된다. 또한 인지이론에서는 합리성을 개별적으로 형성된 개인의 사고방식으로 정의한다. 그러나 한 개인의 사고 과정이 합리적인가 아닌가를 판단하는 데는 집단적 맥락이 존재하며, 따라서 집단 간에 다양한 기준들이 존재할 수 있다. 예를 들어 중산층 고학력의 전문직 종사자들이 가진 합리성의 기준은 외국인 근로자나 결혼 이민자 집단의 기준과 같을 수 없다. 그러므로 인지적 접근방법을 활용하는 사회복지사들은 합리성에 대한 다양한 기준을 고려하고, 클라이언트가 처한 사회적 맥락을 고려하는 것이 필요하며, 클라이언트의 문제가 되는 생각이나 잘못된 정보처리 과정을 클라이언트의 가족이나 동료집단, 학교 그리고 사회화의 맥락 속에서 추적해 갈 필요가 있다. 특히 인지치료는 매우 지시적이고 교육적이므로 치료자의 가치와 철학을 클라이언트에게 강요할 가능성이 높기 때문에 다양성에 대한 인식은 매우 중요하다.

마지막으로 인지 발달의 초기단계에 있는 클라이언트일 경우, 인지치료의 활용 및 효과성은 떨어진다는 점 역시 유념해야 한다. 특히 자신의 사고패턴을 모니터링하고 반추하는 능력이나 동기화에 한계가 있는 클라이언트는 비합리적 신념을 규명하거나 재구조화하는 것을 거부할 수도 있다.

사례를 통해 생각해 보기

지현이는 어머니를 여의고, 아버지와 두 남동생과 함께 살고 있는 14세 소녀다. 지현이는 의사가 되어 아프리카의 어린이 환자들을 돌보겠다는 꿈을 가지고 있는 성실한 학생이다. 그러나 지현이의 아버지는 만성정신질환과 알코올 문제를 가지고 있어 동생을 돌보는 일과 아버지를 돌보는 일을 모두 지현이가 담당하고 있다.

담당 사회복지사가 지현이 집을 방문했을 때 집 앞에서 쭈그리고 앉아 울고 있는 지현이를 발견했다. 그날 지현이는 학교에서 글짓기 대회 1등상을 받아 기쁜 마음으로 집으로 달려왔으나 막상 집에 와 보니 아버지는 하루 종일 술을 마신 상태였고, 두 동생은 지현이 물건을 맘대로 가지고 놀아 망가뜨려 놓은 상태였다. 아무도 자신의 기쁨을 나눌 사람이 없었으며, 이렇게 열심히 해 봤자 무슨 소용이 있나 하는 생각에 지현이는 무척 속상했다고 한다. 더욱이 지현이는 자기가 최선을 다해 노력하더라도 자신이 바꿀 수 있는 것은 아무것도 없으며, 대학에 들어가는 것도 의사가 되는 것도 결코 이루어질 수 없기 때문에 학교를 중퇴하는 것이 어쩌면 더 나을지도 모르겠다는 생각을 하고 있었다.

(출처: Parrish, 2010, p.133에서 발췌 및 수정)

온 신학교에 입학하였다. 그 당시 로저스는 세계기독학생연합회 대표로 선발되어 중국에서 6개월간 머물게 되었는데, 이 기간은 그에게 심리적 독립을 성취할 수 있는 기회를 제공했다. 유니온 신학교 시절, 로저스는 근처의 콜럼비아 대학에서 심리학 강의를 들으면서 새로운 관점을 갖게 되었으며, 29세가 되던 1931년 그는 콜럼비아 대학교에서 임상 및 교육 심리학 박사과정을 마쳤다. 박사학위 취득 후 아동학대방지협회의 아동연구부서에서 연구원으로 일하면서 비행아동과 불우아동을 위한 치료 활동을 전개했으며, 1940년에는 오하이오 주립대학의 심리학과 교수로 그리고 1945년부터는 시카고 대학 심리학과 교수와 상담소장으로 재직하였다(최옥채 외, 2003).

그는 아동상담소에 근무하면서 정서장애를 가진 아동을 상담하는 동안 초기에는 정신분석이나 오토 랭크의 기능주의 접근법 등 다양한 치료방법들에 관하여 관심을 가졌다. 그러나 지시적인 상담에 회의를 느끼면서 클라이언트에 대한 새로운 관점과 상담 방법의 필요성을 느꼈다. 로저스는 개인의 행동을 이해하려면 그 개인이 자기 자신과 자신이 존재하는 세계에 대하여 어떤 주관적 인식을 지니고 있는지를 알아야 한다고 생각했다. 또한 그는 개인의 주관적 경험은 그것이 설사 다른 사람에게 이상하게 여겨진다 해도 가장 깊이 존중받을 가치가 있다고 보았다. 이와 같은 믿음은 로저스로 하여금 클라이언트의 경험을 신뢰하려는 노력과 치료자로서의 자신의 경험을 신뢰하려는 노력을 기울이게 만들었다. 그는 임상경험을 통해 클라이언트에게 상처를 준 것이 무엇이며, 어떤 방향으로 그 상처를 치료해야 하는가를 아는 사람은 치료자가 아닌 바로 클라이언트 자신이라는 것을 확신하게 되었다. 로저스에 따르면, 치료자의 이론적 지식은 클라이언트의 내적 기능에 대해 클라이언트 자신보다 치료자가 더 많이 알고 있는 것으로 생각하게 만들며, 결국 클라이언트는 자기 스스로의 경험을 신뢰하고 스

스로의 지각에 타당성을 부여하기가 힘들어진다. 그러므로 로저스는 치료자의 역할은 전문가로서의 권위로 진단하고 해석하고 평가하는 것이 아니라 클라이언트의 자원을 스스로 탐색하고 발견하도록 도와주는 것이라고 주장하였다(이영희 외 역, 2007). 그의 이론을 클라이언트 중심 혹은 인간 중심(person-centered) 치료라고 하는 이유가 바로 여기에 있다. 1957년 로저스는 자신의 모교인 위스콘신 대학으로 옮겨 교수로 활동했으며, 국제 평화 워크숍을 주도하는 등 세계 평화 증진을 위해서도 헌신했다(Parrrish, 2010).

2) 에이브러햄 매슬로

에이브러햄 매슬로(Abraham H. Maslow, 1908~1970)는 러시아에서 미국으로 이민 온 유대인 가정에서 7남매 중 장남으로 태어났다. 자신의 저서에서 "나의 어린 시절을 되돌아 볼 때 정신병자가 되지 않은 것은 기적"이라고 기술할 만큼(Maslow, 1968: 37; 오혜경 역, 2009에서 재인용), 매슬로는 유대인이 드물었던 동네에서 자라면서 심한 외로움과 불행감을 경험하였다. 그는 친구도 없이 도서관에서 책에 파묻혀 대부분의 시간을 보냈으며, 변호사가 되기를 바라는 부모님의 뜻과 달리 1928년 위스콘신 대학에 들어가 심리학을 공부하였다. 그곳에서 매슬로는 당대 최고의 실험심리학자들로부터 탄탄한 실험연구 훈련을 받았으며, 행동주의에 심취하여 '원숭이의 성적 특성과 지배 특성에 관한 관찰 연구'로 박사학위를 받았다. 그러나 행동주의이론가 에드워드 손다이크의 연구 조교로 일하면서 그는 행동주의의 한계를 인식하기 시작했는데, 다음 인용구에는 행동주의에 대한 그의 비판적 시각이 잘 담겨 있다.

"나를 심리학으로 이끈 것은 왓슨의 아름다운 프로그램이었다. 그러나 그 프로그램의 치명적인 결점은 실험실 안에서 그리고 실험을 위해서만 훌륭한 이론이라는 점이다. …… 왓슨의 프로그램은 인간의 이미지, 인생 철학, 인간 본성이라는 개념을 만들어 내지 못한다. 그것은 삶, 가치, 선택에 길잡이가 되어 주지 못한다. 감각을 통해서 보고 만지고 들을 수 있는 행동에 대한 사실만을 끊임없이 수집하는 방법일 뿐이었다. 그러나 언어가 당신의 생각을 가려 주고, 소통을 막아 주는 수단이 되는 것처럼, 인간의 행동은 때로 방어 행위이며, 동기와 사고를 은폐하는 수단이기도 하다."(Maslow, 1979; 오혜경 역, 2009: 48에서 재인용)

매슬로는 브루클린 칼리지의 심리학과 교수직을 받아들이고 거기서 14년간 재직하였다. 당시 뉴욕시는 나치의 박해를 피해 망명한 유럽의 최고 학자들을 비롯하여 세계 최고의 지성들이 모이는 중심지였다. 덕분에 매슬로는 알프레드 아들러나 에리히 프롬, 마가렛 미드를 포함한 지식인들과 교류하게 되었으며, 그의 관점은 행동주의에서 인본주의로 서서히 탈바꿈하게 되었다. 특히 매슬로는 인류학자 루스 베네딕트와 형태심리학(Gestalt psychology)의 창시자 막스 베르트하이머로부터 많은 영향을 받았는데, 매슬로는 이 두 사람을 생산적이고 명석한 학자이면서 동시에 따뜻하고 자애롭고 성숙한 사람으로 만든 특성이 무엇인지에 관심을 가지고 분석하기 시작했다. 이것이 바로 자기실현자에 대한 그의 연구의 출발점이었다.

매슬로는 제2차 세계대전이 발발하던 무렵 군인들의 행렬을 지켜보다가 인간이 전쟁, 편견, 증오가 아닌 위대한 무엇인가를 보여 줄 능력이 있다는 사실을 증명하겠다는 결심을 굳히게 되었으며, 이후 그는 인간 본성의 밝고 긍정적인 측면에 집중하게 되었다. 1951년 매슬로는 브루클린 칼리지

를 떠나 새로 개교한 브랜다이스 대학으로 이직했다. 거기서 그는 자신의 아이디어를 정립하면서 인간 본성에 대한 포괄적인 이론을 연구하였으며, 1962년에는 롤로 메이, 칼 로저스를 포함한 동료들과 함께 인본주의 심리학회를 창설하는 데 일조하였다.

"나는 심리학에서 일고 있는 이런 인본주의적 경향이 가장 진정하고 고전적인 의미에서의 혁명이라고 믿게 되었음을 고백하지 않을 수 없다. …… 새로운 지각과 사고방식, 인간과 사회에 대한 새로운 이미지, 윤리와 가치에 대한 새로운 개념이자 우리가 나아가야 할 새로운 방향을 제시하는 혁명인 것이다. 이런 제3의 심리학은 삶에 대한 새로운 철학, 인간에 대한 새로운 개념, 연구의 새로운 세기가 시작됨을 보여 주는 한 단면이다. 그것은 인간의 욕구와 흥미보다는 우주에 초점을 맞추는 초개인 심리학, 초인간 심리학이라는 한 차원 더 높은 제4의 심리학에 이르는 중간단계다." (Maslow, 1968; 오혜경 역, 2009: 52에서 재인용)

2. 인간관 및 기본 가정

개인의 자유의지와 선택, 그리고 주관적 경험을 강조하는 인본주의는 실존주의와 현상학적 전통에 그 뿌리를 두고 있다. 실존주의는 개인의 자유, 책임, 주관성을 중요하게 여기는 철학 및 문학적 사조로, 개인은 유일한 존재이며 자신의 행동과 운명의 주인임을 강조한다. 현상학은 개인의 주관적

인 경험, 감정 그리고 세계와 자신에 대한 개인적 견해와 개념을 연구하는
것이다. 인본주의가 지닌 다음의 인간관 및 기본 가정에는 바로 이러한 실존
주의와 현상학의 특성이 녹아 있다(최옥채 외, 2003; Greene & Ephross, 1991).

첫째, 인본주의는 각 개인이 자신의 행동과 경험의 중요한 결정자임을
강조한다. 즉, 인간은 경험하고 스스로 결정하며 자신의 행동을 자유롭게
선택하는 의지를 지닌 사람이라는 것이다.

둘째, 인본주의는 인간을 전체로서 다루며, 환경과 상호작용하는 존재로
보고, 자신의 경험에 관한 주관적 해석과 이해를 존중한다. 특히 인본주의
적 접근은 '의미(meaning)' 혹은 개별적 경험이나 지각에 영향을 주는 고
유한 목적이나 가치를 강조하며, 그들만의 고유한 해석과 주관적 경험에
무게를 둔다.

셋째, 인본주의는 인간을 근본적으로 선하며, 믿을 수 있고, 자기이해와
자기실현을 위한 잠재력을 가지고 있다고 본다. 따라서 만약 신뢰받고 존
경받는 환경조건이 갖추어지기만 한다면 누구든 자신의 잠재능력을 실현
해 나갈 수 있다고 본다. 인본주의는 인간이란 의식 있는 존재로서 이성적
으로 생각하고 선택하며, 자유롭게 행동할 수 있다고 믿는다. 또한 인간은
삶을 통제하고, 살아가는 방법에 대한 생각들을 바꿀 수 있는 개인적 권한
을 가질 수 있는 존재라는 사실을 중시한다.

이상과 같이 인본주의는 인간 본성에 대한 낙관적인 견해를 가지고 있으
며, 인간의 잠재력에 대한 깊은 신뢰를 바탕으로 한다.

3. 로저스의 클라이언트 중심 치료

로저스는 인간을 이해하는 데 있어 문제의 역사보다 '지금−여기(now

and here)'를 강조하며, 주관적 경험의 중요성을 강조한다. 이는 인간은 자신과 자신이 사는 세계에 대한 주관적 인식에 따라 행동한다는 믿음에 기초한 현상학적 전통과 맥을 같이한다(이영희 외 역, 2007).

1) 주요 개념

(1) 현상학적 장

현상학적 장(phenomenal field)이란 경험적 세계 또는 주관적 경험으로도 불리는 개념으로, 특정 순간에 개인이 지각하고 경험하는 모든 것을 말한다. 로저스는 동일한 현상이라도 개인에 따라 다르게 지각하고 경험하기 때문에 이 세상에는 객관적 사실이 아니라 개인적인 주관적 현실, 즉, 현상학적 장만이 존재한다고 본다. 또한 현재 행동에 영향을 미치는 것은 과거 경험 속의 사실이 아니라 과거에 대한 현재의 해석이며, 인간의 행동은 개인이 세계를 지각하고 해석한 결과다. 그러므로 인간행동을 정확하게 이해하기 위해서는 각 개인의 내적 준거체계를 이해함으로써 그가 객관적인 현실을 어떻게 지각하고 해석하는지를 알아야 한다(최옥채 외, 2003).

(2) 자기개념

자기(self)는 자신이 어떤 사람인가에 대한 주관적 개념으로, 로저스에 의하면 자기는 행위자로서의 나와 대상물로서의 나 그리고 나와 다른 사람, 나와 세계와의 관계에 대한 일관성 있고 조직된 지각, 태도, 가치의 실체라고 정의된다. 자기개념(self-concept)은 현재 자신의 모습에 대한 지각뿐 아니라, 되어야 하며 또 되고자 하는 이상적 자기(ideal-self)까지를 포함한다. 자기는 반드시 의식되는 것은 아니지만 의식이 가능한 것이다. 만약 어떤 사람이 자신을 외향적이고 매력적이며 사교적이라고 생각하지만 다른 사람과 있을 때 일반적으로 소외감을 느낀다면 이는 자신이 생각하는 주관적 개념인 자기와 일상에서 경험하게 되는 것 간의 불일치가 존재하게 되는데, 이럴 때 인간은 긴장, 불합리한 혼동 그리고 불안을 느끼게 된다.

(3) 실현경향성[1]

로저스는 인간에게 단 하나의 기본적 동기가 있다고 믿었는데, 이를 '실현경향성(the actualizing tendency)'이라고 명명하였다. 그에 따르면, 인간은 다른 모든 생명체들과 마찬가지로 자신을 유지하고 향상시키며, 자신의 잠재력을 건설적인 방향으로 성취하려는 기본적이고 선천적인 성향을 지니고 있다. 그러나 모든 생명이 적절한 보살핌과 영양 공급을 받지 못한다면 성장할 수 없는 것처럼 인간은 존경과 신뢰가 주어지는 환경에서라야 긍정적이고 건설적인 방향으로 발전하면서 실현경향성을 발휘한다. 따라서 어떤 환경이 제공되느냐에 따라 실현경향성은 위축되거나 멈춰질 수 있다.

> "모든 인간은 기본적으로 긍정적인 방향으로 나아가고자 하는 성향을 지니고 있음이 분명하다. 치료과정에서 클라이언트들과의 깊은 만남을 통한 경험에 비추어 보더라도 이것은 사실임을 알 수 있다. 예를 들어 아주 심한 반사회적 행동을 보인다든지, 너무나 비정상적인 정서상태를 가진 사람들에게서조차 그들 내부에서 긍정적인 방향을 향해 움직이고자 하는 경향을 발견했다. 도대체 무엇이 사람들로 하여금 이런 방향으로 움직이도록 하는 것일까? 나는 긍정적이고 건설적이며 자기실현을 향해 나아가고자 하는 것, 성숙 그리고 사회화를 향한 성장이라고 표현할 수 있는 어떤 것들이 인간 내면에 잠재해 있기 때문이라고 본

---

1) 자기실현경향성이라고도 한다.

다."(Rogers, 1961; Strean, 1975: 155에서 재인용-)

실현경향성은 로저스도 인정한 바와 같이 그의 이론에서만 나오는 것은
아니며, 뒤에 살펴볼 매슬로의 글 전반에도 나타나고 있다.

(4) 긍정적 관심에 대한 욕구

긍정적 관심(positive regard)에 대한 욕구는 의미 있는 타자(significant
others)들로부터의 따뜻함, 수용, 존경, 사랑받고 싶은 인간의 기본적 욕구
를 말하는 것으로 이는 조건적(conditional) 긍정적 관심과 무조건적
(unconditional) 긍정적 관심으로 나뉜다. 조건적 긍정적 관심은 특정한 조
건들을 충족시킬 때에만 주어지는 관심과 존중이며, 무조건적 긍정적 관심
은 어떤 개인에 대하여 조건 없이 있는 그대로 그 사람을 수용하거나 존경
하는 것, 즉, 부여된 가치와 무관하게 주어지는 관심 혹은 존중이다. 긍정
적 자아상을 발달시키기 위하여 가장 중요한 것은 의미 있는 타자로부터
받는 무조건적 긍정적 관심이다.

2) 온전히 기능하는 사람[2]

로저스에 따르면 온전히 기능하는 사람(fully functioning person)이란 자
신의 잠재력을 인정하고 능력과 자질을 발휘하여 자신에 대한 이해와 경험
을 풍부하게 하는 방향으로 나아가는 사람이다. 로저스는 온전히 기능하는
사람들의 공통적 특성으로 경험에 대한 개방성, 실존적인 삶, 자신에 대한
신뢰, 자유의식 그리고 창조성을 언급했다(이훈구 역, 2000).

---

2) 충분히 기능하는 사람 또는 완전히 기능하는 사람으로도 번역된다.

(1) 온전히 기능하는 사람은 경험에 대하여 개방적이다

자신이 경험하는 것에 대하여 열려 있다는 말은 자신의 내부에서 일어나고 있는 것에 민감하며, 이를 억압하지 않는다는 뜻이다. 온전히 기능하는 사람은 감정에 민감하되, 충분하게 합리적으로 자신의 감정을 인식하며 사리 판단을 하여 상황에 적절하게 반응한다.

(2) 온전히 기능하는 사람은 실존적인 삶을 산다

실존적인 삶이란 인간이 존재의 매 순간을 충분히 만끽하며 사는 것을 말한다. 현재의 자기나 미래의 자기는 지금의 순간으로부터 나오는 것이며, 개인의 자아와 성격은 경험으로부터 나타난다. 그들은 실존적인 삶을 살아가는 과정에서 자신의 경험 구조를 발견하며, 유동적이고 적극적이며 관용적이고 자발적이다.

(3) 온전히 기능하는 사람은 유기체적인 신뢰가 있다

대부분의 사람들은 일부 집단이나 기관이 지켜 온 사회적 규범에 의존하며, 타인의 판단이나 과거의 유사한 상황에서 자신이 행동했던 방법에 의존한다. 즉, 그들의 의사결정은 외적 영향력의 출처에 의해서 좌우된다. 그러나 온전히 기능하는 사람은 자신의 유기체적 경험을 통하여 자신이 해야할 것과 하지 말아야 할 것을 결정한다.

(4) 온전히 기능하는 사람은 경험적 자유를 지닌다

주관적인 경험적 자유란 인간이 자기의 세계를 형성하는 데 중요한 역할을 담당할 수 있다는 자신의 의지를 나타내는 감정이다. 로저스는 인간의 행위가 생물학적인 신체구조나 사회적 압력, 과거의 경험에 의해서 강하게 영향을 받는다는 점을 인정하고는 있지만 인간은 자기가 선택한 인생을 자유롭게 살아갈 수 있다고 보았다. 그러므로 경험적 자유는 자신의 행동과 그 결과에 책임을 지는 것은 오로지 자신뿐이라는 의미를 내포하고 있다. 온전히 기능하는 사람은 자신의 인생에서 많은 선택을 하며, 자신이 원하는 것은 어떤 것이든지 실제로 행할 수 있다.

(5) 온전히 기능하는 사람은 창조성을 지니고 있다

훌륭한 삶을 사는 사람은 창조적인 사람이며, 그들은 문화 내에서 건설적으로 살아가는 경향이 있다. 이들은 자신의 깊은 곳에 있는 욕구를 만족시키며, 사회 속에서 살아가고 있지만 사회에 얽매어 살아가지는 않는다.

4. 매슬로의 욕구위계이론

욕구위계이론은 인간이 어떻게 동기화되는가를 설명한 것으로 동기화이론(motivation theory)이라고도 부른다. 매슬로에 따르면 인간의 행동은 삶에 의미와 만족을 주는 일련의 선천적 욕구에 의해 동기화된다. 그는 이 욕구들을 기본욕구와 성장욕구로 나누었는데, 기본욕구는 생존적 경향이라고도 불리는 것으로, 결핍되면 신경증적 증상이 나타나는 특성을 지닌다. 반면, 성장욕구란 실현적 경향 혹은 자기실현욕구라고도 하는데, 기본욕구들이 충족된 후에 나타난다.

1) 욕구위계

매슬로에 따르면 동기가 작용하는 방식은 두 가지다. 그 하나는 욕구가 적절히 충족되지 못하였을 때 작용하는 결핍동기다. 인간은 결핍상태가 발

〈자기실현의 욕구〉
도덕성, 창조성,
자발성, 문제해결,
사실에 대한 수용 등

〈자기 존중의 욕구〉
자존감, 역량, 성취, 타인에 대한
존중 및 타인에 의한 존중

〈사랑과 소속의 욕구〉
우정, 가족, 성적 친밀성

〈안전의 욕구〉
신체, 고용, 자원, 건강 등의 안전

〈생리적 욕구〉
음식, 물, 성, 수면, 숨쉬기, 항상성 등

[그림 7-1] 욕구위계구조

생하면 그 결핍을 극복하기 위해 목표 지향적 활동을 한다. 음식, 물, 쾌적한 온도, 안전, 애정, 존경의 욕구들이 바로 결핍동기에 의해 작동하는 기본동기다. 두 번째는 성장동기다. 이는 오직 자기실현의 욕구에서만 작용하는 동기로, 하위의 네 가지 욕구가 어느 정도 충족되어야 자기실현의 욕구에 도달할 수 있다. 매슬로는 욕구의 강도에 따라 기본욕구와 성장욕구를 다음과 같이 다섯 개의 층으로 배열하였다(오혜경 역, 2009).

(1) 생리적 욕구

모든 욕구들 중에서 가장 강력한 것이 바로 생리적 욕구다. 예를 들어 음식, 안전, 사랑, 존중 등이 모두 결핍되어 있는 사람은 다른 무엇보다도 음식을 더 강하게 원할 것이다. 이는 삶에서 모든 것이 극단적으로 결핍되어 있는 사람은 다른 어떤 욕구보다도 생리적 욕구에 따라 동기화될 가능성이 가장 높다는 뜻이다. 인간이 생리적 욕구의 지배를 받게 된다면, 그 밖의 다른 욕구들은 사라져 버리거나 우선순위에서 밀려난다. 극심하게 배고픔을 느낄 때는 의식이 배고픔에 완전히 지배당하므로, 단지 인간의 위장만이 아니라 인간 전체가 배고픈 상태에 놓이며, 이 상황에서는 모든 기능이 배고픔을 해결하는 데 동원된다. 따라서 이 목적에 도움이 되지 않는 기능들은 휴지상태가 되거나 혹은 뒤로 밀려난다.

(2) 안전의 욕구

생리적 욕구가 어느 정도 충족되면 안전, 안정, 보호에 대한 욕구, 두려움과 불안, 혼돈으로부터 해방되려는 욕구, 구조나 질서 또는 법을 추구하려는 욕구 등과 같은 새로운 욕구가 생기는데 이를 안전의 욕구로 분류할 수 있다. 평생고용을 보장해 주는 직장을 선호하는 성향이나 다양한 보험에 가입하고 싶은 욕구, 모르는 것보다는 아는 것을 선호하는 성향 등은 모두 안전과 안정을 추구하는 욕구와 맞닿아 있다.

일반적으로 볼 때, 평화롭고 안정적인 사회의 구성원들의 경우, 안전의 욕구 자체는 행동의 동기가 되지 못한다. 배부른 사람이 더 이상 배고픔을 느끼지 않듯이 안전을 확보한 사람은 위험을 느끼지 않기 때문이다. 그러나 안전의 욕구도 비록 생리적 욕구보다 그 정도는 덜하겠지만 인간을 완전히 지배할 수도 있다. 예를 들어 내전과 테러가 일상화된 지역에서는 극단적이고 만성적인 안전결핍의 상태에 놓이게 되는데, 이런 경우 안전의 욕구는 인간행동의 동기가 될 수 있다. 특히 안전의 욕구는 법과 질서, 권위가 실제로 위협을 당할 때 극대화된다. 혼돈이나 폭력의 위협이 발생하면 상위의 욕구를 느끼던 사람들조차도 강한 안전의 욕구를 느끼게 되며, 이런 경우 사람들은 독재 정권이나 군사 통치를 순순히 받아들이게 된다.

건강한 사람들조차도 위험으로부터 자신을 보호할 준비를 하기 위해, 현실적으로는 하위단계(안전의 욕구)로 퇴행하려는 경향을 보이기 때문이다.

(3) 사랑과 소속의 욕구

생리적 욕구와 안전의 욕구가 어느 정도 충족되면 새로운 욕구를 느끼게 되는데 바로 사랑과 애정, 소속감의 욕구다. 사랑의 욕구에는 애정을 주는 것과 받는 것이 모두 포함되며, 이 욕구가 충족되지 못했을 경우, 인간관계를 맺는 것이 세상의 다른 무엇보다도 더 중요해진다. 어떤 집단이나 가족 내에서 자신의 자리를 간절히 원하기도 하며, 외로움, 배척, 거부, 친구의 부재, 불안정에서 비롯되는 고통이 그 사람을 온통 지배하게 된다. 특히 산업화가 강요하는 빈번한 이동 현상은 이웃, 자신의 영역, 자신의 계층, 친숙한 직장 동료 등과 같은 소속감의 욕구를 충족시키는 요소들을 상실하게 만든다. 뿌리 없는 삶, 원주민이 아닌 이주자나 나그네로 사는 것이 보편화된 현대인의 삶에서 소속감과 일체감을 느끼고 싶은 갈망은 어느 시대보다도 강하게 나타날 수 있다. 좋은 사회가 건강하게 존속하려면 어떤 식으로든 이 욕구들은 충족되어야 한다.

(4) 자기존중의 욕구

대부분의 사람들은 자신에 대해서 안정적이고 호의적인 평가를 받고 싶은 욕구나 자기존중 또는 자부심을 유지하고 싶은 욕구, 다른 사람들로부터 존중받고 싶은 욕구를 가지고 있다. 매슬로는 이를 자기존중의 욕구라 이름하였는데, 이 욕구는 다시 두 가지로 나눌 수 있다. 하나는 타인에 의한 존중감이며, 다른 하나는 자신에 의한 존중감이다. 외부적으로 얻는 자기존중은 명성, 존경, 지위, 평판, 위신 혹은 사회적인 성공에 기초를 두고 있으며, 내적으로 얻는 자기존중은 성취감, 적합성의 느낌, 숙달과 능력 등에 기반한 것이다. 건강한 자존감은 외적인 명성이나 세평이 아닌 자신에 의한 존중을 바탕으로 형성된다. 자기존중의 욕구가 충족되면 자신감이 생긴다. 능력과 힘을 가진 자신이 세상에서 필요하고 가치 있고 유용한 존재라고 느낀다. 그러나 이 욕구가 충족되지 않으면, 열등감이나 무력함, 나약함을 느낀다. 이런 느낌은 근본적인 실의(失意) 또는 보상을 받으려는 성향이나 신경증으로 이어진다.

(5) 자기실현의 욕구

생리, 안전, 사랑, 자기존중의 욕구가 모두 충족된 사람이라도 그가 자신에게 적합한 일을 하고 있지 않다면 새로운 불만족과 불안감을 느낄 수 있을 것이다. 스스로에 대해 평안을 느끼려면 무엇보다도 자신의 본성에 진실해져야 한다. 자기실현의 욕구는 바로 자신을 완성하려는 욕구, 자신의 잠재성을 실현하려는 성향을 의미하며, 이는 자신의 고유함에 좀 더 근접하고 싶은 욕망, 자신이 될 수 있는 최고의 정점에 이르고 싶은 욕망이라고 표현될 수 있다. 결국 로저스가 말한 실현경향성과도 일맥상통하는데 자기실현의 욕구가 표현되는 모습은 사람마다 다양하다. 어떤 사람에게는 훌륭한 부모가 되고 싶은 욕구로 나타날 수 있고, 또 다른 사람에게는 그림을 그리거나 발명을 하고 싶은 욕구로 나타날 수 있다. 따라서 이 단계에 이르게 되면 개인 간의 차이가 극대화된다.

한 개인에게 이상의 모든 욕구가 존재하지만 어느 한 시기에는 하나의 결핍된 욕구만이 우세하며, 이 때문에 다른 욕구는 존재하더라도 잘 감지되지 않는다. 보편적으로 볼 때, 욕구위계구조에서 하위단계의 욕구가 먼저 충족되어야 상위단계의 욕구가 나타나고 이를 충족시키기 위한 노력을 한다. 왜냐하면 상위욕구는 만족시키지 못하더라도 즉각적인 비상사태가 발생되는 것은 아니므로 상위에 있는 욕구일수록 만족은 지연될 수 있기 때문이다.

하위의 욕구가 충족되면 인간은 생리적 욕구의 지배로부터 해방되면서 보다 사회적인 다른 목적들이 부각된다. 생리적 욕구와 그에 따른 부분적인 목표들이 지속적으로 만족되면 이는 더 이상 행동의 유효한 결정 인자나 행동을 조직하는 주요 동인이 되지 않는다. 이들 욕구는 충족되지 않거나 저지될 때만 다시 출현하여 유기체를 지배하므로 그런 의미에서 볼 때 이미 충족된 하위 욕구들은 잠재적으로만 존재한다. 그리고 그 상위의 욕구가 충족되면 보다 더 높은 수준의 새로운 욕구가 출현하며, 이런 과정은 계속 이어진다. 인간의 기본욕구들이 상대적인 우세함에 따라서 위계적으로 구성되어 있다는 말은 바로 이런 뜻이다.

2) 자기실현자의 특징

매슬로는 가장 상위의 욕구를 충족한 사람들, 즉, 자기실현을 성취한 사람들에 대해 평생 동안 연구해 왔다. 그 결과 연구대상들이 공통적으로 갖고 있는 특징을 발견하였는데, 그의 저서 『동기와 성격』에는 이에 대한 내용이 자세하게 다루어져 있다. 다음은 그가 말하고 있는 자기실현자의 특징 중 일부를 정리한 것이다(오혜경 역, 2009: 269-313). 이를 살펴보면 로저스가 말한 온전히 기능하는 사람과 매우 유사하다는 것을 발견할 수 있다.

(1) 현실 지각

자기실현자는 인간의 성품에서 거짓과 부정직함을 꿰뚫어 보는 능력이 남다르다. 또한 은폐되거나 혼돈스러운 현실을 신속하고 정확하게 파악한다. 대부분의 사람들은 인간이 만들어 낸 개념, 추상성, 기대, 신념, 정형화된 틀을 현실 세계와 혼돈하고 살고 있는 데 비해, 자기실현자들은 본질적인 세계에서 산다. 그러므로 개인적인 바람이나 소망 혹은 두려움이나 불안 등에 의존하지 않고, 분명하게 존재하는 현실, 있는 그대로의 실재를 지각할 수 있다.

(2) 수용과 자발성

자기 자신을 불평불만 없이 받아들인다. 자신의 인간 본성과 그에 따르는 모든 결점, 이상적인 이미지와 현실과의 괴리를 크게 근심하지 않으며 냉정하게 받아들인다. 이는 '현실을 보다 분명하게 보는' 특성과 같은 맥락이다. 자기실현자는 자기가 원하는 대로가 아니라 있는 그대로를 보며, 단점을 갖고도 편안하게 지닐 수 있다. 따라서 방어하지 않으며, 각색하거나 겉치레를 하지 않고, 위선적 말투, 책략, 허위 등으로 타인에게 감명을 주려는 태도도 없다. 이와 유사한 맥락에서 자기실현자들의 행동은 또한 자발적이다. 꾸밈이 없으며, 단순함과 자연스러움이 그들 행동의 특징이다.

(3) 문제 중심적인 태도

자기실현자들은 일반적으로 자기 자신보다 외부의 문제들에 크게 관심을 가진다. 이들은 불안정한 사람이 보여 주는 내향성과는 대조적으로 자기를 문제 삼지 않으며, 자신에 대해 지나치게 근심하지 않는다. 대신 대부분의 자기실현자들은 열정을 쏟아 부어야 할 어떤 사명, 완수해야 할 과제를 가지고 있으며, 이 과제들은 개인적인 것이 아니라 이타적이며, 인류의 이익이나 국가 또는 사회의 이익과 관련된 것들이다. 따라서 자기 중심이 아닌 문제 중심적인 태도를 지녔다고 할 수 있으며, 이들은 사소한 것에 목숨 걸지 않고, 더 넓은 시야를 갖고 있으며, 가장 넓은 준거틀 안에 살고 있다는 인상을 준다.

(4) 고독

자기실현자들은 결핍동기에 따라 행동하기보다 성장동기에 따라 움직인다. 결핍동기에 따라 행동하는 사람은 다른 사람들을 통해서만 그의 주된 욕구(안전, 사랑, 존중, 소속감, 명예 등)를 충족시킬 수 있기 때문에 다른 사람들이 반드시 필요하다. 그러나 성장동기에 따라 움직이는 사람은 자신의 발전과 지속적인 성장을 위해 자신의 잠재력이나 내면에 숨어 있는 자원에 의존한다. 따라서 이들은 다른 사람을 반드시 필요로 하지 않으며, 자기 스스로에게 해를 입히거나 불편해하지 않으면서 혼자 고독하게 지낼 수 있다. 게다가 일반 사람들보다 고독과 사생활을 훨씬 긍정적으로 즐기며, 다른 사람들이 격정에 휩싸이더라도 자신은 동요하지 않을 수 있다. 이런 특성 때문에 다른 사람들의 눈에는 자칫 냉담하고 건방지며 애정이 없고 불친절한 것으로 비치기 쉽다.

(5) 자율성

자기실현자들의 또 하나의 특징은 물리적, 사회적 환경으로부터 독립적이라는 것이다. 환경으로부터 독립적이라는 것은 역경, 타격, 결핍, 좌절 등에 직면했을 때 비교적 안정적으로 반응한다는 것을 의미한다. 앞서 언급한 바와 같이 자기실현자들은 성장동기에 따라 움직이기 때문에 그들에게 충족과 좋은 삶의 결정인자는 사회적인 것이 아니라 인간 내면에 속한 것들이다. 따라서 명예, 지위, 보상, 인기, 특권, 사랑은 자기의 발전과 내면의 성장보다 덜 중요하게 여겨지며, 다른 사람의 좋은 평판이나 애정으로부터도 독립될 수 있다.

(6) 늘 감사하는 마음

자기실현자들은 삶의 기본적인 것에 관하여 기쁨과 즐거움을 느끼며, 새롭고 순수하게 감사할 줄 아는 놀라운 능력을 지녔다. 예를 들어 매슬로가 연구한 사람들은 매일의 석양도 처음 보는 것처럼 아름다우며, 수천 번 보아 온 아기도 처음 본 아기처럼 기적의 산물로 여긴다. 또한 결혼한 지 30년이 지나도 여전히 자신의 결혼을 행운이라고 확신하며, 아내가 환갑이 되어도 40년 전과 마찬가지로 아내의 아름다움에 감탄한다. 매슬로는 자기실현자들처럼 우리들 자신이 받은 축복을 상기할 수 있고, 감사의 마음을 지속적으로 가질 수 있다면 삶이 무한히 개선될 수 있을 것이라고 말하고 있다.

매슬로는 이 밖에도 인간적 유대, 겸손과 존중, 깊이 있는 대인관계, 윤리의식, 철학과 관련된 유머감각, 수단과 목적의 분명한 구분, 어린아이와 같이 순진무구하고 폭넓은 창조성, 사회적 압력에 대한 저항과 특정 문화를 초월하는 것 등을 자기실현자의 공통된 특성으로 꼽고 있다.[3]

5. 인본주의와 사회복지실천

인본주의는 인간 본성에 대한 낙관적 견해를 지니고 있으며, 인간의 잠재력에 대한 깊은 신뢰를 바탕으로 한다. 즉, 모든 인간은 자신의 내부에 건전하고 창조적인 성장을 위한 가능성을 가지고 있다고 믿는다. 사회복지실천이 지닌 가치관 역시 기본적으로 이와 같은 인본주의에 근거를 두고 있다(최옥채 외, 2003).

사회복지실천에 있어서 칼 로저스의 공헌은 매우 크다고 할 수 있다. 그

---

3) 자기실현자의 특성에 대한 보다 자세한 내용은 오혜경 역(2009: 269-313)을 참조하기 바란다.

의 클라이언트 중심 접근이 강조하는 것들은 사회복지실천에서 추구하는 가치의 본질적 측면이자 원칙이 되었다. 예를 들어 로저스는 클라이언트가 자기실현을 성취할 수 있도록 하는 치료적 환경을 제공하는 것을 강조한다. 그러한 환경은 클라이언트에 대한 무조건적 긍정적 관심과 비심판적인 수용을 통해 가능해지는데, 바로 이 두 가지는 사회복지전문직이 추구하는 가치의 본질적 측면이다. 또한 로저스는 클라이언트와 평등한 관계를 맺는 것이 중요하며, 치료자는 진실되게 그리고 공감적으로 클라이언트와 상호작용하고 그들을 가치 있는 동료로 인식할 것을 권고한다. 뿐만 아니라 개인의 주관적 경험이 그들의 독특한 심리적 지각을 형성하기 때문에 경청과 의사소통기술, 자기결정과 선택을 중요하게 여긴다. 로저스가 제시한 이와 같은 실천 원칙들은 사회복지실천에서도 기본적이고 핵심적인 원칙으로 적용되고 있다.

한편, 매슬로의 욕구위계는 사회복지사들에게 실천의 우선순위를 결정하는 데 손쉽게 적용될 수 있다. 예를 들어 사회복지사가 클라이언트의 욕구를 사정하는 과정에서 기본적인 생존의 욕구를 간과한다면 그보다 더 큰 실수는 없을 것이다. 이와 반대로, 사회복지사가 생존의 욕구에만 집중한 나머지 클라이언트의 다른 상위의 욕구를 고려하지 않는다면 그 역시 효과적인 개입이 될 수 없을 것이다.

물론 인본주의적 접근을 적용하는 데도 한계는 있다. 예를 들어 자폐증을 앓고 있다거나 심각한 충동조절 문제를 가진 클라이언트의 경우, 자기결정이나 선택과 같은 인본주의 원칙들을 적용하는 것은 비현실적이다 (Parrish, 2010).

로저스는 클라이언트와 진실한 관계를 맺는 것이 치료에 있어서 핵심적인 요소라고 보았다. 이를 위해 치료자 자신의 자질에 대해 스스로 평가해 볼 것을 제안하였는데, 다음의 자기 평가 질문은 인본주의를 바탕으로 실천을 하는 사회복지사들에게도 매우 유용한 지침이 될 수 있을 것이다(Greene & Ephross, 1991: 118).

1. 나는 다른 사람들을 믿을 수 있고 일관성이 있는 존재라고 생각하는가?
2. 나는 현재의 나를 명확하게 전달할 수 있을 만큼 충분히 잘 표현하는가?
3. 나는 다른 사람에게 부드러움, 보호, 흥미, 존경 등의 긍정적인 태도를 보이고 있는가?
4. 나는 다른 사람과 분리될 수 있을 만큼 충분히 강한가?
5. 나는 다른 사람의 감정에 공감하고 몰입할 수 있으며, 그 사람이 보는 대로 볼 수 있는가?
6. 나는 다른 사람의 모든 면을 있는 그대로 수용할 수 있는가?
7. 나는 나의 행동이 다른 사람에게 위협으로 인식되지 않을 만큼 충분히 민감하게 반응할 수 있는가?
8. 나는 외적 평가로부터 자유로운가?
9. 나는 다른 사람을 되어 가는 존재(becoming being)로 보며, 나 자신과 다른 사람을 과거에 묶어 놓지는 않는가?

사례를 통해 생각해 보기

앞서 4장에서 살펴본 최규남 씨의 사례로 돌아가 보자. 인본주의 관점을 취하는 사회복지사는 이 사례에 대하여 어떻게 접근할까?

[길잡이] 다양한 접근 방법이 있겠지만 아마도 인본주의 관점을 선호하는 사회복지사는 기본적으로 최규남 씨가 세상과 자신의 인생에 대한 의미를 어떻게 주관적으

로 해석하고 있는가를 알기 원할 것이며, 이것이 현재 그의 경험과 어떻게 관련되어 있는지에 대해 탐색할 것이다. 또한 로저스의 클라이언트 중심 치료를 적용한다면 무엇보다도 먼저 최규남 씨에게 따뜻함과 공감 그리고 긍정적인 관심을 보여 줌으로써 치료적 환경을 조성하기 위해 노력할 것이다. 그리고 이어 최규남 씨가 가진 자기개념을 탐색하고, 그가 생각하는 이상적 자기와 현실, 즉, 질병으로 인해 요양원에 입소하고 타인에게 의존해야 하는 삶을 사는 자신 간의 괴리를 줄이는 것이 사회복지 개입의 일차적 목표가 될 수 있을 것이다.

제 3 부

전 생애에 걸친 인간의
성장과 발달

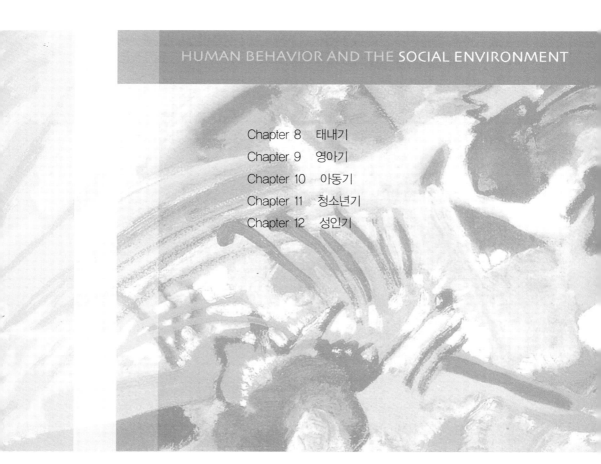

HUMAN BEHAVIOR AND THE SOCIAL ENVIRONMENT

Chapter 8 태내기

임신에서 출산까지 엄마의 뱃속에서 지내는 9개월 동안을 태내기라고 한다. 태내기는 접합기, 배아기, 태아기로 나누어지며, 총 9개월간의 태내기를 3개월씩 분할하여 1, 2, 3기로 구분하기도 한다.

1. 태내 발달

1) 접합기

접합기는 난자와 정자가 수정된 작은 세포 덩어리가 나팔관 밖으로 떠내려가 자궁벽에 착상할 때까지 약 2주간을 말하는 것으로, 정착기 또는 발아기라고도 한다. 접합기라고 부르는 이유는 수정된 세포를 접합자(zygote)라고 하기 때문인데, 수정 후 약 6일째가 되면 세포분열을 한 접합자는 자궁내막에 부착된다. 접합기 말에 이르면 가시 모양의 융모가 자궁벽의 혈관을 뚫고 안쪽으로 파고들면서 착상을 완성한다(최경숙·송하나, 2010). 태내 온도 유지와 모체의 움직임에 대한 완충 작용을 하는 양막은 수정 후 7~8일째 처음으로 나타나며, 태반 역시 이 때 처음으로 나타나 태내기 동안 영양분을 공급하기 위한 여건들을 갖추기 시작한다(전북대 의과대학 학술편찬위원회, 2009).

2) 배아기

배아기는 임신 3주부터 2개월까지 약 6주간을 말하며, 이 때는 주요 기관들이 분화되고 생성되는 매우 중요한 시기다. 가장 먼저 신경관이 형성되는데 이것은 후에 척수와 뇌가 된다. 신경관 안쪽에서는 정보를 저장하고 전달하는 신경세포인 뉴런이 놀라운 속도로 발달한다. 심혈관계도 배아기 초기부터 형성되어, 4주 초에는 심장박동이 시작된다(전북대 의과대학 학술편찬위원회, 2009).

임신 2개월째로 들어서면, 배아의 성장이 급격히 진행되어 소화 기관, 팔, 다리, 눈, 귀, 코, 목 등과 같은 신체 외부 기관이 생기며, 내부 기관이 더욱 뚜렷해진다(이영 외, 2009). 배아기에는 신경계, 심혈관계, 호흡계, 소화계 등 모든 신체 부위의 토대가 결정되므로 기형발생물질[1]에 의해 심각한 이상이 발생될 가능성이 가장 높은 시기다. 따라서 배아기에는 태내 환경에 대한 각별한 주의가 요구된다(최경숙·송하나, 2010).

---

[1] 태내기의 배아 및 태아에게 결함을 일으키는 유해한 환경자극을 통틀어 기형발생물질이라 한다(장휘숙, 2010). 이에 대해서는 다음 절 '태내 발달에 영향을 미치는 요인'에서 자세히 다룬다.

배아기는 또한 임부의 입덧이 시작되는 시기인데, 입덧은 태반에서 나오는 물질에 대한 일종의 거부반응이다. 입덧을 줄이기 위해서는 소량의 음식을 자주 먹도록 하는 것이 도움이 된다(이영 외, 2009).

3) 태아기

태내기 중 가장 긴 시기인 태아기는 임신 1기의 끝인 3개월부터 임신 3기의 마지막인 9개월에 걸쳐 있다. 태아기가 시작되는 임신 3개월부터는 분화된 각 기관들이 지속적으로 발달하고 기능하기 시작한다. 각종 기관, 근육, 신경계가 조직되고 연결되기 시작하므로, 뇌가 신호를 보내면 태아는 팔과 다리를 움직이고 입을 열며, 심지어는 엄지손가락을 빤다. 작은 폐는 확장과 수축을 시작하면서 숨쉬기 연습을 한다. 또한 손발톱, 치아조직 및 눈꺼풀이 나타나고, 청진기를 통해서 심장박동을 들을 수 있다.

임신 4개월에서 6개월에 해당하는 임신 2기 동안 태아는 급격히 성장하여 4개월 말경에는 태아의 움직임을 모체가 느낄 수 있을 정도가 된다(최경숙·송하나, 2010). 2기 말경에는 뇌 속 수천만 개의 뉴런들이 대부분 자리를 잡게 되는데, 20주가 된 태아는 소리에 반응하며, 자궁 안에서 비치는 빛을 손으로 막아 눈을 방어하려고도 한다(Moore & Persaud, 2003). 그러나 폐는 충분히 성숙되지 않았으며, 뇌도 호흡과 체온을 조절할 수 있는 능력이 아직 발달되지 않은 상태다. 따라서 임신 2기에 조산[2]된 태아는 생존 가능성이 희박하며, 생존하더라도 만성적 폐질환 혹은 신경계 손상 비율이 임신 3기에 조산한 경우보다 높다.[3]

---

2) 조산은 임신 37주 이전에 출산하는 경우를 말하는 것으로, 신생아 사망의 주된 원인이 된다(전북대 의과대학 학술편찬위원회, 2009).

3) 태아가 모체 밖에서 생존할 수 있는 연령은 임신 22주 내지 26주 이후부터다. 이 시기를 생존 가

임신 3기 동안 뇌의 발달은 계속되어 대뇌피질이 커지며, 신경조직이 발달하면서 더 많은 시간 동안 깨어 있게 되는데, 이로 인해 태아의 활동량이 많아진다. 이 시기 동안 태아는 자극에 대해 더 큰 반응을 보인다. 특히 여러 가지 소리의 음과 박자를 구별하게 된다. 심장박동의 변화를 통해 태아가 남성과 여성의 말하는 소리, 어머니와 낯선 사람의 소리를 구분한다는 것을 알 수 있다(Kisilevsky et al., 2003). 태내기의 마지막 달인 9개월에도 태아는 계속 성장하면서 호흡, 흡입, 소화 및 체온 등의 모든 부분에서 더 우수한 조절 능력을 갖춘다. 이 시기에 태아는 어머니의 혈액에서 질병에 대한 항체를 받게 되는데, 이 때 받은 항체 덕분에 면역체계가 제대로 작용하지 않는 출생 초기 몇 달 동안 질병에 대항할 수 있게 된다(장휘숙, 2010). 임신 3기에 들어선 이후에는 조산이라 하더라도 생존 가능성이 훨씬 높아진다. 예를 들어 7개월이나 8개월에는 아직 폐가 충분히 완성되지는 않았지만 뇌의 호흡중추는 성숙하였으므로 조산아보육기(incubator) 안에서 산소호흡기의 도움을 받아 생존이 가능하다.

2. 태내 발달에 영향을 미치는 요인

태내 발달에 이상(異常)이 생기면 대부분은 출산 전에 유산되거나 출산 시 사산되는 경우가 많다. 그러나 때로는 결함을 가진 채 출생하는 경우도 있다. 따라서 발달 이상의 원인과 결과를 이해하고 이를 예방하도록 클라이언트를 돕거나 혹은 장애를 가진 자녀의 가족을 돕기 위해 태내 발달의

능 연령(age of viability)이라고 하는데, 이보다 일찍 태어나는 경우 생존 가능성은 거의 없다(Moore & Persaud, 2003). 한편, 장휘숙(2010: 102)은 이보다 더 늦은 임신 30주(210일)를 생존 가능 연령이라고 기술하고 있다.

영향 요인에 대해 알아 놓는 것은 사회복지실천에서 필요한 일이다. 태내 발달 이상을 초래하는 요인을 유전 요인과 환경 요인으로 나누어 살펴보면 다음과 같다.

1) 유전 요인

유전 요인에 의해 나타나는 발달 이상에는 부모로부터 손상된 유전자를 물려받아 나타나는 단일 유전자에 의한 것과 세포가 분열하는 동안 문제가 발생하여 생기는 염색체 이상에 의한 것으로 나뉜다.

(1) 단일 유전인자에 의한 발달 이상

단일 유전자에 의한 발달 이상은 부모로부터 유전적 손상을 가진 한 개의 유전인자를 물려받아 나타나는 것으로 페닐케톤뇨증, 알비니즘, 혈우병, 헌팅턴병 등이 있다.

페틸케톤뇨증은 단백질을 구성하는 기본 아미노산 가운데 하나인 페닐알라민을 티로신으로 전환하는 효소가 부족해서 생기는 질환으로, 페닐알라민의 과다 축적에 의해 심각한 중추신경계 손상이 일어난다. 페틸케톤뇨증은 신생아 8,000명당 1명꼴로 발생하는데, 생후 1년이 되면 이 질환을 가진 영아는 영구적으로 정신지체가 된다. 그러나 최근에는 생후 1개월 이내의 초기 진단으로 발견할 수 있게 되었으며, 일찍부터 페닐알라민의 섭취를 제한하는 식이요법을 계속하면 정상 수준의 지능을 회복하고 수명도 정상으로 회복된다(이영 외, 2009). 한편, 알비니즘은 피부의 멜라닌 색소가 부족한 병으로, 머리카락이나 눈썹이 희고 피부색이 옅으며, 시각적 이상이 생겨 빛에 극도로 민감한 증상을 보인다. 또한 혈우병은 남아에게만 유전되는 것으로 피가 정상적으로 응고되지 못해 심각한 내부 출혈과 조직

손상이 나타나는 질환이다. 수혈을 해야 하며, 안전하게 생활하면서 출혈을 예방해야 하는데, 평균적으로 남아 4000~7000명 중 한 명꼴의 발생률을 보인다(이옥경 외 역, 2009a).

이상에서 언급한 질병은 주로 열성인자의 유전에 의해 발생하지만 헌팅턴병은 우성인자에 의한 유전병으로 아동기, 사춘기 그리고 성인 초기까지는 아무런 이상 소견을 보이지 않다가 보통 35세나 40세 이후가 되면 발병한다. 따라서 증상이 발현될 때는 이미 결혼하여 자녀를 둔 경우가 많으며, 이들 자녀 중 50% 정도가 동일 질환을 물려받는다. 주요 증상은 중추신경계가 쇠퇴하면서 근육통합이 어려워지고 지능이 떨어지며, 성격 변화를 보인다(이영 외, 2009).

(2) 염색체 이상

인간의 몸은 총 23쌍의 염색체를 가지고 태어난다. 이 가운데 22쌍은 상염색체이며, 나머지 1쌍은 성을 결정짓는 성염색체다. 염색체 이상은 이들 염색체의 쌍이 적절하게 분리되지 못하거나 또는 염색체 일부가 떨어져 나가 발생하는 것으로 상염색체 이상과 성염색체 이상으로 나눌 수 있다.

① 상염색체 이상

상염색체 이상에는 다운 증후군, 에드워드 증후군, 파타우 증후군 등이 대표적이다.

발견자의 성을 따라 이름 지어진 다운 증후군(Down's Syndrome)은 21번 염색체가 감수분열 시 정상적으로 분리되지 못해 생기는 것으로, 연세대 의과대학 소아과학교실(2009)에 따르면 600~800명 중의 한 명꼴로 발생한다. 다운 증후군은 상염색체 이상에 의한 증후군 중 가장 높은 발생률을 보이는데, 모체의 연령이 높을수록 발생 빈도가 증가하며, 아버지의 연령 역시 관련 있는 것으로 나타난다(이영 외, 2009). 다운 증후군은 올라간 눈꼬리, 낮은 코, 뒤가 납작하고 둥근 얼굴과 머리, 짧은 목 등의 신체적 특징을 보인다. 정신지체나 발달장애도 동반하는데, 다운 증후군 영아들은 생후 첫 6개월 동안은 정상적으로 발달하는 것처럼 보이나 2세경이 되면 지적 발달이 저하되어 주위의 복잡한 정보에 대해 주의를 기울이거나 변별하고 해석하는 데 어려움을 갖는다. 질병에 대한 저항력도 약하고 심장 질환 등의 호흡기 질환에도 쉽게 감염되기 때문에 다운 증후군 아동의 평균수명은 약 50세 정도에 그친다(연세대 의과대학 소아과학교실, 2009). 일반적으로 다운 증후군 아동들은 다정하고 유쾌하지만 주의력이 부족하고 눈 맞춤이 어려우며, 발성도 적고 해석하기 어려운 비언어적 신호를 자주 보인다. 이 때문에 다운 증후군 아동의 부모는 정상 아동의 부모보다 더 많은 말을 하게 되고, 아이에게 더 많은 주의를 기울이게 된다(최경숙 · 송하나, 2010).

18번 염색체 이상으로 발생하는 에드워드 증후군은 6,000명 가운데 한 명꼴로 나타나며, 발생 빈도는 1:4로 여아가 남아에 비해 4배 정도 높다. 신체적 특징으로는 소두증과 굽은 손가락, 안면기형 등을 보이며, 정신지체 및 심장질환도 일반적이다. 에드워드 증후군을 갖고 태어난 신생아의 거의 대부분(95%)은 1세 이전에 사망한다(연세대 의과대학 소아과학교실, 2009).

발생 비율은 낮지만 생존 기간이 가장 짧은 파타우 증후군은 13번 염색체 이상으로 생긴다. 파타우 증후군을 갖고 태어난 신생아는 소두증, 무취뇌, 다지증, 합지증, 심장기형, 심한 지능저하 등을 보인다. 파타우 증후군은 10,000명 중 한 명꼴로 발견되며, 95%가 6개월 이내에 사망한다(연세대 의과대학 소아과학교실, 2009).

이상과 같이 상염색체에 이상이 생길 경우는 발달에 심각한 장애를 초래하므로, 다운 증후군 외에는 대부분 유산되거나 출생하더라도 생존기간이 매우 짧다. 이에 반해, 다음에 나오는 성염색체 이상은 사춘기까지는 잘 알 수 없으며, 상염색체 이상에 비해 그 심각성도 낮은 편이다.

② 성염색체 이상

성염색체 이상에서 가장 흔한 문제는 X나 Y 염색체가 더 있거나 부족하다는 것인데 대표적으로는 터너 증후군과 클라인펠터 증후군이 있다.

터너 증후군은 여아에게 나타나는 이상으로 성염색체 XX 중 하나가 없기 때문에 전체 염색체 수가 45개에 불과하다. 터너 증후군 여성은 정상적인 지능을 가지고 있으나 키가 작고 살이 쪘고, 목이 짧아 얼굴과 어깨가 붙어 있다. 또한 심장과 신장에 이상이 있으며 잘 흥분하지 않고 다정한 성격이 특징이다. 대부분의 터너 증후군을 가진 여성은 생식 기능을 제대로 하지 못하며 2차 성징이 잘 나타나지 않는다. 그러나 터너 증후군에 걸린 경우 이차 성징의 발달을 도와주는 호르몬 치료를 하면 정상 수준에 가깝게 도달할 수 있다(이영 외, 2009).

한편, 남성의 성염색체 XY에 X염색체가 하나 더 붙어 총 47개의 염색체를 가진 클라인펠터 증후군은 남아 500명당 한 명꼴의 발생률을 보인다. 이 증후군은 고환이 작고 미성숙하여 생식 능력이 없는 것이 특징이다. 또한 키가 크고 마른 체격에 유방이 발달해 있다.

2) 환경 요인

출생 후 접하게 될 바깥 세상에 비해 태내의 환경은 훨씬 더 안전하다고 할 수 있지만 그럼에도 불구하고 태내 발달은 여러 가지 요인들에 의해 영향을 받게 된다. 환경오염물질이나 임신 기간 동안 모체의 영양이나 건강

상태, 행동습관 등은 태내 발달의 환경을 결정하는 주요인이자 기형발생물질의 대표적인 것들이다. 특히 모체와 관련된 요인은 태내기 동안의 성장과 발육에 긍정적인 영향을 주는 환경으로 변화시킬 수 있으므로 임신부와 일하는 사회복지사는 태내에 영향을 미치는 요인들을 파악하여, 건강한 태내 발달이 이루어지도록 도울 수 있다.

(1) 환경오염물질

산업화의 결과로 생겨난 수많은 화학물질은 자연환경만이 아니라 배아나 태아에게까지 영향을 미침으로써 인간의 건강한 성장과 발달을 위협하고 있다. 최근 미국 여러 지역의 병원에서 무작위로 10명의 신생아를 뽑아 제대혈을 분석한 결과, 무려 287가지의 산업오염물질이 발견되어 충격을 준 바 있다. 이 같은 충격적인 결과에 대해 해당 연구진들은 "산업화 사회의 오염된 생활환경이 많은 아이들을 오염된 채 태어나도록 한다."고 결론지었다(Houlihan et al., 2005; 이옥경 외 역, 2009a: 112에서 재인용). 우리나라도 2006년부터 환경오염 요인과 건강한 성장 및 발달 간의 관련성을 파악하고, 이에 대한 적절한 정책을 마련하기 위해 모체 혈액 및 신생아의 제대혈 분석을 진행해 오고 있다(환경부, 2009).

① 수은

환경오염이 태아에 미치는 영향은 일명 미나마타병이라고도 알려진 수은 중독을 대표적으로 꼽을 수 있다. 1950년대 일본의 산업도시 미나마타에서 수은 함량이 높은 공장폐기물을 바다로 흘려보냈으며, 그 결과 중 하나로 나타난 것이 당시 태어난 아이들의 신체기형이나 정신지체 그리고 언어 발달의 지체와 씹고 삼키는 능력의 손상을 포함한 여러 가지 심각한 증상이다(장휘숙, 2010). 높은 수준의 수은 노출은 성인에게도 영향을 주는 심

각한 환경오염일 뿐 아니라 태내기 동안에는 뉴런 생산과 이동을 방해하여
심각한 뇌 손상을 일으킨다. 환경부의 연구(2009)에 따르면, 어패류의 섭취
빈도가 높을수록 산모의 혈액과 제대혈의 평균 수은 농도가 증가하며, 이
는 신생아의 체중을 감소시키는 결과를 나타낸다. 이에 따라 대한산부인과
학회(2010)에서는 비록 어류가 단백질이 풍부하고 포화지방산 함량이 적으
며 오메가-3를 함유하고 있다 하더라도 대부분의 어류에는 수은이 포함되
어 있기 때문에 상어, 황새치(참치), 고등어, 옥돔과 같이 비교적 많은 양의
수은을 함유한 어류의 섭취는 피해야 한다고 조언하고 있다.

  ② 폴리염화비페닐

  수년간 전기 기구의 절연제로 사용되어 온 폴리염화비페닐(PCBs) 역시
수은과 같이 수로로 흘러가 사람들이 섭취하는 식량에 축적된다는 것이 밝
혀져 태내 발달 연구자들의 관심을 모았다. 관련 연구들에 따르면, 폴리염
화비페닐에 오염된 곡류나 생선을 자주 섭취한 임부의 아이는 저체중, 변
색된 피부, 잇몸과 손발톱의 기형, 뇌파 이상, 인지 발달의 지연 등과 같은
문제를 일으키는 것으로 나타났다(Chen et al., 1994: Jacobson & Jacobson,
2003).

  ③ 방사능

  제2차 세계대전 중 히로시마와 나가사키의 원폭 피해를 통해 알려진 바
와 같이 임신부의 방사능 노출은 유산이나 사산을 초래하며, 그 가운데 살
아남은 태아의 경우도 신체적 이상과 정신적 결함을 보인다. 1986년 우크
라이나의 체르노빌 원전 사고 후에도 이와 유사한 결과들이 관찰되었는데,
불충분한 뇌의 발달을 보여 주는 소두증이나 더딘 신체적 성장을 보이는
아동의 발생 비율이 높아졌다. 또한 비록 눈에 드러나는 신체적 결함은 아

니더라도 방사능은 이후 성장기에 질병을 초래하는 원인이 되기도 한다. 예를 들어 진단용 X 광선은 성인에게는 안전한 소량의 방사능이지만 태아에게는 위험 인자로 작용하여 이후 아동기 암을 유발한다는 사실이 꾸준히 보고되고 있다(이옥경 외 역, 2009a).

④ 납, 카드뮴, 다이옥신

그 밖에도 오래된 건물 벽의 벗겨진 페인트나 산업용 제품에 들어 있는 납, 카드뮴 그리고 플라스틱을 소각할 때 발생하는 다이옥신 등도 태내 발달 및 출생 이후의 성장에 영향을 주는 것으로 나타난다. 환경부(2009)의 연구결과에 따르면, 모체의 납과 카드뮴 농도는 영아의 인지척도와 부(negative)의 상관관계를 보였다. 또한 납은 조산, 저체중, 뇌손상 등을 유발하며, 아동의 지적 발달과 운동 발달을 저하시킬 뿐 아니라 발암 물질로 알려진 다이옥신은 태내 아기의 뇌, 면역계 및 갑상선 손상과 관련된다(이옥경 외 역, 2009a).

〈안전한 태내 환경을 위한 행동지침〉

■ 실내외 대기오염 관련 행동지침
 - 교통이 혼잡한 곳에서 도보를 삼가고, 도로에 인접한 곳에 거주하는 것을 삼간다.
 - 임신 중 되도록 담배 연기에 노출되지 않도록 한다.
 - 신축건물이나 공장지대에 근접한 거주지는 휘발성 유기화합물이나 포름알데히드에 노출될 우려가 있으므로 피한다.
 - 새 가구와 소파 등의 소품은 대기오염물질이 방출되어 실내 환경을 오염시킬 수 있으므로 잦은 환기로 청결한 실내 환경을 유지한다.

─가족 수가 많거나 부엌과 거실이 분리되어 있지 않은 경우, 실내 미세먼지 농도가 높아지기 쉬우므로 환기를 자주 하도록 한다.

■ 식이 섭취 관련 행동지침

─생선을 통한 수은 노출을 줄이기 위해 생선 섭취를 제한하는 것이 바람직하다.

─산모와 가임여성의 경우 통조림 또는 큰 생선을 일반인보다 더 적게 섭취할 것을 권장한다.

─임신 중 아연은 모체의 건강 유지뿐만 아니라 태아의 성장 및 출생 후의 영아의 성장과 발달에 중요한 생리적 역할을 하므로, 임신기에 쇠고기를 비롯한 육류, 간, 굴, 달걀 및 유제품 등 아연이 풍부한 식품을 많이 섭취하도록 한다.

─임신 시 필수 영양소인 엽산의 영양상태 개선을 위해 임신 초기뿐 아니라 임신 전에도 엽산이 풍부한 식품을 많이 섭취하고, 임신 시에는 엽산 보충제를 복용한다.

─임신 시 비타민 C를 비롯한 항산화 비타민 섭취를 증가시키도록 한다.

(환경부, 2009: 325-326에서 발췌 및 요약)

(2) 모체 관련 요인

① 질병

〈표 8-1〉은 태내 발달에 영향을 주는 모체의 질병을 정리한 것이다. 표에서 보는 바와 같이 질병에 따라서는 유산, 신체기형, 정신지체, 저체중아 출산과 조산 위험 등 모든 항목에 관련되어 있다고 밝혀진 것도 있다. 따라서 임신을 계획하거나 임신기에 있는 클라이언트와 일하는 사회복지사는

아래 나열된 질병에 대한 예방에 주의를 기울이도록 클라이언트를 안내할
필요가 있다.

　〈표 8-1〉에 언급된 질병 가운데 풍진이나 주혈 원충병은 유산, 신체기
형, 정신지체, 저체중과 조산의 위험을 모두 가지고 있는 것으로 밝혀진 심
각한 질병이다. 풍진은 1960년대 중반에 전 세계적으로 유행하면서 수많은
아기들의 출생에 심각한 결함을 초래한 바 있다. 풍진은 태내기 중 특히 배
아기에 침입했을 때 가장 많은 손상을 입히게 되는데 백내장, 난청 그리고
심장, 생식기, 비뇨기관, 창자 등의 이상 및 정신지체를 보인다(Eberhart-
Phillips et al., 1993). 일반적으로 풍진 예방을 위해 영아기나 아동기에 백신
접종을 받지만 일부 여성들은 풍진 항체가 생기지 않는 경우도 있다. 따라
서 여성들은 임신을 결정하기 전에 풍진에 대한 면역 여부를 점검하고, 임
신 6개월 이전에 예방접종을 받아 감염을 예방해야 한다(장휘숙, 2010).

　주혈 원충병 역시 모든 영역에서 관련성이 있는 것으로 밝혀진 심각한
질병이다. 이것은 동물의 기생충에 의해 생기는 병으로 임신한 여성이 날

〈표 8-1〉　모체의 질병과 태내 발달

질병		유산	신체기형	정신지체	저체중과 조산
바이러스성	후천성면역결핍증(AIDS)	−	△	■	△
	수두	−	■	■	■
	음부포진	■	■	■	■
	유행성 이하선염	■	△	−	−
	풍진	■	■	■	■
세균성	매독	■	■	■	△
	결핵	■	△	■	■
기생충성	말라리아(학질)	■	−	−	■
	주혈 원충병	■	■	■	■

■ = 관련성 밝혀짐, △=관련 가능성 있음, −=현재 증거없음
출처: 이옥경 외 역(2009a), p. 113에서 발췌

고기나 설익은 고기를 섭취하거나 감염된 동물의 배설물을 접촉함으로써 감염될 수 있다. 임신 1기 동안 모체가 이 질환에 감염되면 태내 아기의 뇌와 눈에 손상을 가져올 수 있으며, 그 기간 이후의 감염은 가벼운 시각적, 인지적 손상을 초래한다(Jones et al., 2003). 따라서 임신 기간 중 육류는 반드시 잘 익혀 먹도록 하고 애완동물의 배변도 다른 사람이 처리하도록 부탁하는 등의 주의가 필요하다.

한편, 면역계를 파괴하는 후천성면역결핍증은 태내기 동안 태반을 통해서 또는 산후 수유를 통해 자녀에게 감염되는데(장휘숙, 2010), 모체의 HIV 바이러스가 태아에게 전달될 확률은 약 20~30%에 이른다(이옥경 외 역 2009a). 이 바이러스는 성인들의 경우와 달리 영아의 경우에 매우 급격하게 진행되어, 생후 6개월경 체중이 줄고, 설사와 반복적인 호흡기 질환이 나타나며, 이런 증상이 나타난 이후 대개 5~8개월 이내에 사망한다(장휘숙, 2010).

② 흡연

임신부의 직접 또는 간접 흡연은 유산 및 조산의 위험을 증가시키며, 태아의 성장을 늦추어 저체중아나 미숙아[4]를 낳게 될 확률을 높이는 것으로 잘 알려져 있다(대한산부인과학회, 2010). 이는 담배의 니코틴이 혈관을 수축시키고 자궁으로 가는 혈류량을 줄여 태반이 비정상적으로 자라게 할 뿐아니라, 충분한 영양분을 공급받을 수 없게 하기 때문이다. 또한 모체와 태아 모두의 혈류에 일산화탄소의 농도를 높여 태아로 하여금 만성적인 산소

---

4) 조산아는 모두 출생 시 평균 체중에 미달하는 저체중아다. 그러나 이 중에는 태내에 있었던 기간만을 고려했을 때 그 시기까지 자라야 할 부분이 다 자란 경우도 있고, 이와 달리 그 시기까지 성장해야 할 부분이 다 발달하지 않은 채 태어난 경우가 있는데 후자를 미숙아라고 한다(이옥경 외 역, 2009a).

부족을 경험하게 하고, 중추신경계를 손상시킨다(Friedman, 1996). 따라서 출생 후에도 심장 박동률과 호흡의 불안정, 저산소증, 아동기 이후의 천식이나 암과 같은 다른 심각한 결과들을 초래할 가능성이 높아진다(Franco et al., 2000; Winborg et al., 2000). 아직까지 원인이 분명히 밝혀지지 않고 있는 영아돌연사 증후군(Sudden Infant Death Syndrome)[5]도 모체의 흡연과 관련 있는 것으로 추측되고 있다(이경혜 · 이영숙, 2009). 우리나라의 흡연 인구는 다행히도 지난 10여 년간 꾸준히 감소해 온 것으로 나타난다(주재선, 2010)[6]. 그러나 여성 흡연 인구 가운데 청소년(12~18세)의 비율이 다른 연령대에 비해 상대적으로 높은 것으로 나타나(이경혜 · 이영숙, 2009), 청소년 및 십대 미혼모를 대상으로 하는 사회복지실천 영역에서 청소년 흡연에 대한 예방과 개입이 요청된다.

③ 음주

대한산부인과학회(2010)에서는 흡연뿐 아니라 임신 기간 중의 음주를 절대 금하고 있다. 이는 그만큼 태내 발달에 있어서 음주의 폐해가 심각하다는 것을 의미하는 것으로, 임신 기간에 섭취한 알코올은 태아의 발달에 직접적으로 영향을 주는 태반까지 전달되어 태반의 호르몬 기능을 방해하고 태아의 신경 발달에 장애를 초래한다. 알코올 의존증을 보이는 임부는 최악의 경우 태아알코올 증후군(Fetal Alcohol Syndrome)을 가진 아이를 출산하게 되는데, 이 증후군을 가진 아이는 대부분이 발달지체와 학습장애를 나타내며, 동일 연령의 평균 지능에 미치지 못한다. 또한 신체 발육이

---

5) 1세 이하 영아들의 예상치 못한 죽음을 말하는 영아돌연사 증후군은 주로 수면 중에 발생하며, 산업화된 국가에서는 생후 1~12개월 된 영아의 주된 사망 원인이 되고 있다. 영아돌연사의 원인은 아직까지 명확하게 설명되지 않고 있다(이옥경 외 역, 2009a).

6) 통계청 조사에 따르면 흡연 인구는 1999년 35.1%에서 2008년 26.3%로 줄었으며, 여성 흡연 인구만을 보면 1999년 4.6%에서 2008년 3.2%로 감소했다(주재선, 2010).

늦고, 출생 이후 충분한 영양분을 제공받게 되더라도 평균 신체 크기를 따라잡지 못한다(이옥경 외 역, 2009a). 태아알코올 증후군을 보이는 아이는 아래의 사진에서와 같이 특정한 얼굴 생김새를 가지고 있다. 즉, 두 눈 사이가 멀고 코가 평평하며, 윗입술이 얇고 머리가 작은데, 이 모든 특징들은 뇌가 충분히 발달하지 않았음을 의미한다(정옥분, 2007). 한국의 성인지 통계(주재선, 2010)에 따르면, 우리나라 여성의 절반 이상이 술을 마신다고 보고하고 있으며, 상습적인 음주보다는 월 1~3회, 간헐적으로 마시는 경우가 대부분이다. 그러나 그 증가폭은 남성에 비해 큰 것으로 나타나고 있다(이경혜·이영숙, 2009).

출처: 이옥경 외 역(2009a), p. 110.

④ 약물

모체가 복용하는 약물은 거의 예외 없이 태반을 통해 뱃속의 아이에게 그대로 전달된다. 그러나 약물과 태아기형 발생의 연관성에 대해 무지했던 시절에는 임부에 대한 약물 처방 및 복용이 부주의하게 이루어졌다. 이로 인해 기형아 출산이라는 비극적인 경험을 하게 된 후에야 인류는 비로소 약물로 인한 기형아 발생률이 매우 높다는 사실을 인식하게 되었다. 기형

발생인자로 밝혀진 대표적 약물로는 탈리도마이드, 디에틸스틸베스트롤, 아큐탄 등이 있다. 탈리도마이드(thalidomide)는 1960년대에 캐나다, 유럽 및 남미에서 진정제 혹은 수면제로 널리 사용된 약물이다. 임신 4~6주에 탈리도마이드를 복용한 경우, 팔과 다리에 심한 기형이 생겼으며, 흔하진 않지만 귀, 심장, 신장, 생식기에도 손상이 나타났다. 그러나 신체기관이 모두 형성된 이후의 단계에서 복용했을 때는 사지나 귀 등의 손상이 거의 없는 것으로 나타나 약물에 의한 영향은 태내의 시기에 따라 다르다는 것이 밝혀졌다(이영 외, 2009). 디에틸스틸베스트롤(diethylstilbestrol)이라는 합성 호르몬제는 1945~1970년 사이에 유산을 방지하기 위해 널리 처방된 약물이다. 이 약물은 특히 여아들의 생식기 기형에 영향을 미쳐, 청소년기와 성인이 되었을 때 외음부의 암, 자궁기형, 불임 등의 확률을 현저히 높이는 것으로 나타났다(이영 외, 2009).

이 외에 현재 널리 사용되고 있는 가장 강력한 기형발생물질은 심한 여드름 치료에 사용되는 비타민 A 유도제인 아큐탄(이소트레티노인이라고도 함)이다. 북미의 경우 수천만 명의 가임 여성들이 이 약물을 복용하고 있는데, 임신 1기 동안 이 약물에 노출되면 눈, 귀, 두개골, 뇌, 심장, 면역계 이상이 초래된다. 따라서 이 약물을 복용하고 있는 경우는 반드시 임신을 피해야 한다(이옥경 외 역, 2009a).

한편, 치료 목적의 약물 외에도 헤로인이나 코카인 혹은 마리화나 같은 기분전환용 약물의 상습적 복용 역시 심각한 장애를 일으키는 것으로 잘 알려져 있다. 이 약물들은 사산과 조산, 저체중 및 신체기형이나 호흡곤란을 초래하는 것이 일반적이다. 헤로인에 중독된 임부의 아이는 환경에 주의를 기울이는 능력이 부족하고 운동 발달이 느린 것이 특징이다(장휘숙, 2010). 코카인은 저체중, 소두증과 같은 태아의 신체 발달에 치명적인 영향을 미치며, 유산될 확률 또한 높인다. 더욱이 산모의 코카인 중독은 신생아

중독으로 이어질 수 있는데, 손상된 각성, 성마름, 긴장 등의 증상을 보인다(이영 외, 2009).

이 외에도 아스피린은 가장 많이 복용하는 약물로서 적은 양의 사용은 유해하지 않으나 반복적인 사용은 산모와 태아에게 출혈을 일으킬 위험이 있다. 또한 일상생활에서 흔히 마시는 커피나 홍차 및 탄산음료에는 카페인이 다량 함유되어 있는데, 임부가 하루 3잔 이상 혹은 200mg 이상의 카페인을 섭취하는 경우, 유산의 위험이 증가하는 것으로 나타난다. 카페인은 또한 조산의 위험을 증가시키고 신생아의 저체중과 과민성을 유발하며, 반사 능력을 저하시키고 근육 발달에도 지장을 준다(장휘숙, 2010).

⑤ 정서적 스트레스

일반적으로 우리가 공포나 불안을 경험하게 되면 인체는 부신의 활동을 증가시켜 흥분성 호르몬을 혈류에 분비한다. 이 때 많은 양의 혈액이 뇌와 심장, 팔, 다리, 몸통 등의 방어와 관련된 신체 부위에 보내지는데, 이로 인해 임신한 여성의 경우는 자궁을 포함한 다른 기관으로 향하는 혈액의 양이 줄어들게 된다. 이는 그만큼 태아에게 충분한 산소와 영양분이 공급되지 못하여 태아의 성장과 발달에 부정적인 영향을 미치게 된다는 것을 의미한다. 또한 흥분성 호르몬 자체가 태반에도 건너가 태아의 심장박동을 급격히 증가시키며, 태아의 신경 기능을 변화시켜 출생 이후 아동의 스트레스 관리 능력을 떨어뜨린다(이옥경 외 역, 2009a). 게다가 만약 임부가 장기간 스트레스를 경험하게 되면, 약물복용이나 음주 및 흡연을 할 가능성이 높아지고, 영양 섭취에 소홀하게 되므로 태아에게 추가적인 부정적 영향을 주게 된다(장휘숙, 2010). 이 같은 이유 때문에 임신 기간 동안 스트레스나 불안을 최소화할 수 있도록 노력하는 것이 필요하다.

사실 임신과 출산은 개인이 어떤 상황과 환경에 놓여 있는가에 따라 매우 다른 의미를 지닌다. 아이를 학수고대하던 부부라면 신생아의 탄생은 그 무엇과도 비교할 수 없는 기쁨으로 받아들여질 것이다. 그러나 빈곤에 허덕이는 가족이라면 자녀 출산은 경제적 부담을 가중시키는 가족 위기로 인식될 수 있다. 또한 폭력을 일삼는 남편과 어쩔 수 없이 같이 살고 있는 여성의 처지라면 임신은 남편에 대한 의존을 더욱 강화시키고, 건강하지 못한 환경으로부터 벗어날 가능성을 낮추는 절망적인 사건이 될 수도 있다. 이와 같이 어떤 상황에 놓여 있느냐에 따라 임신은 다른 의미를 가지며, 임산부의 정서상태도 영향을 받게 된다. 특히 원치 않는 임신이나 그 밖의 다양한 생활 스트레스로 불안이나 우울 등을 자주 경험하게 될 경우 태내의 아이에게도 부정적인 영향을 주게 된다. 그러나 사회적, 정서적 지지를 제공할 수 있는 남편과 다른 가족 구성원 및 친구가 있을 때 스트레스와 관련된 태내기 문제들은 크게 감소하는 것으로 나타난다(Federenko & Wadhwa, 2004). 이는 특히 스트레스 요인이 상대적으로 많은 저소득층 여성들에게서 더욱 효과가 큰 것으로 나타나므로(이옥경 외 역, 2009a), 사회복지사는 클라이언트의 사회·정서적 지지체계를 강화시키는 데 역점을 둘 필요가 있다.

⑥ 연령과 영양상태

모체의 연령이나 영양상태 등과 같은 일반적 요인들도 태아의 건강한 성장과 발달에 영향을 준다. 흔히 임산부의 연령이 15세 이하일 경우 저체중으로 인한 미숙아 출산의 가능성이 높으며, 35세 이상일 경우는 유산 위험이 두 배로 증가한다고 한다. 더욱이 40세 이상의 경우는 난자의 염색체 비분리 현상이 증가하는 것으로 나타난다(전북대 의과대학 학술편찬위원회, 2009). 따라서 가장 안전한 임신 시기는 16세에서 35세 사이라고 보는 견해가 지배적이다. 그러나 모체의 연령이 중요한 이유가 단지 '건강한' 아이를 '무사히 출산'하는 것에만 있는 것은 아니다. 예를 들어 원치 않는 임신을 한 십대 임산부의 경우, 임신에 대해 무지하거나 혹은 숨기기에 급급해 태아에 대한 보호가 필요한 시기를 놓치기 쉬우며, 출산 이후에도 훨씬 다양한 사회경제적 어려움에 처할 가능성이 높다. 바로 이와 같은 점에서 언제 임신과 출산을 경험하느냐—즉, 모체의 연령—는 매우 중요하다 (Parrish, 2010).

모체의 영양상태가 태내 발달에 중요하다는 것 역시 재론의 여지가 없을 것이다. 영양결핍상태의 엄마에게서 태어난 아이는 영아기와 아동기에 인지적 문제를 보이는 경우가 종종 있는데, 이는 임신 초기의 영양결핍이 태아의 척추 형성을 방해함으로써 뇌세포의 발달을 가로막기 때문이다. 또한 비타민, 무기질, 단백질의 결핍은 사산이나 유산을 초래하며, 심각한 단백질 결핍은 정신지체, 조산, 저제중을 야기시킨다(장휘숙, 1999). 따라서 임신 기간 동안 양질의 음식을 충분히 섭취함으로써 고른 영양을 태내 아이에게 제공할 수 있도록 하는 것이 매우 중요하다. 특히 임신 3기 동안에는 뇌의 크기가 급격히 커지기 때문에 어머니가 기초 영양분을 많이 섭취하는 것이 아기의 뇌를 충분히 자라게 하는 데 필수적이다.

이 밖에도 최근 들어 태내 발달 이상과 아버지와의 관련성에 대한 관심이 높아지고 있다. 예를 들어 아버지의 연령이 높을수록 유전적 결함을 보이는 확률이 크다는 연구결과(Merewood, 1998; 이영 외, 2009에서 재인용)나 아버지의 흡연이 유산의 위험을 증가시키고 임신한 아내 곁에서 흡연한 아버지들의 자녀가 그렇지 않은 아버지들의 자녀보다 출생 시 체중이 적다(Venners et al., 2004; 장휘숙, 2010에서 재인용)는 연구결과들이 나오고 있다. 또한 아버지의 비타민 C 섭취량이 부족할 때 태아의 출생 결함이 증가되고, 코카인을 복용하는 경우 코카인이 정자에 부착되어 출생 결함을 일으킬 수 있으며, 장기적인 복용은 정자의 수와 수명을 감소시키고 기형 정자를 생산하게 한다. 따라서 어머니뿐 아니라 아버지의 연령이나 행동습관 등이 모두 태아의 성장과 발달에 영향을 주는 요인이 될 수 있다(장휘숙, 2010).

사회복지사는 다양한 유전적, 환경적 요인들이 태아 발달에 미치는 영향과 그 원리에 대해 바르게 인식하고, 이로 인한 문제들을 예방할 수 있도록 클라이언트를 돕는 것이 필요하다. 이와 더불어 사회복지사는 태내 발달 이상을 갖고 태어난 아이에 대해 주위 사람들이 어떻게 반응하는가, 그리고 이것이 태어난 아이의 인생에 어떤 영향을 미칠 것인가에 대해서 이해하고 예측할 수 있어야 한다. 특히 부모가 느끼는 불안, 아이에 대한 부모의 과보호 혹은 거부, 부모와 자녀 간의 정서적 관계 등에 대해 관심을 기울여야 하는데 그 이유는 출생 이후의 경험이 타고난 결함으로 인한 부정적 효과를 감소시킬 수도 확대시킬 수도 있기 때문이다.

Chapter 9 영아기

출생에서 생후 2년까지에 해당하는 영아기[1]는 매우 짧은 시기이지만 발달과 성장의 속도만큼은 그 어느 시기보다 빠르다. 특히 생후 첫 1년 동안은 뇌와 신체의 급속한 성장이 이루어지기 때문에 '제1성장급등기'라고 부르며, 주 양육자와의 신뢰관계를 형성함으로써 이후 대인관계 및 사회적 발달의 토대를 마련하게 되는 매우 중요한 시기다. 첫돌 이후부터 만 2세까지는 사회 및 정서 발달을 가속시키는 인지 능력과 신체 운동 기술을 획득하게 된다. 무엇보다도 혼자 걷기가 가능해짐으로써 놀이와 탐험을 위한 독립성을 얻게 되며, 언어구사 능력이 극적으로 확장된다.

---

1) 생후 2년까지를 세분하여 출생부터 생후 2주간을 신생아기, 신생아기 이후부터 생후 1년까지를 영아기(infancy), 1년에서 2년까지를 걸음마기(toddler)라고 구분하기도 한다. 그러나 이 책에서는 포괄적인 구분 방식을 선택하였으므로 생후 2년까지를 영아기로 통칭한다.

1. 신체 및 운동 발달

1) 신체

대한소아과학회(2007)의 소아발육표준치에 따르면, 출생 시 우리나라 신생아의 평균 신장과 체중은 남아의 경우 50.12cm, 3.41kg이며, 여아의 경우 49.35cm, 3.29kg이다. 그러나 영아기 동안 신체의 성장 속도는 매우 빨라서, 생후 1년이 되면 출생 시 신장의 1.5배가 되며, 체중은 약 3배에 이른다. 따라서 첫돌 무렵 남아는 평균적으로 75cm를 넘어서고, 여아의 경우는 75cm에 조금 못 미치는 정도가 된다. 생후 2년 차에는 성장 속도가 다소 둔화되는데, 영아기가 끝나는 두돌 무렵 영아의 체중은 출생 시의 4배가 되며, 신장은 1.7배에 이른다. 특히 신장은 성인이 되었을 때의 약 1/2만큼 자라나므로, 이 무렵의 신체 길이를 통해 성인기 신장을 가늠해 볼 수 있다.

영아의 골격은 성인보다 크기가 작고 수도 적을 뿐만 아니라 매우 유연하고 부드럽다. 예를 들어 손목뼈의 경우, 성인은 9개지만 생후 1년된 영아에게는 3개뿐이며(심성경 외, 2010), 신생아의 두개골을 만져보면 알 수 있는 것처럼 뼈가 단단하지 않고 물렁물렁하다. 영아기를 거치면서 연골은 경골로 변하는데, 그 변화 과정에서 두개골의 소천문은 4개월에, 대천문은 늦어도 만 2세에는 닫힌다. 또한 치아는 대략 6개월을 전후해서 나오기 시작한다(조홍식 외, 2010).

뇌의 발달은 태내기와 마찬가지로 영아기 동안에도 매우 빠른 속도로 진행된다. 출생 시 뇌 무게는 성인의 1/4 정도인 300~400g에 불과하지만 생후 6개월경에는 성인 뇌 무게의 50%가 되며, 생후 2년에는 약 75%에 이른다. 그러므로 이 시기 동안 충분한 영양을 뇌에 공급할 수 있도록 하고, 적절한 자극을 주는 것이 필요하다. 만약 충분한 영향을 제공받지 못한 경우, 뇌의 신경세포 수나 크기, 구조의 형성에 부정적인 영향이 가게 되며, 발달장애나 뇌 손상을 초래할 수 있다. 또한 환경에서 풍부한 자극을 제공받아야 뇌의 발달이 더욱 정교해질 수 있다(심성경 외, 2010).

영아기 동안 감각의 발달도 빠르게 진행된다. 신생아는 시각이 발달되지 않은 상태에서 태어나는데 생후 1~2주가 지나면 물체에 시선을 고정시킬 수 있게 되고, 6주경에는 물체를 따라 눈을 움직이며, 2~3개월이 되면 색채를 구별할 수 있게 된다. 시각과 달리 청각은 출생 전부터 이미 발달되어 있는데, 출생 후에는 보다 더 다양한 소리에 반응하며, 생후 3개월이 되면 음소를 구별하고, 4~6개월이면 소리나는 방향을 알 수 있게 된다(이근홍, 2006).

2) 운동

영아기 동안에는 대근육을 이용한 이행운동이나 소근육을 이용한 협응운동 기술이 점차 발달되어 자신과 주변 대상을 움직이고 조작하는 능력을 갖추게 된다. 대근육 발달이란 큰 근육을 사용해 움직이는 것을 말하는데, 여기에는 걷기, 달리기, 뛰기, 공 던지기, 계단 오르내리기 등이 포함된다. 대근육의 발달은 영아기를 거치는 동안 비약적으로 이루어지는데, 먼저 머리와 목을 가누는 것으로 시작하여 팔과 복부를 움직일 수 있게 되며, 그 다음에 다리근육을 사용하여 걸을 수 있게 된다. 처음에는 자기 신체를 통제할 능력이 전혀 없던 신생아가 영아기 동안의 대근육 발달을 통해 점차 목을 가누고, 앉고, 기고, 서고, 걷고, 달릴 수 있는 존재로 변모해 가는 것이다.

한편, 소근육 발달은 주로 손, 손가락, 팔 등의 움직임과 관련된다. 즉,

물체를 쥐고, 그림을 그리고, 글씨를 쓰는 능력이 모두 소근육의 발달을 통해 가능해진다. 소근육이 발달되기 전 영아는 물체를 잡지 못하며, 잡더라도 금방 놓쳐 버린다. 그러나 소근육 발달이 진행되면서 처음에는 손 전체 또는 손바닥을 이용해 물건을 잡다가 10개월 정도가 되면 엄지와 검지만을 사용해 작은 물건을 잡을 수 있게 된다. 새로운 능력을 습득하게 된 이 시기의 영아는 주변에 있는 물건을 집어 양육자에게 전달해 주는 활동을 즐겨 하는데 이는 소근육 발달을 더욱 촉진시킨다. 영아기가 끝나는 시점에 이르면, 영아는 비록 흘리기는 하지만 숟가락을 이용해 혼자서 밥을 먹을 수 있을 정도가 된다. 그러나 그림 그리기와 같이 보다 높은 협응 기술이 필요한 활동을 하기에는 아직 미숙하다. 따라서 영아기 동안에는 형태가 없는 점이나 선 등 낙서 수준의 그림 그리기에 머문다(심성경 외, 2010).

영아기의 대근육 및 소근육 발달에 의한 운동 기술의 발달은 〈표 9-1〉의 발달 이정표에 따라 순차적으로 진행된다. 그러나 발달 이정표는 특정 행동 능력을 언제 습득하는지를 예측할 수 있게 해주는 것일 뿐, 실제 습득 시기는 개인별로 차이가 크다. 따라서 평균적인 성취 연령보다는 습득 시기의 편차를 보여 주는 성취 연령의 범위가 실질적으로 더 의미가 있다.

〈표 9-1〉 발달 이정표: 영아기 운동 발달

운동 기술	평균 성취 연령	성취 연령의 범위
똑바로 안아주면 고개를 가눈다.	6주	3주~4개월
엎드렸을 때 팔로 지탱하여 가슴을 든다.	2개월	3주~4개월
옆으로 누운 자세에서 바로 누운 자세로 구른다.	2개월	3주~5개월
팔을 뻗어 입방체(예, 주사위)를 움켜쥔다.	3개월 3주	2~7개월
바로 누운 자세에서 옆으로 구른다.	4개월 반	2~7개월
혼자서 앉는다.	7개월	5~9개월
무릎으로 긴다.	7개월	5~11개월
붙잡고 선다.	8개월	5~12개월

짝짜꿍 놀이를 한다.	9개월 3주	7~15개월
혼자 선다.	11개월	9~16개월
혼자 걷는다.	11개월 3주	9~17개월
입방체(예, 나무토막) 두 개를 쌓는다.	11개월 3주	10~19개월
활발하게 낙서한다.	14개월	10~21개월
도움을 받아 계단을 올라간다.	16개월	12~23개월
제자리에서 뛴다.	23개월 2주	17~30개월
발가락으로 걷는다.	25개월	16~30개월

출처: 이옥경 외 역(2009a), p. 172.

2. 인지 및 언어 발달

1) 인지

인지란 인간의 정신적, 지적 능력을 의미하는 개념으로, 사고하고, 기억하고, 추론하고, 문제를 해결하고, 창조하는 모든 정신활동을 포함한다(심성경 외, 2010). 인지 발달은 정해진 단계에 따라 순서대로 거쳐 가며, 각각의 단계는 이전 단계와 질적으로 다르다. 영아기 인지 발달의 주된 특성을 살펴보면 다음과 같다.

(1) 감각운동적 지능

피아제에 따르면 영아기 인지 발달의 기본적 기제는 감각운동이다. 이 단계는 반사행동들이 점차 목적 지향적인 행동으로 변화하는 것을 특징으로 한다. 예를 들어 생득적인 반사행동으로 엄마 젖을 빨게 된 영아는 이 경험을 통해 빨기라는 행동이 자기가 원하는 결과(젖)를 가져올 수 있다는 것을 알게 되고, 점차 젖을 먹으려는 목적을 달성하기 위하여 빨기 반사를 사용하게 된다. 또한 영아는 주변 대상들의 독특한 속성을 파악하기 위해 본능적 반사행동을 변형시켜 나가며, 이 본능적 반사행동을 주위 세계를 탐색하기 위해 사용한다.

(2) 대상영속성

영아기 인지 발달에서 중요한 과제는 대상영속성(object permanence)의 획득이다. 대상영속성이란 '어떤 사물이 우리의 바람이나 생각과는 관계 없이 독립적으로 존재한다.'는 것을 의미하는 개념인데, 이 개념을 획득하지 못한 영아는 장난감이 눈 앞에 보이지 않으면, 그것이 존재하지 않는다고 생각하고 더 이상 찾지 않는다. 그러나 눈 앞에서 사라졌어도 그 대상은 없어진 것이 아니라 어딘가에 존재한다는 대상영속성을 이해하게 되면 영아들은 숨겨놓은 장난감을 찾으려고 시도한다. 생후 4개월까지는 아직 대상영속성의 개념이 발달되어 있지 않지만 7~8개월이 된 영아는 대상영속성의 개념을 이해하기 시작하며, 12개월 정도에는 어떤 장소에 물건을 숨기는 것을 보았을 경우, 그 숨겨진 물건을 다시 찾아낼 수 있다. 또한 12개월에서 18개월 정도에는 여러 번 옮기면서 숨겨둔 물건도 그 물건의 이동 과정을 지켜본 경우에는 그 경로를 추적하여 찾아낼 수 있게 된다. 뿐만 아니라 대상영속성의 개념을 이해하게 되면서 영아는 비로소 주 양육자가 잠시 자리를 비우더라도 크게 동요하지 않으며, 곧 다시 나타날 것이라는 믿음을 가질 수 있게 된다.

(3) 상징의 사용

피아제의 인지발달단계에 따르면 영아기가 끝날 무렵의 인지 발달은 상징적 표상기라고 불린다. 이 단계는 상징을 사용하는 것이 특징인데, 예를 들어 엄마가 준 음식이 싫을 때 싫다는 표시로 손을 흔들거나 고개를 가로

젓는 것, 목이 마를 때 손으로 물 마시는 흉내를 내는 것 등은 영아들이 상징을 사용한다는 것을 보여 주며, 실제로 해보지 않더라도 그 행동의 결과를 정신적으로 표상할 수 있다는 것을 의미한다.

또한 상상놀이의 등장은 영아들이 상징을 사용할 수 있다는 것을 보여 주는 예가 된다. 상상놀이는 보이지 않는 대상을 표상하거나 실제와 다르게 표현하는 놀이로 언어와 함께 상징의 대표적인 표현매체라고 할 수 있다(이영 외, 2009). 상상놀이는 아동기 초기에 보다 정교하게 발달하지만 영아기에는 초보적인 상상놀이가 등장한다.

(4) 지연모방

지연모방(deferred imitation)이란 어떤 행동을 목격한 후, 그 자리에서 바로 따라하는 것이 아니라 일정한 시간이 지난 후에 그 행동을 재현하는 것을 말한다. 성인의 얼굴 표정을 관찰했다가 나중에 유사한 표정을 짓는 지연모방은 영아기 초반에도 가능하다. 그러나 보다 복잡한 일련의 행동을 지연모방하는 것은 영아기 후반에 가능해지는데, 예를 들어 엄마가 화장대에서 화장을 하는 모습을 보거나 빨래 개는 모습을 지켜 본 영아기 아동이 며칠 후 엄마가 한 행동을 그대로 따라하는 것을 볼 수 있다. 이 같은 지연모방을 하기 위해서는 관찰한 일련의 행동을 순차적으로 기억해 두었다가 이를 재현해야 한다. 따라서 정신적 표상을 할 수 있는 능력과 그것을 정확하게 표현할 수 있는 능력이 뒷받침되어야 한다.

〈표 9-2〉 영아기 인지 발달

연령	주요 발달 내용
출생~6개월	성인의 얼굴 표정을 즉각적으로 모방하거나 지연모방한다. 얼굴이나 얼굴을 닮은 시각 자극을 선호한다. 흥미로운 결과를 가져오는 우연 행동을 반복한다. 사람, 장소, 물건에 대한 재인[2] 기억이 증진된다.

	의도적이거나 목표 지향적인 행동을 하기 시작한다.
7~12개월	한 장소에 숨겨진 물체를 찾을 수 있다.
	성인이 물체를 가지고 했던 행동을 지연모방한다.
	사람, 장소, 물체에 대한 회상[3] 기억이 증진된다.
13~18개월	새로운 방식으로 물체를 가지고 놀면서 물체의 속성을 탐색한다.
	숨겨진 물체를 찾기 위해 몇 개의 장소를 뒤진다.
19~24개월	보이지 않을 때 다른 곳에 숨겨둔 물체를 찾는다.
	간단한 행동을 사용하여 상상놀이를 한다.
	주의집중 시간이 길어진다.
	회상 기억이 더욱 증진된다.

출처: 이옥경 외 역(2009a) p. 270에서 발췌.

2) 언어

언어란 음성이나 문자를 통해 생각과 감정을 표현하는 의사소통의 수단이며, 사회적 존재로서의 인간이 반드시 갖추어야 할 필수 조건이다. 따라서 급속한 언어 발달이 이루어지는 영아기에 언어 학습은 매우 주요한 발달과업이 된다. 언어 발달의 기초는 울음이나 목울림, 옹알이를 통해 형성된다. 신생아는 출생 직후 울음을 터뜨리는데 이것이 인간의 생애 첫 발성이다. 신생아의 첫 울음은 숨을 내쉼으로써 일어나는 반사적 반응이지만 이것은 곧 자신의 욕구와 의사를 표현하는 유일한 방법이 된다.

1~2개월경 영아들은 '아아~ 우우~' 등의 모음으로 구성된 목울림 소리를 내기 시작하고, 이것은 점차 옹알이로 바뀌어서 4~6개월 즈음에는 '바바~' '마마~'와 같이 자음들이 더해진 옹알이로 발전한다. 영아는 옹

---

2) 재인(recognition)은 어떤 자극이 이전에 경험한 것과 동일하거나 유사하다는 것을 알아차리는 것을 말한다.

3) 회상(recall)은 과거 경험한 것을 기억 속에서 끄집어 내는 것으로, 현재에는 있지 않은 무언가를 기억해 내야 하므로 재인보다 좀 더 어렵다.

알이를 통해 모국어의 음소를 획득하게 되므로 생애 초기의 발성은 언어 발달의 기초가 된다. 따라서 주 양육자는 영아에게 소리 내어 말해 주고, 영아의 옹알이에 대해 성의 있게 반응해 주면서 언어 발달을 위한 자극을 제공해야 한다. 8개월에서 12개월 사이의 영아들은 주변 사람들의 말소리를 의식적으로 모방하기 시작한다. 그러나 그 말의 의미를 알고 따라하는 것은 아니며, 이는 메아리처럼 소리만 모방하는 '반향어'라 할 수 있다. 그러나 점차 몇몇 단어들을 이해하기 시작하면서, 12개월에는 처음으로 단어를 발화한다.

만 1세가 지나면서 영아가 사용하는 단어의 수는 점차 증가한다. 특히 18개월에서 24개월 사이에는 어휘 획득 속도가 놀라울 정도로 빨라져 영아기가 끝날 무렵 약 300개 이상의 어휘를 사용할 수 있게 된다. 언어학자들은 이 시기를 '폭발적인 언어팽창기(naming explosion)'라고 부르기도 한다. 어휘의 확장과 더불어 만 2세 무렵에 이르면 영아는 두 단어들을 결합시켜 표현할 수 있게 된다. 예를 들면 '엄마 자' '아빠 응가' '과자 더'와 같은 것인데, 이것은 마치 중요한 단어만 남겨두고 상대적으로 덜 중요한 것은 생략하는 전보 형태와 같다고 해서 '전보식 언어'라고도 부른다(장휘숙, 1999). 이렇게 전보 형식의 두 단어 발화가 시작되면 2~3개월 후에는 세 단어를 조합하여 말할 수 있게 된다.

영아기가 마무리되고 다음 단계인 아동기로 넘어가는 시기 전후에 영아들은 '싫어' '내꺼야'와 같이 독립적이고 저항적인 언어들을 사용한다. 이는 '예' 혹은 '네 것'보다 더 먼저 그리고 더 자주 등장하는데, 처음 나타나는 이와 같은 저항적 표현들은 부모나 양육자의 인내심을 시험하는 하나의 도전이 되기도 하지만 다른 한편으로는 독립적인 생각과 행동을 실험할 수 있게 하는 수단이 되기도 한다.

〈표 9-3〉 영아기 언어 발달

연령	발달적 특징
2개월 무렵	모음으로 구성된 듣기 좋은 목울림 소리를 낸다.
4개월 무렵	목울림 소리에 자음을 더하고 음절들을 반복하면서 옹알이를 한다. 이름을 부르면 고개를 돌린다.
8~12개월	몇몇 단어들을 이해한다. 주변의 익숙한 사물의 이름을 인지한다. '안 돼'와 같은 간단한 지시어를 이해한다. 익숙한 소리가 들리면 머리나 상반신을 돌려 반응한다. 타인도 알아들을 수 있는 첫 단어를 사용한다.
18~24개월	아주 짧은 이야기를 즐겨 듣는다. 익숙한 사물이나 대상을 그림책에서 찾아보기를 즐긴다. 운율을 띤 노래를 들려줄 때 함께 재잘거린다. 두 개의 단어를 결합해 사용하는 두 단어 시기가 시작된다.

출처: 이영 외(2009), p. 205-206에서 발췌 및 수정.

언어를 사용한다는 것은 언어라는 상징체계를 사용할 수 있는 인지 능력의 발달을 의미하는 것임과 동시에 자기를 표현하고자 하는 욕구 그리고 외부와 소통하고자 하는 욕구의 반영이라 할 수 있다. 또한 언어를 사용한다는 것은 외부 세계에 대한 이해를 의미하는 것이기도 하다. 따라서 언어 발달은 단순히 인지적 측면의 발달만이 아니라 정서나 사회 등 다른 여러 차원의 성숙과 발달이 함께 이루어질 때 가능하다. 만약 어떤 영아가 전혀 반항을 보이지 않는다거나 혹은 반대로 반항적 행동을 영원히 지속한다면 이는 정서 및 사회 발달에 문제가 있는 것을 의미하는 것일 수도 있다 (Parrish, 2010).

3. 정서 및 사회적 발달

1) 정서

영아기는 주변에 대해 반응하는 능력, 표현과 움직임을 모방하는 능력과 함께 정서 발달이 시작되는 중요한 시기다. 대개 생후 8~9개월까지 영아는 기쁨, 분노, 슬픔, 공포 등의 기초적인 정서를 다 느낄 수 있게 된다. 자신의 기쁨과 슬픔을 얼굴 표정으로 표현할 수 있게 되며, 자기가 좋아하는 장난감을 빼앗기거나 자신이 의도했던 목적 지향적인 행동을 저지당하면 화를 낸다. 또한 혼자 있거나, 어두움, 큰 소리, 갑작스런 움직임을 느낄 때 공포를 경험하기도 한다. 이 가운데서도 공포는 주 양육자와의 관계형성에 도움을 주는데, 예를 들어 놀라거나 두려움을 느끼게 되면 주 양육자가 자신을 보호해 준다는 것을 알게 되고 신뢰하게 됨으로써 궁극적으로는 주 양육자와 애착관계를 형성하는 데 기여한다.

생후 1년이 지나면 쾌감과 불쾌감을 구분하면서 보다 뚜렷한 정서적 반응을 보인다. 예를 들어 뭔가를 발견했거나 혹은 새로운 행동을 시도해서 이를 성취했을 때 기쁨과 흥분을 표현한다. 또한 다른 사람을 발로 차거나 놀리는 것, 도망치거나 우는 등의 저항을 표현하기도 하며, 반대로 다른 사람에게 달려가 미소 짓고 입 맞추고 껴안아 주는 애정 표시 능력도 발달된다(Parrish, 2010).

영아기에는 정서를 표현하는 능력뿐 아니라 다른 사람의 정서표현을 구별하여 각각 다르게 반응할 수 있는 능력 역시 발달하기 시작한다. 정서를 이해한다는 것은 정서상태의 변화와 정서를 유발시키는 상황 그리고 그 상황에 대한 정서적 반응을 이해하는 것을 말한다. 그러므로 정서를 이해하는 능력이 발달된다는 것은 그만큼 대인관계에서 상대방의 행동을 예측할 수 있고 그에 따라 적절하게 대처할 수 있게 된다는 것을 뜻한다. 대개 생후 6~7개월부터 다른 사람의 정서를 인식할 수 있는데, 이 시기의 영아는 미소 짓는 얼굴과 찡그린 얼굴을 구분할 줄 알며, 점차로 웃음소리나 화난 목소리와 같이 정서를 표현하는 청각 정보를 얼굴 표정과 연결지어 식별할 수 있게 된다. 이처럼 시각과 청각의 통합적인 정서표현을 이해하는 능력이 발달하면서 영아는 점차 부모나 양육자에 의해 제공되는 사회적 신호나 외부 환경으로부터의 자극에 의해 많은 영향을 받는다. 8~10개월 된 영아는 낯선 상황에서 어머니의 얼굴 표정 등을 단서로 그 상황이 안전한지 위험한지를 해석해 내고 그것을 참조로 자신의 행동을 조절한다. 이처럼 새로운 상황이나 불확실한 상황에서 그 상황에 대한 정보를 얻기 위해 부모 등의 성인을 바라보는 것을 '사회적 참조(social reference)'라고 한다.

사실 영아기의 정서 및 인지 발달 전반에 주 양육자가 미치는 영향은 매우 커서, 지속성과 일관성을 가지고 아이의 욕구에 민감하게 반응할 뿐 아니라 적절한 자극을 제공하고 보호해야 한다. 만약 엄마가 아이를 심리적으로 거부하거나 혹은 주 양육자가 장기간 부재할 경우는 여러 가지 문제가 나타날 가능성이 매우 높다. 샤퍼(Schaffer, 1996)에 따르면, 생후 6개월에서 12개월 사이에 주 양육자로부터 장기간 분리되어 있을 경우, 성인기가 되어 우울증을 앓게 될 위험이 높아진다. 또한 시설에서 집단적으로 자라는 아동에 대한 최근 연구(Sadock & Sadock, 2007)에 의하면, 직원 수가 불충분하고 잦은 이동이 있는 시설에서 발달지체를 보이던 아동들이 지속적인 돌봄과 영양을 공급받을 수 있는 시설로 옮겨 오자 눈에 띄게 발달 수준을 따라잡는 현상이 관찰되었다. 그만큼 영아기에 제공되는 돌봄의 질은 아동의 신체 및 심리적 발달에 매우 중요한 요소가 된다.

2) 사회적 발달의 기초: 애착

일상적으로 사용하는 애착이라는 말은 대상에 관계없이 어떤 두 사람 사이의 관계에서 서로에 대해 정서적으로 강한 유대감을 느끼는 것을 의미한다. 그러나 발달심리학에서 말하는 애착은 영아기 동안 영아와 한 명 이상의 성인 양육자 사이에 형성되는 강한 정서적 유대감을 지칭하는 의미로 쓰인다(이영 외, 2009). 생애 초기에 영아는 자신의 요구에 반응해 주는 친숙한 사람에게 애착을 형성하게 된다. 그 사람과 함께 있을 때 영아는 즐거움을 느끼며, 반대로 스트레스 상황에서는 그 사람이 가까이에 있음으로 인해 위안을 얻게 되는데, 이 시기에 형성된 애착관계의 질은 이후 사회적 관계의 기초가 된다.

(1) 애착 형성 단계

볼비에 의해 최초로 개념화되고, 에인스워스와 그 동료들에 의해 정교화된 애착이론에 따르면, 영아기 애착의 발달은 다음과 같은 네 단계를 거쳐 진행된다(Ainsworth, 1973).

- 1단계인 '애착 전 단계'는 출생에서 6주까지에 해당한다. 잡기, 미소 짓기, 울기, 성인의 눈을 응시하기 등의 타고난 신호 체계들은 영아가 주 양육자와 친밀한 접촉을 하도록 돕는다. 이 때 이미 영아는 주 양육자의 냄새와 목소리, 얼굴을 인식한다. 그러나 낯선 사람과 남겨지는 것에 대해 개의치 않기 때문에 아직 주 양육자에게 애착되어 있는 것은 아니다.
- 2단계인 '애착 형성 단계'는 6주부터 6~8개월까지의 시기다. 이 시기 동안 영아는 주 양육자와 낯선 사람에 대해 서로 다른 반응을 보인

다. 예를 들어 주 양육자와 있을 때 영아는 더 많이 웃고 옹알거린다. 자신의 행위가 주변 사람들의 행동에 영향을 준다는 것을 배우게 되면서 아기들은 신호를 보냈을 때 양육자가 반응할 것이라는 기대, 즉, 신뢰감을 발달시키기 시작한다. 그러나 아직까지는 양육자와의 분리에 저항하지 않는다.

• 3단계는 '명백한 애착 단계'로서 6~8개월부터 18개월경까지가 해당된다. 이 단계에서는 주 양육자와의 애착이 분명해져서, 자신을 홀로 남겨두고 주 양육자가 떠날 때 동요를 보이는 '분리불안'이 나타난다. 이 시기 영아는 주 양육자를 안전기지로 삼아 주변 환경을 탐색하기 시작한다. 따라서 영아는 주 양육자를 자기 곁에 붙잡아 두려고 필사적으로 노력하며, 떠날 때는 저항을 보인다. 영아의 기질과 상황에 따라 다르기는 하지만 대부분 6~15개월 사이에 분리불안이 증가한다.

• 4단계는 '호혜적 관계 형성 단계'로서 18개월부터 2세를 전후한 시기다. 이 시기에는 인지와 언어 능력이 발달하면서 주 양육자가 자리를 비워야 하는 이유를 설명해 주면 이해할 수 있고 언제 돌아올지도 예측할 수 있게 되어 분리불안이 서서히 없어진다. 따라서 주 양육자의 부재를 보다 더 잘 견디게 되며, 애착의 대상이 주 양육자로만 국한되지 않고 자주 만나는 다른 사람으로 확대된다.

(2) 낯가림과 분리불안[4]

생후 6개월에서 8개월 무렵에 두드러지는 낯가림은 낯선 사람에 대한 공포라고 할 수 있다. 낯가림은 애착이 최고조에 이르는 12개월경에 가장 심

---

4) 낯을 가릴 수 있는 정도의 인지 발달이 이루어져야 비로소 분리불안이 가능하게 된다. 따라서 낯가림과 분리불안은 서로 관련되어 있다고 볼 수 있지만 동일한 것이 아니다.

하게 나타나다가 서서히 감소한다. 낯가림의 전형적인 반응 양상은 울거나 주 양육자에게 매달리는 것인데 만약 영아가 여러 사람들과 접촉 없이 오직 한 사람의 양육자에게만 익숙해 있는 경우는 낯가림이 더욱 심하게 나타난다. 낯가림은 낯선 사람 자체에 대한 호·불호가 아니라 낯선 사람의 얼굴이 친숙한 주 양육자의 얼굴과 일치하지 않는 것에 대해 영아가 보이는 정서적 반응이다. 따라서 낯가림을 한다는 것은 변별할 수 있는 인지 능력이 있다는 것이고, 이는 주 양육자에 대한 애착이 형성되는 중임을 의미한다.

낯선 사람의 접근에 대한 반응인 낯가림과 달리 분리불안은 친숙한 사람과의 분리에 대한 불안 반응이다. 영아는 부모나 애착대상과 헤어질 때 불안해하고 당황하여 얼굴을 찌푸리거나 우는 행동을 보이면서 애착대상과 떨어지려고 하지 않는다. 이러한 불안 반응은 8~9개월부터 나타나기 시작하여 15개월경에 최고조에 달하고 2세쯤에 사라진다. 일반적으로 안정 애착을 형성한 영아가 불안정 애착을 형성한 영아보다 분리불안 반응이 덜한 경향이 있다.

(3) 애착 관련 요인

영아가 양육자와 맺는 애착관계는 일련의 과정을 거쳐 진행되지만 그 관계의 질적 측면은 매우 다양하게 나타난다. 어떤 영아는 주 양육자가 애정과 지원을 제공할 것이라고 확신하는 안정성을 보이지만 또 어떤 영아는 주 양육자에 대해 불안이나 불확신을 나타내는 불안정 애착을 나타낸다. 이것은 일방적인 부모의 영향이라기보다는 영아의 특성과 양육자의 특성이 상호작용한 결과라고 볼 수 있다. 안정적인 애착을 형성하기 위해서는 영아의 기대와 요구가 양육자의 행동과 잘 결합되는 이른바 '적합성(goodness of fit)'[5]을 이루어야 한다. 만약 까다롭고 화를 잘 내는 영아가 융통성

---

5) 2장 '생태체계적 관점'을 참조하라.

이 적은 성격의 어머니에 의해 양육되었을 때는 적합성이 이루어지지 않아 불안정 애착을 형성할 가능성이 높지만, 반대로 융통성이 많은 어머니가 양육했을 경우에는 안정된 애착을 형성하는 경향이 있다. 그러므로 부모가 영아의 행동적 경향을 인지하여 그에 민감하게 효과적으로 대처하는 것이 영아와 안정 애착을 형성하는 것에 도움이 된다(이영 외, 2009).

영아기의 애착관계는 이후의 발달에 영향을 미치는데, 예를 들어 안정 애착을 형성한 영아는 자신을 긍정적으로 평가하고 타인과의 관계에서도 개방적이고 따뜻한 관계를 맺게 되나 불안정 애착을 형성하게 되면 자신을 부정적으로 인식하고 타인과의 관계에서도 신뢰와 수용을 학습하지 못해 불안정한 관계를 맺게 된다. 이는 영아가 어머니에게 갖는 정서적 유대가 이후의 관계에 대한 기초라고 주장한 프로이트의 입장과도 유사하다. 그러나 현대 연구들은 비록 영아와 부모 간의 유대의 질이 매우 중요하다는 데 동의하지만 그럼에도 불구하고 전 생애에 걸쳐 진행되는 인간 발달은 초기 애착 경험뿐 아니라 계속되는 부모-아동 관계의 질에 의해서도 영향을 받는다는 것을 지적하고 있다(김태련 외, 2004).

4. 영아기와 사회복지실천

1) 산후 우울증

자녀 출산 이후 부부의 생활은 굉장한 변화를 겪게 된다. 신생아의 수유와 수면 시간에 맞춰 식습관이나 수면 시간을 바꾸어야 할 뿐 아니라 여가 시간이나 성관계에 대한 욕구도 줄어든다. 또한 대부분의 산모들은 심리적 변화를 경험하게 된다. 출산 직후 며칠 또는 몇 주일 동안 왈칵 눈물이 쏟아진다거나 참을성이 없어지고, 불안해하거나 잦은 기분 변화가 나타난다. 이러한 증상을 '베이비 블루'라고 하는데, 대부분의 여성들이 산후에 겪는 정상적인 호르몬 변화의 과정이다. 그러나 시간이 지나도 사라지지 않고 계속되는 경우, 산후 우울증으로 진단받을 수 있는데, 약 10~20%의 산모들이 산후 우울증 판정 기준에 도달할 정도의 심각성과 지속성을 보인다. 정신질환은 아니지만, 산후 우울증이 있는 경우는 의기소침하고, 슬픔에 빠져 있거나 자살을 생각하며, 수면 장애를 경험한다. 임신 전에 우울증을 앓은 경험이 있는 경우 산후 우울증 발생 위험이 높아지며, 사회적 고립이나 남편과의 문제 등과 같은 스트레스 요인도 산후 우울증을 더욱 강하게 만든다(조흥식 외, 2010).

산모가 우울증을 겪으면 신생아를 돌보는 데 필요한 신체적, 정서적 기능을 제대로 수행할 수 없게 된다. 이 때 문제는 안정적인 모자관계 형성 능력이 손상된다는 것인데 산후 우울증을 앓은 산모의 자녀는 애착관계 형성에 문제를 보이며, 엄마와의 상호작용에서 반응 수준이 낮다. 또한 아이의 사회적 발달에도 영향이 나타나는데, 예를 들어 다른 아이들이 우호적으로 다가와도 이 아이들은 낮은 수준의 사회적 자신감을 나타내고, 소극적인 자세를 보인다(Sigelman & Rider, 2003). 사회복지사들이 만나게 되는 아동 중에 이런 문제를 보이는 경우가 많으며, 산후 우울증에 따른 영향을 잘 인식하고 있는 것이 사회복지 사정 기술의 중요한 요소가 된다고 할 수 있다.

2) 성장 부전

성장 부전(Failure to thrive)은 영아의 신체적 발육이 부진하여 운동성 및 사회성 발달에 지연을 초래하는 현상을 말하는 것으로, 사회복지사들이 관심을 기울여야 하는 문제 중의 하나다. 드물기는 하지만 지속적인 성장을 담보할 수 없을 정도로 체중이 미달된 상태에 있거나 체중의 증가 속도가 같은 나이와 성별의 영아보다 현저히 떨어지는 경우가 있다. 그 원인은 만성질환이나 장애로 발생되기도 하지만 질병과 무관하게 심리적, 환경적 요인으로 발생하기도 한다. 예를 들어 아버지의 갑작스런 실직과 음주로 인해 고통을 겪고 있는 어머니는 자녀의 심리적 욕구를 충족시킬 만한 에너지가 없다. 이런 환경에서 자라는 영아는 몸이 쇠약해지고 무기력하고 무감각해지는 성장 부전을 겪을 수 있다. 영아기에 나타나는 성장 부전은 주로 3개월과 12개월 사이에 가장 두드러지는데, 신체 조직상의 원인이 없는 성장 부전의 경우는 대개 부적절한 돌봄이나 방치에 기인한다. 산후 우울, 임신 기간 동안 모체의 영양결핍, 배우자와의 관계 문제, 주 양육자의 정신적 질환이나 약물남용 등과도 관련되어 있을 수 있다.

사회복지사는 성장 부전 및 발달 지연을 조기에 발견하고 그 원인에 따른 지원과 서비스를 제공함으로써 영아의 건강한 발달을 도울 수 있다. 특히 사회복지사가 접하는 저소득층 클라이언트들은 자녀에게 섬세한 주의를 기울일 충분한 여력이 없는 경우가 많으므로, 사회복지사는 그 자녀의 성장과 발달에 더욱 관심을 기울이고 문제가 발견되면 조기에 개입할 수 있도록 조치하는 것이 필요하다. 또한 주 양육자가 정서 및 심리적 문제를 겪고 있거나 미혼모인 경우, 영아의 양육과 보호에 소홀하거나 일관성이 부족할 수 있으며, 영아가 불안정한 애착을 형성할 수 있으므로 사회복지사는 이에 대한 교육과 상담 및 정보를 제공해야 한다(Ashford et al., 2001).

3) 자폐성 장애

자폐성 장애(Autism)란 사회적 상호작용과 의사소통에서 비정상적이거나 손상된 발달을 보이고, 제한된 관심과 행동 특성을 보이는 장애를 말한다. 일반적으로 자폐성 장애를 가진 영아는 개별적인 애착 행동들이 잘 발달되어 있지는 않고, 정형화되고 반복적인 행동을 수행하려는 경향이 강하며, 변화에 적대적일 수 있다. 또한 언어적, 비언어적 발달의 지체가 발견되기도 한다. 그러나 그 증상의 정도나 범주는 매우 다양하다. 사람들에 대한 관심은 적지만 그 외의 다른 발달 영역에서는 현저한 차이가 나지는 않는 경우도 있고, 심한 경우는 언어 발달이 전혀 이루어지지 않으며, 인지적 기술 또한 손상되어 있기도 하다.

자폐성 장애아 치료에는 사회적 이야기, 사회적 기술 중재 집단 등의 방법이 있다. 사회적 이야기(social stories)는 언어 능력에 문제가 없는 자폐성 장애아에게 무엇이, 어디서, 언제, 어떻게, 왜 일어나는지를 예측해 볼 수 있도록 이와 관련된 구체적 정보들을 제공하는 것이다. 사회적 기술 중재는 사회성 기술 훈련을 위한 치료집단으로, 자폐성 장애 스펙트럼에 있는 5~12명으로 구성된 집단을 치료자가 이끌어 간다. 실제 사회적 상황에서 다른 영유아나 성인들이 사용하는 사회적 기술을 동일하게 가르침으로써 보다 효과적으로 실제 상황에 적응할 수 있도록 훈련시킨다.

사회복지사는 무엇보다도 자폐성 장애를 조기에 발견하여 필요한 치료를 적기에 받을 수 있도록 돕는 것이 최선이다. 이를 위해 자폐에 관한 지식을 숙지하여 자폐성 장애를 가진 아동의 행동 특성을 이해할 수 있어야 한다. 또한 자폐성 장애 전문 치료기관에 의뢰하거나 관련 정보를 제공해 주는 것도 도움이 된다. 우리나라의 경우 자폐성 장애아 부모들이 회원으로 가입해 있는 단체로는 사단법인 한국자폐인사랑협회(www.autismkorea. kr)가 있다.

4) 분리불안 장애

집이나 혹은 애착대상으로부터 분리되는 것에 대해 과도한 불안을 보이는 증상을 분리불안 장애라고 한다. 18~24개월에 나타나는 분리불안은 발달상 정상적인 것이므로 염려하지 않아도 되지만 그 이후에도 애착대상과 분리되는 것에 심하게 불안해하면 주의를 기울여야 한다. 특히 4주 이상 과도한 불안이 지속되는 경우는 분리불안 장애를 의심해 볼 수 있다.

분리불안은 주로 집이나 애착대상과 분리되거나 혹은 분리가 예상될 때 나타난다. 예를 들면 애착대상과 떨어져 있을 때 잠자기를 거부하거나 분리와 관련된 내용으로 반복적인 악몽을 꾼다. 또한 애착대상과의 분리가 예상될 때 두통이나 복통, 구토 등 반복적인 신체 증상을 호소한다. 이와 같은 분리불안 장애는 불안정한 애착 형성 때문이기도 하며, 부적절한 가족관계 속에서 성장하게 될 경우 나타나는 것으로도 알려져 있다(오은아, 1998). 따라서 분리불안 장애를 보이는 경우, 부모-자녀 관계와 함께 가족환경에 대한 고려가 반드시 필요하다.

Chapter 10   아동기

아동기는 영아기와 청소년기 사이의 시기를 말한다. 연령으로는 만 2세부터 12세까지에 해당하는데, 만 2세부터 6세까지를 초기 아동기, 만 6세부터 12세까지를 중기 아동기라고 한다. 초기 아동기는 학자들에 따라 유아기라고 이름 붙이기도 하며, 초등학교 입학 시기 전까지를 의미하므로 학령전기라고도 한다. 또한 중기 아동기는 초등학교에 해당하는 시기이므로 학령기라고 한다.

1. 초기 아동기: 2~6세

만 2세부터 6세에 해당하는 초기 아동기는 여러 면에서 상당한 발달이 이루어질 뿐만 아니라 이미 발달된 부분들이 더욱 정교화된다. 신체 성장의 속도는 조금 완화되지만 언어와 인지 발달이 급속하게 이루어진다. 또한 부모나 가족으로 한정되었던 대인관계가 또래 및 타인과의 관계로 확대되고, 사회적 가치관과 규범을 습득하기 시작하는 시기이기도 하다. 모방성이 강한 동시에 반항과 고집 그리고 자기 주장이 나타나면서 개성을 형성하는 중요한 시기라 할 수 있다.

1) 신체 및 운동 발달

영아기와 비교할 때 초기 아동의 성장세는 한결 둔화되지만 매년 일정한 속도로 꾸준히 성장한다. 대한소아과학회(2007)에 따르면, 이 시기 동안 신장은 매년 6~7cm 정도 자라며, 체중은 매년 2kg씩 증가하는데, 평균적으로 남아들이 여아들보다 1cm 남짓 더 크며, 무게도 조금 더 나간다. 뼈의 수도 늘어나면서 골단이라고 불리는 성장판들이 여러 군데 새로 생겨나는데, 아동의 신체 성장 정도를 진단할 때 이 골단들을 촬영하여 골 성숙도를 측정하기도 한다.

늦어도 34개월까지는 20개의 유치가 모두 나온다. 유치는 영구치의 건강에 영향을 줄 수 있기 때문에 초기 아동기 동안의 유치 관리는 매우 중요하다. 한 연구(Shenkin et al., 2004)에 따르면, 흡연자와 함께 거주하는 아동은 충치의 발생 확률이 다른 아동에 비해 3배나 높은 것으로 나타났는데, 이는 담배 연기가 아동의 면역 기능을 방해하기 때문이다.

뇌의 무게는 초기 아동기 동안 어른의 70~90% 가량까지 증가한다. 뇌의 발달은 생후 3년까지가 특별히 중요하며, 5세까지는 뇌의 기능들이 점차 전문화된다. 예를 들어 6세까지는 좌뇌의 발달과 함께 아동의 어휘가 확장되고 좀 더 분석적으로 사고하기 시작하며, 우뇌에서 정서적 표현이나 시각적, 공간적 기술들이 확충된다. 또한 행동을 계획하고 조직하는 것에 관여하는 전두엽 영역이 3~6세 사이에 급격히 증가한다(Parrish, 2010).

　초기 아동기는 운동 기술의 발달이 가장 두드러지는 시기로, 영아기에 습득한 단순 운동들이 복잡하고 역동적인 체계로 통합되어 나간다. 머리의 무게가 상대적으로 줄면서 균형감각이 증진되고, 발로 서서 버티는 힘도 더욱 강해지면서 아동들은 팔과 다리, 몸통을 사용한 여러 가지 운동 기술을 시도한다. 또한 손과 손가락의 조절 능력 역시 발달하면서 스스로 할 수

〈표 10-1〉 초기 아동기의 운동 기술 발달

연령	대근육 운동 기술	소근육 운동 기술
2~3세	이전보다 더 리듬감 있게 걷는다. 허둥대는 걸음이 달리기로 변한다. 두 발로 뛴다. 상체를 고정시킨 상태로 던지고 받는다.	간단한 옷을 입고 벗는다. 큰 지퍼를 내리거나 올린다. 숟가락을 잘 사용한다.
3~4세	양발을 교대로 계단을 오르며, 내려올 때는 한 발만 내딛는다. 상체를 굽혔다 펴면서 두 발 또는 한 발로 뛴다. 여전히 가슴을 이용하여 공을 잡지만, 상체를 약간 활용해서 공을 던지고 받는다. 세발 자전거의 페달을 밟으며 운전한다.	큰 단추를 채우고 푼다. 혼자 음식을 먹는다. 가위를 사용한다. 직선과 원을 따라 그린다.
4~5세	양발을 교대로 계단을 오르고 내려온다. 더욱 부드럽게 달린다. 한 발로 뛴다. 손으로 공을 잡으며, 몸을 돌리고 무게중심을 옮기면서 공을 던진다. 세발 자전거를 부드럽고 빠르게 운전한다.	줄에 맞춰 가위질을 한다. 삼각형, 십자가 그리고 몇몇 글자를 따라 그린다.
5~6세	달리는 속도가 빨라지며 안정된다. 한 발로 뛰는 것도 보다 부드럽고 안정적이 된다. 완숙한 던지기와 잡기 양식이 나타난다. 보조바퀴가 달린 두발 자전거를 탄다.	부드러운 음식을 자르기 위해 칼을 사용한다. 신발을 혼자 신고 벗는다. 팔과 다리가 달린 사람을 그리며, 숫자와 글자를 따라 쓴다.

출처: 이옥경 외 역(2009a), p. 286에서 발췌 및 수정.

있는 일들이 많아진다. 〈표 10-1〉은 2세부터 6세까지의 운동 기술의 발달을 대근육과 소근육 운동으로 나누어 정리한 것이다.

2) 심리 발달

(1) 인지 및 언어

피아제에 따르면 초기 아동기는 전조작기에 해당한다. 비가역성이나 물활론적 사고, 자기중심성은 전조작적 사고의 특성이지만 그중에서 가장 큰 인지적 특성은 사물과 사건을 언어, 몸짓, 그림 등과 같은 상징을 써서 표현한다는 것에 있다. 이것은 정신적 표상이 가능하게 된다는 것을 의미한다. 놀이에서도 다양한 상징을 활용하는데, 예를 들면 이 시기 아동들은 카펫의 가장자리를 장난감 자동차가 지나가는 자동차 길로, 높이 쌓여진 블록을 로켓이라 하고 나름의 이야기를 꾸미며 논다. 또한 어떤 상황을 설정함으로써 즉각적인 충동에 따르기보다 내적인 관념과 사회적 규칙에 따르는 것을 배운다. 예를 들어 자신을 엄마로, 인형을 아이로 가장하고, 잠 자러 가는 상황을 설정한 아동은 평소에 자신에게 적용되는 잠자리 행동 규칙을 인형에게도 적용한다. 비고츠키(Vygotsky, 1978)는 이 같은 상징놀이가 인지 발달을 촉진시키는 매우 이상적인 사회적 맥락을 제공한다고 보았다.

초기 아동기에는 타인의 말을 이해하는 능력이 크게 증가하고, 사용하는 어휘 수와 문장의 길이도 길어진다. 2세 이후부터는 습득한 어휘 수가 많아지며, 3~4세가 되면 서너 개의 단어를 연결할 수 있기 때문에 기본적인 문장을 만들 수 있다. 또한 5~6세에는 이보다 더 긴 문장을 사용할 수 있게 된다(조흥식 외, 2010). 언어 발달은 인지 발달 및 사회성 발달과 병행되므로 보다 다양한 언어 학습의 기회가 초기 아동기 동안 제공되어야 하는데, 언어 발달에 영향을 미치는 요인으로는 성별, 지적 능력, 심신의 상태,

형제 및 가족원 수, 사회경제적 수준 등의 가정 환경과 교육 환경 등을 들수 있다(강문희 외, 2007).

　이 시기 아동들은 일상적인 활동 중에 마치 다른 사람과 대화하듯 자기자신에게 소리 내어 말하는 것을 종종 관찰할 수 있다. 예를 들어 색깔별로블록 쌓기를 하면서 이 시기의 아동은 "이제 파란색 차례야, 파란색이 다어디 갔지?"라고 스스로에게 말하면서 자신이 하는 활동에 집중한다. 피아제는 이와 같은 '사적 언어(private speech)'를 전조작기의 특성인 자기중심성에 기인한 것이라 보고, 이를 자기중심적 언어라고 주장하였다. 그러나 비고츠키는 사적 언어를 아동이 자신의 행동에 대해 생각하고 특정한행동 과정을 선택할 수 있도록 돕는 메커니즘으로 보았으며, 이를 언어적사고의 중요한 기초라고 여겼다(장휘숙, 1999). 경험적 연구들(Patrick & Abravanel, 2000; Winsler & Naglieri, 2003) 역시 비고츠키의 견해를 지지하는데, 과제가 어렵고 어떻게 해결해야 할지 혼란스러울 때 아동들은 이와 같은 사적 언어를 더 많이 사용하는 것으로 나타났다. 이는 사적 언어가전조작적 사고의 특징인 자기중심성 때문이라기보다는 아동이 자기 안내를 위해 스스로에게 말하는 자기지향적 언어임을 보여 주는 것이라 할 수있다. 연령이 증가하면서 사적 언어는 큰 소리에서 속삭임이나 소리 없이입술만 움직이는 것으로 변화하면서 결국 내적 언어로 내면화된다. 여기서'내적 언어'란 매일의 생활에서 사고하고 행동하는 동안 자기 자신과 나누는 대화라고 할 수 있다.

(2) 정서

　자신이 다른 사람과 구분되는 독립적인 존재라는 것에 대한 인식, 즉, 자기개념(self-concept)은 만 2세를 전후로 싹이 튼다. 타인보다 자신의 사진을 더 많이 들여다보고, 자신의 이름이나 자신을 지칭하는 '나'라는 대명사를 사용하기 시작한다. 3~5세 아동에게 자신을 설명하라고 하면 "나는 서윤이에요. 나는 뽀로로 인형이 있어요. 나는 혼자 밥 먹을 수 있어요." 등과 같이 자신의 이름, 신체적 특징, 소유물 그리고 일상적인 행동 등 관찰 가능한 특징들에 대해 이야기한다. 그러나 경우에 따라서는 "나는 아빠랑 놀 때가 제일 좋아요." "나는 깜깜한 게 싫어요."처럼 정서나 태도의 측면에서 자신을 묘사하기도 하는데, 이것은 심리적 특성에 대한 초보적 수준의 자기 이해가 시작되었음을 보여 준다(Eder & Mangelsdorf, 1997).

초기 아동기에는 자기개념의 한 측면인 자기존중감도 발달하기 시작한다. 자기존중감(self-esteem)은 "자신의 가치에 대한 판단 및 그 판단과 연합된 감정을 의미하며, 자기가치감과 동의어로 사용된다."(장휘숙, 1999: 174) 이 시기에는 자신의 소망과 실제 능력을 잘 구별할 수 없기 때문에 대개의 경우 자신을 매우 높게 평가하는 경향이 있다. 높은 자존감은 수많은 새로운 능력을 익혀야 할 이 시기에 아동의 주도성을 향상시키는 데 도움을 준다. 그러나 만약 자신의 가치와 수행에 대해 부모에게 많은 비난을 받은 아동일 경우, 높은 자존감을 형성하기 어려우며, 따라서 도전적인 상황에 직면했을 때 쉽게 포기해 버리고 실패 후에는 수치스러워 하고 낙담한다(이옥경 외 역, 2009a). 그러므로 초기 아동기에는 아동의 능력에 맞는 기대를 하고, 어려운 과제를 시도하는 아동을 지지해 주며, 향상된 아동의 기술과 노력에 주의를 기울여 주는 것이 중요하다.

초기 아동기에는 영아기의 기본적인 정서 경험에서 훨씬 더 나아가 상당히 분화된 정서를 체험한다. 자기개념이 발달하면서 자의식적 정서를 더 자주 경험하게 되는데, 자신이 한 일이나 작품에 만족하여 자부심을 느끼기도 하고, 창피하여 울음을 터뜨리기도 하며, 죄책감에 눈치를 살피기도 한다. 이와 함께 자신의 부정적 정서에 대처하는 것에도 유능해진다. 불쾌한 장면이나 시끄러운 소리를 차단하기 위해 눈과 귀를 막는다거나, 엄마

〈표 10-2〉 초기 아동기의 정서 발달

연령 구분	정서 발달의 주요 내용
2세	자기개념과 자기존중감이 발달하기 시작한다. 기본 정서의 원인, 결과, 행동적 표현을 이해한다. 공감을 할 수 있다.
3~4세	정서적 자기조절이 발달한다. 자의식적 정서를 더 자주 경험한다.
5~6세	다른 사람의 정서적 반응을 해석하고 예측하는 능력이 발달한다. 공감을 표현하기 위해 언어를 사용한다.

출처: 이옥경 외 역(2009a), p. 368에서 발췌 및 수정.

가 자리를 비워 초초한 상황에서 '엄마가 곧 온다고 했어.'라고 스스로에게 말을 하는 것 등은 자신의 정서를 조절하기 위한 하나의 전략이라고 볼 수 있다.

초기 아동기에는 이상과 같은 여러 가지 정서적 경험과 전략을 바탕으로 타인의 감정을 해석하고 예측할 수 있으며, 그 감정을 변화시키기 위한 행동을 하기도 한다. 예를 들어 4~5세 정도의 아동은 만약 화가 난 친구가 있다면 그가 왜 화가 났는지 그 원인을 나름대로 정확하게 판단할 수 있을 뿐 아니라 화가 난 친구는 누군가를 때릴 수도 있다는 것을 안다. 또한 슬픔을 덜어 주기 위해 안아 주는 것과 같이 타인의 부정적인 감정을 완화시키는 방법도 생각해 낸다(Fabes et al., 1988).

3) 사회적 발달

(1) 놀이

초기 아동기를 '놀이기'라고 칭할 만큼 2세에서 6세 아동들은 다양한 놀이에 몰입하며, 이것을 통해 여러 가지 측면들이 자극을 받게 된다. 이 시

기 아동의 또래 사회성을 연구한 밀드레드 파튼(Parten, 1932; 장휘숙 1999에
서 재인용)은 아동의 연령이 높아질수록 상호작용 놀이에 참여하는 것이 증
가한다는 것을 발견하였다. 그에 따르면, 아동들은 초기에는 혼자 놀거나
다른 아이의 놀이를 단지 구경만 하는 비사회적 활동(nonsocial activity)을
한다. 그러다가 차츰 다른 아이 옆에서 유사한 물건이나 재료를 가지고 노
는 병렬놀이(parallel play)를 하는데, 이 때 서로의 존재를 인식하기는 하지
만 놀이 중에 서로에게 영향을 끼치지는 않는다. 보다 실질적인 사회적 상
호작용은 연합놀이와 협동놀이에서 이루어지는데, 연합놀이(associative
play)는 서로 비슷한 활동에 참여하면서, 서로 장난감을 주고받거나 다른
아동의 행동에 대해 의견을 말하는 수준의 상호작용 놀이이다. 이에 비해 협
동놀이(cooperative play)는 공동의 목표를 위한 상호작용이 더욱 확장된
형태인데, 소꿉놀이와 같이 가상의 주제를 정하여 자신의 놀이를 구성하
며, 주제에 맞는 역할을 정해 각자의 역할을 수행한다. 이상의 놀이유형은
일정한 수준의 인지, 언어, 사회적 발달을 기반으로 하기 때문에, 연합놀이
나 협동놀이는 비사회적 활동이나 병렬놀이에 비해 보다 나중에 출현한다.
그러나 새로운 유형의 놀이가 나타난다고 해서 이전 유형이 사라지는 것은
아니다. 협동놀이를 하지만 혼자 노는 시간도 갖는다. 따라서 초기 아동기
에는 여러 유형의 놀이가 공존하는데, 다만 연령에 따라 유형별 비중이 달
라진다.

　루빈과 동료들(Rubin et al., 1983)은 인지적 측면에 초점을 두어 초기 아
동기에 나타나는 놀이유형을 기능놀이, 구성놀이, 가장놀이로 구분하였다
(〈표 10-3〉 참조). 기능놀이는 방을 뛰어다니거나 차를 앞뒤로 굴리는 단
순하고 반복적인 움직임이 주를 이루는 놀이를 말한다. 구성놀이는 장난
감 블록으로 집을 만들거나 그림을 그리는 것처럼 무언가를 구성하고 창
조하는 놀이이며, 마지막으로 가장놀이는 일상 혹은 가상의 상황을 상정하

〈표 10-3〉 놀이 발달

놀이 범주	기술	예
기능놀이	물체를 가지고 혹은 물체 없이 하는 단순하고 반복적인 움직임이다. 생후 2년 사이에 빈번하다.	방을 뛰어다니기, 차를 앞뒤로 굴리기, 뭘 만들려는 의도 없이 점토를 주무르기
구성놀이	무언가를 구성하고 창조한다. 3~6세 사이에 빈번하다.	장난감 블록으로 집 만들기, 그림 그리기, 함께 퍼즐 맞추기
가장놀이	일상과 가상의 역할을 연출하며, 2~6세에 빈번하다.	선생님 놀이, 병원 놀이, 이야기책이나 TV의 등장인물 연기하기

출처: Rubin et al.(1933); 이옥경 외 역(2009a), p. 335에서 재인용.

고 이를 연출하는 것을 말한다.

　어떤 아동은 상상의 친구를 갖기도 하는데 이들은 일반적으로 평균지능 이상을 가진 아동인 경우가 많다. 대체로 3세에서 10세 사이에 나타나 12세 정도에는 사라진다. 상상의 친구가 아동에게 어떤 의미나 중요성을 갖는지는 아직 불명확하지만 대체로 긍정적이고 우호적인 존재로서 외로움을 줄여 준다거나 불안을 줄이는 데 도움이 되는 것으로 보인다(Sadock & Sadock, 2007).

(2) 도덕성

　초기 아동기에는 자신의 행동을 조절하고 유혹에 충동적으로 반응하는 것을 삼갈 줄 아는 자기통제력이 발달한다. 신체적 조절 능력이 생기는 영아기 때부터 이미 아동은 '안 돼' '만지지 마' 등의 말을 들으면서, 다른 사람의 요구에 따라 자신의 행동을 조절해야 한다는 사실을 배운다. 조금 더 자라면 누군가의 물건을 뺏거나 다른 사람을 때리면 안 된다는 말을 기억하고 자신의 욕구를 억누르기도 한다. 그리고 좀 더 유연하게 상황에 대처하기 위해 '난 저 장난감 갖고 싶지 않아'라고 스스로에서 속삭이며 자기조절을 할 수 있게 된다(조흥식 외, 2010). 이와 같은 자기조절과 자기통제는 도덕성 발달의 기초가 되는데, 초기 아동기가 끝나갈 무렵에 이르면 여러 가지 도덕적 규칙을 표현할 수 있게 된다. 예를 들면 "물어보지 않고 가져가면 안 돼." "사실대로 말해." "네가 지금까지 가지고 놀았으니까 이젠 내 차례야."라고 말하는 것을 볼 수 있다.

도덕성 발달에 대한 이론들은 양심이 초기 아동기에 형성되기 시작한다는 것을 인정하지만 이론마다 강조하는 것은 다르다. 예를 들어 정신분석 이론에서는 양심 발달의 내적, 정신적 측면, 즉, 동일시와 죄의식이 바른 행동의 동기가 된다고 본다. 사회학습이론에서는 도덕적 행동이 강화나 모델링을 통해 학습되는 것이라는 점에 강조를 둔다. 그리고 피아제를 포함한 인지 발달적 관점은 사고, 즉, 정의와 공평함에 대해 추론할 수 있는 아동의 능력을 강조한다. 하지만 이들은 성인에 의해 외적으로 통제되던 도덕성이 점차 내적 기준에 의해 통제된다는 점에는 대체로 동의하는 것으로 보인다. 예를 들어 피아제는 아동의 도덕성 발달을 타율적 도덕성 단계와 자율적 도덕성 단계로 구분하였다. 초기 아동기에는 타율적 도덕성에 근거하여 도덕적 판단을 내리는데, 아동은 규칙을 어떤 권위자에 의해 주어진 고정불변의 것으로 인식하고 반드시 따라야 하며, 규칙을 어기면 벌을 받게 된다고 생각한다. 그러나 타율적 도덕성이 점차 자율적 도덕성으로 옮겨가게 되면서 아동들은 규칙이라는 것이 서로 잘 지낼 수 있도록 돕기 위해 사람들이 서로 합의하여 만든 것임을 이해하게 된다. 그리고 규칙은 절대적인 것이라기보다는 융통성 있게 적용되는 것임을 알게 된다(손광훈, 2008). 따라서 도덕적으로 성숙한 사람은 외적 규율이 아니라 남을 배려하는 마음과 바른 품행의 원리를 발달시켜 이를 다양한 상황에 적용하게 된다.

(3) 사회화와 부모의 양육태도

사회화는 개인이 자신이 속한 사회집단에 적합하다고 생각되는 행동양식을 습득하는 과정을 말한다. 초기 아동기 동안의 사회화 과정에 가장 많은 영향을 미치는 집단은 가족이며, 그중에서도 부모의 양육행동은 사회화뿐 아니라 발달의 많은 영역에 중요한 영향을 미친다.

다이애나 바움린드(Baumrind, 1971)는 초기 아동기 자녀들과 상호작용하는 부모를 관찰함으로써 양육과 관련된 정보들을 수집하였으며, 애정과 통제라는 두 가지 기준을 바탕으로 부모의 양육유형을 구분한 바 있다. 바움린드의 연구결과와 이를 확대시킨 연구들을 종합하여, 로라 버크는 〈표 10-4〉에서와 같이 수용과 관여 정도, 통제의 방법과 정도, 자율성의 부여 정도라는 세 가지 측면을 기준으로 네 개의 양육유형을 제시하고 있다.

가장 성공적인 양육유형은 권위 있는(authoritative) 양육유형이다. 역자에 따라서 온정적 권위형 혹은 권위적 양육유형이라고 번역되어 있기도 하다. 이 유형은 높은 수용과 관여, 적응적인 통제 기술 그리고 적절한 자율성 부여를 특징으로 한다. 아동기와 청소년기 전반에 걸쳐 권위있는 양육은 자기통제감, 과제의 지속, 협동성, 높은 자기존중감, 사회적, 도덕적 성숙 그리고 학교에서의 높은 성취와 같은 다양한 측면의 유능감과 관련된다.

권위주의적인(authoritarian) 유형은 수용과 관여가 정도가 낮고, 강압적인 통제가 높으며, 자율성 부여가 낮은 것이 특징이다. 이 유형의 부모 아래서 자란 아이들은 불안하고 불행감을 느끼며, 자기존중감과 신뢰감이 낮고, 좌절했을 때 적대적으로 반응하는 경향이 있다. 특히 남아들은 높은 수준의 분노와 반항을 보인다(Hart et al., 2003). 권위주의적인 부모는 심리적 통제를 행사하기도 하는데, 예컨대 자녀가 맘에 들지 않게 행동하면 사랑을 철회하고 자녀의 순응을 조건으로 하여 애정을 준다. 이것은 아동의 인격을 침해하고 부모에 대한 애착을 조작하는 것으로, 실제 이런 유형의 부

〈표 10-4〉　자녀 양육유형과 아동발달에 미치는 영향

양육태도	수용과 관여 정도	통제 정도	자율성 정도	아동발달 및 적응의 결과
권위 있는 유형	자녀의 요구에 대해 민감하게 반응하며, 따뜻하다. 참을성을 갖고 자녀와 관계를 형성한다.	자녀에게 합리적인 요구를 하고 부모의 지시에 대해 설명해 주며, 일관성 있는 입장과 태도를 유지한다.	• 자녀의 발달단계를 고려하여 스스로 결정할 수 있는 기회를 제공한다. • 자녀의 생각, 감정, 욕구를 표현할 수 있도록 격려한다. • 부모와 자녀의 의견이 일치하지 않을 때 가능하면 공동으로 의사결정을 한다.	낙관적이고 즐거운 기분, 높은 자존감, 자기조절, 참을성 있는 과업 수행, 협조적
권위주의적인 유형	자녀에 대하여 냉담하고 거부적으로 행동하며 자녀를 자주 비난한다.	체벌과 권력을 이용하여 자녀에게 강압적으로 요구하고 자녀의 자율성을 인정하지 않으며, 애정의 철회를 사용하며, 아동의 인격을 침해한다.	• 자녀를 대신하여 결정을 내린다. • 자녀의 입장에 거의 귀 기울이지 않는다.	불안, 고립, 불행한 기분, 욕구불만 시 적대감 표출, 저조한 학업성취도
허용적인 유형	자녀를 따뜻하게 대하지만 지나치게 관대하거나 세심하지 못하다.	자녀에게 요구하는 것이 거의 없다(자녀의 행동에 대해 거의 통제하지 않는다.).	• 발달단계상 아직 이른데도 불구하고 연령에 비해 너무 많은 것을 자녀 혼자 결정하도록 허용한다.	충동적, 반항적, 성인에 대한 요구 과다, 의존적, 인내심 부족, 저조한 학업성취도
관여하지 않는 유형	자녀와 정서적으로 분리되어 있으며, 고립된 관계를 유지한다.	자녀에게 요구하는 것이 거의 없다(자녀의 행동에 대해 거의 통제하지 않는다.).	• 자녀의 의사결정과 견해에 대해 무관심하다.	애착관계 형성, 인지 발달, 놀이관계 정서적·사회적 기술 등 발달과정 전반의 문제 발생

출처: 이옥경 외 역(2009a), p. 359; 조흥식 외(2010), p. 266에서 발췌 및 수정.

모들은 자녀의 생각, 의사결정, 친구의 선택 등 모든 영역에서 자녀를 대신해 결정하기를 원한다. 이러한 유형은 자녀의 영역을 침해할 뿐 아니라 자녀를 심리적으로 좌절시킨다.

허용적인(permissive) 양육유형은 따뜻하고 수용적이지만 자녀에게 거의 관여하지 않는 부모를 말한다. 자녀가 원할 때면 언제든지 식사하게 하고, 잠자게 하며, 원하는 만큼 놀고, 게임하게 놔둔다. 어떤 부모들은 이런 태도가 가치 있는 양육방법이라고 믿지만 허용적인 유형의 부모들 대부분은 사실 자녀의 행동에 자신이 영향력을 미칠 수 있을 것이라는 자신감이 결여되어 있다. 허용적인 양육은 비성취적인 행동과 관련되는데, 이는 남아의 경우 특히 더 강하게 나타난다(Baumrind, 1997).

마지막으로 관여하지 않는(uninvolved) 유형의 부모는 자녀에 대해 거의 통제하지 않으며, 자율성 부여에 무관심하고, 낮은 수용과 관여를 보인다. 이런 부모들은 정서적으로 자녀와 분리되어 있으며, 우울하고, 자녀를 위한 시간과 에너지를 가질 여유조차 없이 여러 가지 생활 스트레스로 압도되어 있다. 극단적인 경우는 아동 학대의 일종인 방임으로 간주될 수도 있는데, 만약 생애 초기부터 이런 양육을 받은 아동이라면 애착, 인지, 정서, 사회적 기술을 포함하는 발달의 모든 측면이 사실상 붕괴된다(이옥경 외 역, 2009a).

2. 중기 아동기: 6~12세

우리나라 교육제도상 초등학교 시기에 해당되는 중기 아동기는 일반적으로 학령기라고 불린다. 중기 아동기에는 생활의 중심이 가정에서 학교로 옮겨지고, 학교 교육을 통하여 사회가 요구하는 사회적, 지적 기술들을 습득하는 시기다. 아동들은 친구, 선생님, 친구의 부모님 등 보다 다양한 사회적 접촉을 하게 된다. 최근에는 한부모 및 맞벌이 가족의 증가로 많은 아동들이 학교나 사설 교육기관에서 대부분의 낮 시간을 보내고 있다. 따라서 중기 아동기에도 양질의 돌봄은 여전히 중요하며, 적어도 8~9세까지는 응급상황에 대처할 수 있는 능력이 없으므로 반드시 어른의 지도와 감독이 필요하다.

1) 신체 및 운동 발달

중기 아동기에도 역시 신체의 발달은 비교적 천천히 그러나 꾸준하게 진행된다. 초기에는 여아들이 남아들보다 키가 약간 작고 몸무게도 가볍지만 중기 아동기 말에는 여아들이 남아들을 따라잡는다. 이는 여아들이 남아들보다 2년 정도 앞서서 제2성장급등기인 사춘기를 시작하기 때문이다.

뼈는 더 길어지고 넓어지는데, 몸통 아랫부분이 가장 빨리 자라기 때문에 초기 아동기에 비해 다리가 길어 보인다. 이 시기 동안 가장 눈에 띄는 신체 변화로는 유치가 하나 둘씩 빠지기 시작하는 것으로, 중기 아동기가 끝날 무렵에는 대부분 영구치로 대체된다. 다른 신체 성장과 마찬가지로 이것 역시 남아보다 여아에게서 조금 일찍 일어난다. 일부 아동은 취침이나 보행 중 다리가 뻣뻣하고 통증을 느끼는데, 소위 성장통이라고 하는 이 증상은 근육이 뼈의 성장 속도를 따르지 못하면서 나타나는 근육성장기 골통이다(권중돈·김동배, 2005).

한편, 중기 아동기 동안 운동 기능은 더욱 세련되고 정교해진다. 초기 아동기와 비교해 볼 때 신체적으로 더 유연하고 민첩할 뿐 아니라 균형감각도 향상된다. 야구방망이를 휘두른다거나 공을 차거나 장애물을 넘어가기 위한 동작들이 더욱 유연해지고 탄력적이며, 축구나 술래잡기에서 상대를 피할 때도 더 빠르고 정확하게 움직인다. 또한 균형을 잘 잡게 되므로 갑작스런 방향 전환도 쉬워진다(Haywood & Getchell, 2001).

소근육 역시 발달하여 글자나 숫자를 상당히 정확하게 쓸 수 있게 된다. 초기에는 팔을 사용하여 획을 긋기 때문에 크게 글자를 쓰지만 점차 손목과 손가락을 사용하게 되면서 글자를 작게 쓸 수 있다. 글자뿐 아니라 그림을 통해서도 소근육의 발달이 나타난다. 초기 아동기에는 대부분 이차원의 모양을 사용하여 평면적인 그림을 그리지만 중기 아동기가 되면 깊이를 지각할 수 있도록 삼차원으로 표현하며, 물체를 매우 상세하게 그린다(Case, 1998).

성에 따른 차이는 운동 능력에서도 나타나는데, 여아들은 쓰기와 그리기를 포함한 소근육 운동 영역과 균형성, 민첩성에서 남아를 앞서며, 남아들은 주로 대근육 운동 기술을 이용한 던지기와 차기에서 여아를 앞선다(Haywood & Getchell, 2001).

2) 심리 발달

(1) 인지
직관적 사고나 자기중심적 사고와 같은 전조작적 사고의 특성이 남아 있긴 하지만 중기 아동기의 시작은 전조작기에서 구체적 조작 단계로 옮겨가는 주요 분기점이 된다. 보존, 서열화, 분류 등의 인지 능력을 획득하게 되면서 사고가 이전보다는 더 논리적이고 융통성 있고 구조화된다. 인과관계의 추론이 가능해서 어떤 것에 대한 이유를 생각하고 말할 수 있으며, 물리적 세계의 규칙과 대상 간의 관계를 지배하는 원리에 대하여 통찰력을 갖게 된다.

사고뿐 아니라 정보처리 영역의 발달도 이 시기 아동들로 하여금 다양한 인지 과제를 해결할 수 있게 하는 바탕이 된다. 내부와 외부에서 오는 방해

자극을 통제하는 '억제' 능력이 더욱 발달하여, 정보처리 중 불필요한 생각을 막을 수 있으며, 목표와 관련되는 것에만 선택적으로 주의를 기울이게 됨으로써 정보를 처리하는 속도가 빨라진다. 또한 정보를 저장하고 유지하기 위한 다양한 기억 전략들도 나타난다. 중기 아동기의 초반부에는 자발적으로 정보를 반복하는 시연 전략을 사용하며, 좀 지나면 관련된 항목들을 묶어서 기억하는 조직화 전략을 사용한다. 그리고 중기 아동기 말에는 같은 범주에 속하지 않는 둘 이상의 정보들 사이에도 관계나 의미를 만들어 기억하는 정교화 전략을 사용하기 시작한다(이옥경 외 역, 2009a).

인지 발달은 다른 사람들에 대한 아동의 인식에도 의미 있는 변화를 가져온다. 중기 아동기 이전에는 자기중심적 사고를 탈피하지 못하나 중기 아동기에는 사람들이 서로 다른 견해를 가질 수 있다는 것을 알고 이것을

〈표 10-5〉 셀먼의 조망수용 능력의 발달단계

발달단계	대략적 연령 구분	조망수용 능력의 특징
미분화된 조망수용	3~6세	타인의 생각이나 기분을 인지할 수는 있지만 모든 행위자들은 자신과 동일한 방식으로 그 상황을 이해한다고 생각한다.
사회정보적 조망수용	4~9세	타인의 조망이 자신의 조망과 유사하거나 상이하다는 것을 인지하기 시작한다. 그러나 아직까지 자신과 타인의 관점을 정확하게 구별하지는 못한다.
자기반성적 조망수용	7~12세	자신의 조망과 타인의 조망을 이해하고 다른 사람의 입장이 되어 볼 수 있으며, 다른 사람의 입장에서 자신의 생각과 감정과 행동 또한 바라볼 수 있다.
제3자적 조망수용	10~15세	중립적인 제3자적 관점에서 자신과 타인의 행동을 고려한다. 즉, 제3자에게 자신과 타인이 어떻게 보일지를 상상할 수 있다.
사회적 조망수용	14세~성인	자기-타인 상호작용에 대한 일반화된 사회적 조망을 지닌다. 사회체계 속에는 사회적 가치가 반영된 집단조망이 존재한다는 것을 인식하며, 제3자적 조망도 더 큰 사회적 가치에 의해 영향을 받을 수 있다는 것을 인식한다.

출처: 이옥경 외 역(2009a), p. 430; 장휘숙(1999), p. 185.

자신의 행동에 적용하기 시작한다. 다른 사람들이 어떻게 생각하고 느낄지를 상상하는 능력을 조망수용(perspective taking)이라고 하는데, 로버트 셀먼은 〈표 10-5〉와 같이 조망수용 능력의 발달과정을 5단계로 제시하였다. 그에 따르면 중기 아동기에는 자기반성적 조망수용이 가능해져 타인에 대한 이해뿐 아니라 자기개념, 자기존중감 그리고 다양한 사회적 기술의 발달이 촉진된다(장휘숙, 1999).

(2) 자기존중감

중기 아동기에는 신체적 특성뿐 아니라 심리적 특성에 의거하여 자신을 기술하고, 이것을 또래들의 특성과 비교하며, 강점과 약점의 원인을 추측할 수 있다. 이것은 자신의 외모나 능력, 행동을 다른 또래들과 비교하는 사회적 비교(social comparison)를 통해 가능하게 된다. 학교에 들어가 또래들과 자신을 비교하고 타인으로부터 피드백을 받으면서 자기개념은 분화되고 좀 더 현실적이 된다. 이 시기 아동들은 학문적 능력, 사회적 능력, 신체 운동 능력, 외모 등 최소한 네 가지 측면의 자기 평가를 형성하는데, 학교에서의 성공이나 실패의 경험은 자기존중감의 형성에 주요한 영향을 미친다. 앞서 언급한 바와 같이 초기 아동기에는 대부분 자기존중감이 아주 높지만 중기 아동기에 들어선 후 처음 몇 년 동안은 여러 영역에 대한 자기존중감이 다소 감소한다(장휘숙, 1999).

부모의 자녀양육방식이 자기존중감의 발달과 관련 있다는 것은 의심의 여지가 없다. 따뜻하고 반응적이며, 행동에 대한 확고하고 합리적인 기대를 자녀에게 나타내는 권위 있는 유형의 부모는 아이로 하여금 자신이 유능하고 중요하며 인정받고 있다는 느낌을 받도록 한다. 그러나 반대로 통제적인 부모들은 아동을 너무 많이 도와주거나 자녀를 대신해 결정해 줌으로써 아동들에게 자신이 불완전하다는 느낌을 전달하고 낮은 자존감을 형성한다. 중기 아동기 동안의 바람직한 양육방법은 공동통제(co-regulation)라고 할 수 있다. 공동통제란 부모들이 대원칙들을 분명히 해 주고 지속적으로 감독은 하지만 매 순간의 의사결정은 자녀들에게 맡기는 과도기적 형태의 감독을 말한다. 공동통제는 주고받기와 상호 존중에 기초한 아동과 부모 사이의 협동적 관계를 바탕으로 하며, 스스로 중요한 의사결정을 많이 해야 하는 청소년기를 준비시키는 기능을 한다.

한편, 자기존중감에 대한 연구(Hawkins, 1994; Twenge & Crocker, 2002)에 따르면, 일본이나 중국 등 아시아계 아동들은 학업 성적이 좋음에도 불구하고 북미 아동들보다 더 낮은 자기존중감을 가지고 있으며, 이러한 차이는 연령이 증가하면서 더 커지는 것으로 나타났다. 이는 그만큼 자기존중감에 미치는 문화적 힘이 크다는 것을 증명해 준다. 우리나라처럼 경쟁이 심하고 성취 압력이 높으며, 사회적 비교가 강한 아시아 문화권에서는 아동들이 자신을 긍정적으로 평가하는 데 인색한 것으로 보인다.

자기존중감에서의 성차 역시 문화적 영향력을 설명해 준다. 일반적으로 여아들은 남아들에 비해 더 많은 사회적 요구들을 접한다. 학업 능력, 사회적 기술과 운동 능력뿐 아니라 외모에 대한 사회적 비교도 한층 강하다. 이에 따라 전체적 자기가치감은 여아가 남아에 비해 떨어지는 것으로 나타난다(Marsh & Ayotte, 2003).

(3) 정서

자기 인식과 사회적 민감성이 발달하면서 정서 능력도 발달한다. 울거나 화내거나 공격적으로 자신의 정서를 표출하기보다는 사회적으로 무리 없는 표현방식을 학습하고 이를 활용한다. 자신이 아무리 좋아도 친구가 슬퍼할 때는 자신의 기쁨을 감추는 것과 같은 정서적 표현의 규칙을 학습하여 사회적 상황에서 정서를 적절히 조절할 수 있게 된다. 또한 타인의 감정을 추론하고 이해하는 조망수용 능력이 발달하므로 가까운 사람의 정서를 구체적으로 이해할 수 있게 됨에 따라 공감의 폭도 이전보다 더 확대된다 (김태련 외, 2004). 정서를 잘 조절하는 아동들은 명랑하고 친사회적인 반면, 충동적으로 자신의 부정적 감정을 폭발시키는 아동들은 친사회적 행동을 하지 못하고 또래들에게 거부당하는데, 이에 관해서는 '사회적 발달'에서 다룬다.

중기 아동기에는 세상에 대해 더 많은 정보를 접하게 되면서 공포와 불안을 좀 더 자주 경험하게 된다. 이전 시기와 같이 어두움이나 천둥, 번개 같은 물리적 상황에 대한 두려움은 여전히 존재하지만 중기 아동기에는 자신이 강도를 당하지 않을까, 납치되지 않을까 하는 개인적 위해에 관한 두려움 그리고 전쟁이나 사고 등의 재난을 당하는 것에 대해서도 불안을 느낀다. 이 같은 공포는 대부분 대중매체를 통한 부정적 정보의 영향이거나 혹은 충격적 사건을 직접 경험한 것에서 기인한다(Muris et al., 2000).

3) 사회적 발달

(1) 놀이

조망수용, 자기개념 및 정서조절 능력의 발달은 또래 간의 상호작용을 촉진시키며, 사회적 발달을 돕는다. 특히 여러 사람들의 역할을 이해하는 인지 능력이 발달되면서 중기 아동기에는 집단놀이보다 단체놀이를 선호한다. 단체놀이는 규칙이 있으며 팀을 나누어 하는 놀이를 말한다. 비록 TV나 비디오, 컴퓨터 게임의 확산으로 과거에 비해 단체놀이에 참여할 기회는 줄어들고 있지만 축구나 야구, 농구 같은 운동 경기뿐 아니라 다른 여러 가지 게임들을 만들어 단체놀이를 한다. 단체놀이의 경험은 정서 및 사회 발달에 많은 영향을 미친다. 단체의 승리를 위해 팀원들끼리 서로 의기

투합하며, 약한 성원들을 돕는 협력을 경험함으로써 아동들은 각자의 역할에 충실해야만 승리할 수 있음을 알게 되며, 경쟁의 본질과 승리의 중요성을 학습하게 된다(권중돈 · 김동배, 2005).

몸싸움 형태의 거친 신체놀이는 초기 아동기에 나타나기 시작하여 중기 아동기에 정점에 이른다. 이 놀이는 아버지가 아기와 놀아 줄 때부터 이미 시작된다고 볼 수 있는데, 중기 아동기의 몸싸움 놀이는 집단 구성원 간의 위계질서 형성에 일정 부분 기여하는 것으로 보인다. 주도권을 가진 아동에게 정식으로 도전하기 전에 비교적 안전하게 상대의 힘을 평가하는 방법으로 몸싸움 놀이가 사용되는 것을 볼 수 있다(Pellegrini & Smith, 1998).

프로이트의 영향 때문에 중기 아동기는 성적 에너지가 잠재되어 있는 시기라고 간주되지만 이 시기 아동들의 놀이나 관심사에서 생식기 혹은 성이 상당 부분을 차지한다는 것을 알 수 있다. 남아들의 경우 생식기를 비교하기도 하고, 신체 기능과 관련한 농담 등을 즐긴다(Parrish, 2010).

(2) 또래관계

아동의 발달에 있어서 또래의 중요성은 점점 더 확대된다. 집단 혹은 일대일의 친구관계를 통해 신뢰감과 민감성을 발달시키며, 보다 큰 사회조직에 대한 통찰을 가질 수 있게 된다. 중기 아동기 말에는 집단에 소속하고자 하는 욕구가 강해져, 가까운 동년배의 동성 친구끼리 또래 집단(peer group)을 형성한다. 이 집단에서 아동은 행동에 대한 나름대로의 가치와 기준을 만들 뿐 아니라 독특한 어휘, 옷 입는 방식, 노는 곳 등 자기들만의 문화를 형성함으로써 배타적 연결성을 가진다. 남아들에 비해 여아들은 친밀한 관계의 형성에 대한 욕구가 높아 친구관계가 훨씬 배타적이다. 집단 소속에 대한 이 시기 아동들의 욕구는 스카우트, 우주소년단 등 다양한 공식 집단을 통해서도 해결할 수 있다. 특히 과제수행을 함께하고 지역사회활동

에 참여함으로써 아동들은 사회적으로 그리고 도덕적으로 성숙하게 된다
(이옥경 외 역, 2009a).

또래관계에서 아동이 어느 정도 받아들여지는가를 의미하는 또래 수용
(peer acceptance) 정도는 아동의 자기역량이나 자기존중감에 영향을 미친
다. 또래 수용도가 높은 아동은 보통 학문적 능력과 사회적 능력을 겸비한
'친사회적 인기 아동'들이다. 그러나 호전적인 태도로 동경을 받는 '반사
회적 인기 아동'도 있다. 성인의 권위에 도전하거나 다른 아동을 무시하거
나 나쁜 소문을 퍼뜨려 자신의 지위를 올리는 관계적 공격성을 보이는 아
동들이 여기에 속한다. 공격성에도 불구하고 뛰어난 사회적 기술 때문에
또래들은 이 아동들을 '멋지다'고 생각한다. 반면, 아이들이 싫어하는 아
동, 즉, 또래 수용도가 낮은 아동들은 사회적으로 서툴며, 조망수용과 정서
조절 능력이 부족하다는 공통점이 있다. 이들 가운데는 극도로 공격적인
아동이 있는가 하면, 이와 대조적으로 지나치게 소심하고 수동적인 아이들
이 있는데 이들을 각각 '공격적 거부 아동' '위축된 거부 아동'이라 부른
다. 거부 아동들은 불행하고 소외되고 자기존중감이 낮으면서 성취가 떨어
진다. 학령기의 또래 거부는 낮은 학업성취, 무단결석, 자퇴, 약물남용, 청
소년 및 성인기 범죄와 강한 상관관계를 보이는 것으로 나타난다(Bagwell
et al., 1998; Laird et al., 2001; Parker et al., 1995). 그 밖에 또래들 중 일부
가 싫어하지만 사회적으로 축출되지는 않을 만큼의 사회적 기술을 가진 아
동, 그리고 내향적이어서 눈에 잘 띄지는 않지만 평균 정도의 사회적 기술
을 가지고 있어서 언제든 원할 때 같이 놀 수 있는 아동들도 있다.

(3) 교사와의 관계
학년이 올라갈수록 성인보다는 또래의 영향력이 더 커진다고 하지만 그
럼에도 불구하고 교사와의 관계는 중기 아동기의 발달에 상당한 영향을 끼

친다. 교사의 태도나 특성은 아동들의 동기, 성취, 또래관계의 발전에 관련되어 있으며(Davis, 2003), 교사와 학생 간의 좋은 관계는 특히 저소득층을 포함한 소외계층 아동들의 성취와 사회적 행동의 발달을 촉진한다. 아동들이 보여 주는 '교육적 자기이행예언(educational self-fulfilling prophecies)'은 교사의 태도가 중기 아동기의 발달에 얼마나 중요한가를 보여 준다. 교육적 자기이행예언이란 아동들이 자신에 대해 갖고 있는 교사의 부정적 혹은 긍정적 태도를 받아들여 그것에 자신을 맞추어 생활하는 것을 말한다(이옥경 외 역, 2009a). 예를 들어 교사가 자신을 문제아로 평가한다면, 그 아이는 그 평가에 맞추어 문제아로서의 생활을 지속하는 경향이 있다. 교사의 긍정적 태도는 학력이 우수한 학생보다는 그렇지 않은 학생에게서 자기이행예언의 효과가 더 작동한다. 그 이유는 잘하는 학생들은 교사가 긍정적으로 자신을 보더라도 지금보다 더 잘할 수 있는 여지가 적지만 그렇지 않은 학생들은 교사들이 자신에 대해 지니는 태도에 따라 움직일 수 있는 폭이 크기 때문이다. 자기이행예언은 교사들이 경쟁심을 유발시키기 위해서 일부 학생을 공개적으로 비교하고 우수한 일부 학생들을 계속적으로 편애하기보다는 기대에 못 미치는 학생들을 믿어 주고 긍정적 태도로 대함으로써 이 시기 아동의 발달에 기여할 수 있다는 것을 보여 준다.

3. 아동기와 사회복지실천

1) 비만

비만은 자신의 나이, 성, 신체를 고려한 평균 체중에 비해 20% 이상 과체중인 경우를 말한다. 신체적 매력이 사회적 수용도를 예측하는 중요한 요인이 된다는 점을 고려할 때 비만은 심각한 정서적, 사회적 문제를 야기할 가능성을 높인다. 그러나 무엇보다도 중요한 것은 비만이 건강을 위협한다는 것인데 중기 아동기에 이미 성인병을 예견하게 하는 고혈압, 고지혈증, 호흡기 질환, 인슐린 저항 등이 나타나기 시작한다.

비만을 초래하는 요인에는 건강식에 대한 지식 부족, 값싼 고지방 식품의 구매 경향이나 가족 스트레스 등이 관련되며, 부모의 양육방식도 영향을 준다. 예를 들어 부모가 지나치게 엄격하게 먹는 것을 규제하거나 혹은 배불리 먹이는 것으로 모든 문제를 해결하려는 태도는 자녀 스스로 에너지를 섭취하고 조절하는 능력을 학습하지 못하게 한다. 더욱이 부모들은 비만 자녀의 행동수정을 위해 음식을 강화물로 사용하는데, 이것은 오히려 비만 아동들로 하여금 음식을 더 중요하게 여기도록 한다(이옥경 외 역, 2009a).

아동기 비만은 대부분의 경우 가족의 문제이므로 가족 수준에서 개입하는 것이 가장 효과적이다. 부모와 자녀 모두 비만인 경우에는 부모와 자녀 모두가 식습관을 바꾸고, 매일 운동함으로써 서로가 목표 체중에 도달할 수 있도록 한다. 또한 건강식에 대한 교육과 식품의 구매 경향 바꾸기 및 부모의 행동수정 역시 아동 비만의 예방과 치료에 도움이 된다. 뿐만 아니라 중기 아동기의 주요 활동의 장이 되는 학교에서도 건강에 좋은 음식을 제공하고, 규칙적인 신체활동을 하게 함으로써 비만을 줄이는 데 기여할 수 있다.

2) 아동 학대

우리나라의 경우 아동 학대 상담신고 건수는 꾸준히 증가하고 있다. 아동 학대의 80% 이상이 가정에서 일어나며, 방임과 중복적인 학대가 가장 많은 유형을 차지하는데 학대유형은 다음과 같다.

- **신체적 학대**: 아동을 차기, 때리기, 흔들기, 주먹으로 치기, 찌르기 등의 신체적 상해를 유발하는 공격
- **성적 학대**: 애무, 성교, 매춘 혹은 포르노의 제작을 통한 상업적 착취, 또는 다른 유형의 성적 착취
- **방임**: 음식, 의복, 의료적 관심과 같은 아동의 기본 욕구를 채워 주지 못하는 것
- **정서적 학대**: 사회적 고립, 반복되는 불합리한 명령, 비웃음, 모욕, 협박, 위협 등 심각한 심리행동장애를 유발할 수 있는 행동

최근 더욱 심각한 학대의 유형은 성적 학대로 이는 남아와 여아 모두에게 일어난다. 그러나 여아에게 보다 빈번히 발생하며, 가해자는 주로 아버지를 포함한 남성 친척, 이웃 등이다. 그들은 자신을 방어하지 못하거나 잘 속는 아동을 선택하는데, 대체로 신체적, 정서적으로 취약하여 사회적으로 고립되어 있거나 장애를 가지고 있는 경우가 많다. 가해자는 속이기, 뇌물 주기, 협박하기와 폭력을 포함한 여러 방법을 통해 피해자를 조정한다. 성학대를 당한 어린 아동들은 잠을 못 자고 식욕을 잃고 일반화된 불안을 보이는 경우가 많다. 아동 성 학대의 피해자들은 우울, 낮은 자기존중감, 성인에 대한 불신과 분노 및 적대감 등과 같은 심각한 적응상의 문제를 보이며, 이런 증상은 학대 후 수년 동안 지속될 수 있다.

아동 학대는 빈곤과 불안정한 결혼으로 가족 간 유대가 약해진 경우, 특히 재혼과 별거를 반복하는 가족 환경일 때 그 위험이 높아진다. 그 때문에 대개 아동과 부모 모두에 대한 장기적 치료가 필요하다. 교육 프로그램을 통해서 부적절한 성적 시도들을 분별하고, 어디에서 도움을 얻을 수 있는지 가르치는 것도 성적 학대의 위험을 감소시킨다. 중기 아동기에 그런 교육을 시키는 것이 과연 적절한가에 대해서는 논란의 여지가 많지만, 뉴질

랜드는 전국적으로 학교에서 성 학대 예방 프로그램을 제공하고 있다(이옥경 외 역, 2009a).

3) 집단 따돌림

친구들을 따돌리는 것이 나쁘다는 것을 알고 있지만 그럼에도 불구하고 따돌림 현상은 중기 아동기 동안 지속적으로 나타난다. 또래들은 따돌림의 피해자를 별로 돕지 않고 방관하거나 일부는 동참하기도 한다. 또래들로부터 언어적 혹은 신체적으로 공격을 당하거나 다른 형태의 학대를 계속적으로 받는 아동들은 전형적으로 억제된 기질과 유약한 신체적 외양 등의 생물학적 특성을 지니고 있다. 또한 이들은 부모와의 관계에서 저항 애착이나 과보호 혹은 지나친 통제를 받은 경우가 많다(Snyder et al., 2003).

집단 따돌림이 발생했을 경우, 가해 행동이 강화되지 않는 방법으로 대응할 수 있도록 피해자를 교육시키고, 가해자들에게는 사회적 기술을 획득하도록 도울 수 있다. 이와 함께 집단 따돌림을 감소시키는 가장 좋은 방법에는 환경을 바꾸고, 친사회적 태도와 행동을 증진시키는 것이 포함된다. 예를 들면 방관 아동들로 하여금 따돌림 상황에 개입하여 피해자를 도울 수 있도록 하고, 가해자 및 피해자의 행동 변화를 위해 부모의 도움을 구하며, 필요하다면 가해자들을 새로운 환경으로 옮기도록 한다.

4) 공포증

중기 아동기 아동의 약 5%는 공포증이라고 부르는 통제할 수 없는 공포를 경험하는 것으로 보고된다. 기질적 특성 가운데 억제된 기질을 가지고 있는 아동들이 공포증을 보일 위험이 큰 것으로 나타나는데, 가장 대표적인 것으로 '학교 공포증'이 있다. 학교 공포증이 있는 아이들은 학교에 다니는 것에 대해 아주 심하게 걱정을 하고, 어지럼증이나 구역질, 위통, 구토 같은 신체적 증상도 호소한다. 학교 공포증을 보이는 사례 중 약 1/3은 5~7세 정도에 그리고 나머지는 대부분 청소년기로 넘어가는 시기에 나타나는데, 저학년 아동들은 사실 학교 자체보다는 엄마와의 분리를 두려워하는 것으로 보인다. 대부분은 부모의 과잉보호 때문이므로 이런 아동들에게는 가족치료가 도움이 된다(Elliott, 1999). 고학년의 경우는 학교와 관련된 특정 원인이 존재한다. 예를 들어 선생님이 싫고 무섭다거나 친구들로부터 따돌림을 당한다거나 학업에 대한 지나친 압박감 등이 그 원인이다. 이런 경우 학교 환경을 바꾸거나 부모의 양육방식을 바꾸도록 요구하고, 원인이 되는 문제를 다루는 방법을 훈련시키는 것 등의 다양한 개입방법을 고려할 수 있다. 또한 학교로 돌아가야 한다는 사실을 보다 강력하고 분명하게 말해 주는 것도 도움이 된다.

Chapter 11 청소년기

청소년기[1]의 가장 큰 특징은 신체 성장이 두드러지며 2차 성징이 나타나고, 재생산 능력을 갖추게 되는 생물학적 변화에 있다. 그러나 이와 함께 심리사회적 변화도 뒤따르는데, 신체적 변화와는 달리 심리사회적 변화들은 문화나 시대에 따라 매우 다르게 나타난다. 이미 오래전에 발표된 인류학자 마가렛 미드의 사모아 청소년들에 대한 연구[2]는 청소년기가 각 사회와 문화마다 다르게 인식되고 경험된다는 것을 잘 보여 준다. 게다가 사회는 그대로 머물러 있지 않고 지속적으로 변화하기 때문에 동일한 사회에서조차 각 세대마다 청소년기는 매우 다르게 경험되고 있으며, 또한 성별에 따라서도 다르다. 그러므로 인간 발달의 여느 단계와 마찬가지로 청소년기

---

1) 이 책에서는 중기 아동기 이후 만 12세부터 18세까지의 중ㆍ고등학교 시기를 청소년기로 규정한다.
2) 마가렛 미드의 연구에 대한 자세한 내용은 『사모아의 청소년』(한길사, 2008)을 참고하기 바란다.

의 경험은 단순히 생물학적인 것이거나, 혹은 개인의 심리적 문제이거나, 또는 사회적으로 구성된 현상이 아니라, 이들 제반 요소들의 복합적인 상호작용이라고 할 수 있다.[3]

1. 신체 발달

아동의 신체는 청소년기 동안에 완전히 성숙된 성인으로 전환된다. 이 시기에 가장 눈에 띄는 신체 변화는 '폭발적인 성장' 혹은 '제2성장급등기'라 불릴 만큼 빠른 키와 몸무게의 증가다. 그동안의 성장 방향과 달리, 손, 다리, 발 등 사지가 먼저 성장하고, 그다음에 몸통이 커지므로 초기 청소년들은 신체 비율이 맞지 않는 이상한 모습이 된다. 신체적 성숙은 여학생이 남학생보다 빨라서, 일반적으로 여학생은 청소년기 초기부터 중기까지 성장하는 반면, 남학생의 경우는 중기부터 시작해서 후기가 되어서야 비로소 긴 뼈 끝에 있는 골단이 닫힌다. 또한 여학생들은 지방이, 남학생들은 근육이 상대적으로 더 많이 증가하며, 심장과 폐 기능도 더 많이 발달하므로 남학생들이 더 뛰어난 운동 능력을 보인다(Rogol et al., 2002).

급속한 신체적 성장과 더불어 성적 측면의 성장도 동반된다. 난소, 자궁, 질, 남근, 음낭, 고환과 같은 생식기의 변화를 의미하는 1차 성징과 유방,

---

3) 청소년기는 사실 현대 산업 사회의 산물이라고 할 수 있다. 가정과 일터가 분리되지 않았던 산업화 이전의 사회에서 청소년기는 지금과 같이 뚜렷하게 구분될 수 있는 것이 아니었다. 아이에서 어른으로 바뀌는 신체적 변화는 물론 있었지만 어른/아이 할 것 없이 농산물 수확이나 가축들을 돌보는 일상적인 활동에 참여함으로써 성인/아동 간의 역할 구분이 뚜렷하지 않았다. 또한 결혼 시기도 상당히 일렀기 때문에 산업화 이전 사회에서 청소년기는 설사 있었다 하더라도 상당히 짧았다고 할 수 있다. 그러나 가정과 일터가 분리되고, 성인과 아동 간의 구분된 역할과 직장/학교라는 분리된 장소가 생겨난 이후, 청소년기는 아이도 어른도 아닌 상태에 머물면서 급격한 신체적 심리적 변화를 경험하는, 뚜렷이 구분되는 하나의 발달단계로 자리 잡았다(Parrish, 2010).

체모, 수염 등과 같이 신체 외부에서 볼 수 있는 2차 성징이 나타난다. 여학생의 경우는 가슴이 먼저 발달하며, 키 성장이 어느 정도 정점에 이른 후 초경을 한다. 대부분은 초경 후 12개월에서 18개월 동안은 난소로부터 난자가 방출되지 않은 채 월경을 하는데, 이것은 출산이 가능한 몸으로 신체가 완전히 성장할 때까지 몸을 보호하는 장치라고 할 수 있다. 남학생의 경우는 먼저 고환이 커지고 음모가 생긴 후 남근이 커지기 시작한다. 얼굴이나 다른 신체 부위의 털은 성장이 정점에 달한 후에 나타나고 목소리 변화도 진행된다. 남근이 성장하는 동안 전립선과 정액, 소낭도 커지면서 처음으로 사정을 경험하게 되는데, 처음 일정 기간 동안 정액에는 살아 있는 정자가 거의 없다(정옥분, 2008).

1, 2차 성징의 발달 속도에는 개인차가 존재하는데, 이는 유전에 의한 것이기도 하지만 사회경제적 지위나 세대, 혹은 정서적, 신체적 건강상태에 따른 차이이기도 하다. 예를 들어 가족 갈등을 겪음으로써 정서적 안정에 위협을 느끼는 여학생들의 경우는 그렇지 않은 여학생들보다 더 일찍 초경을 시작하여 재생산 능력을 갖추는 경향이 있고(Romans et al., 2003), 반대로 영양결핍이나 신체적 건강상태가 좋지 않을 경우는 사춘기의 시작이 지연된다.

2. 인지 발달

청소년기의 인지 발달과 정서적 민감성은 대뇌의 변화와 관련된 것으로 보인다(이옥경 외 역, 2009b). 전두엽과 다른 대뇌 영역들 간의 연결이 강화되면서 의사소통이 확대되고, 자극을 받는 신경섬유의 성장이 촉진되는데, 이것은 주의집중, 계획하기, 정보통합 능력, 자기조절 등의 인지 발달을 돕는다. 또한 이 시기에 대뇌의 신경세포들은 흥분성 신경전달물질에 대해 더 잘 반응한다. 그 결과 청소년들은 스트레스 상황에 더 강하게 반응하고, 즐거운 자극에도 쉽게 들뜬다. 그러나 변덕스럽게 보이는 청소년기의 정서적 민감성은 생물학적 변화만이 아니라 심리사회적 압력들에 의해서도 강화된다. 예를 들어 친구와의 결별, 부모님과의 갈등 혹은 원치 않는 활동에 참여해야 하는 것 등의 부정적인 사건이나 상황 변화는 청소년기의 기분과 밀접하게 관련된다.

인지적 측면에서 청소년기는 추론의 힘이 방대하게 확장되는 시기다. 청소년기는 문제해결을 위해 논리를 적용하고 그 결과를 예상할 수 있는 능력이 증가한다. 이에 따라 추상적 사고가 가능해지는데, 이것이 바로 피아제가 말한 형식적 조작 사고의 특징이다. 형식적 조작기에는 여러 현상에 대해 가설을 설정할 수 있으므로 가능성(possibility)에 대해 생각할 수 있게 된다. 따라서 아동기 때와 달리 청소년기에는 가능한 사태에 대한 이론을 먼저 설정하여, 가능한 것에서부터 경험적으로 실재하는 것으로 사고가 진전된다. 이와 같은 가능성에 대한 가설설정 능력은 사회, 정치, 종교, 철학 등 전 영역에 걸친 이상주의로 확장되며, 이상주의는 다시 자신의 추구와 일치하지 않는 현실에 대한 비판주의로 이어진다(송명자, 1995). 흔히 10대가 되면 자신의 기대치에 부합하지 않는 부모나 가족에 대해 비난하거나 논쟁하기 시작하는데, 이와 같은 특성은 바로 이상주의와 비판주의라는 청소년기의 사고 특성을 반영한다고 볼 수 있다.

신체 및 심리적 변화와 더불어 사고 능력이 증진된다는 것은 스스로에 대해 더 많이 생각하기 시작한다는 것을 의미한다. 특히 청소년기에는 자신의 관점과 다른 사람의 관점 구별이 다시 어려워지는 새로운 형태의 '청소년기 자기중심성'이 나타나게 되는데, 엘카인드(Elkind, 1978)는 이를 '상상의 관중(imaginary audience)'과 '개인적 우화(personal fable)'라는 두 가지 인지 왜곡 현상으로 설명하고 있다.

먼저 '상상의 관중'은 강한 자의식을 바탕으로 한다. 청소년들은 자신에 대한 관심이 지나친 나머지, 다른 사람들이 모두 자신의 행동과 외모를 주시하고 있다는 믿음을 갖는다. 엘카인드는 이를 두고 마치 자신은 무대에 서 있는 주인공이고, 주위 사람들은 자신을 주시하고 평가하는 관중이라고 느끼는 것과 같다고 보았다. 이에 따라 청소년들은 많은 에너지를 상상 속의 관중에게 잘 보이기 위한 것에 사용하는데, 자기 외모의 세세한 부분까지 신경을 쓴다거나, 작은 실수에도 지나치게 창피해 하고 다른 사람의 비판에 매우 민감한 것 등이 그 예라고 할 수 있다.

또한 청소년들은 개인적 독특성에 대해 과장된 생각을 갖는 경향이 있다. 추상적 아이디어를 활용하는 능력이 향상되면서 청소년들은 자신이 그 누구도 생각하지 못한 새로운 통찰을 얻게 된 것처럼 느낀다. 청소년기에는 자신이 독특한 존재라고 생각하며, 자신의 감정이나 경험 세계는 다른 사람의 것과 근본적으로 다르다고 믿는다. 예를 들어 자신의 사랑, 자신의 우정은 다른 사람이 결코 해 보지 못한, 이전에도 없었고 이후에도 없을 유일무이한 것이라 생각하는 반면, 다른 사람이 경험하는 죽음이나 위험은 자신에게는 결코 일어나지 않을 것이라고 확신한다. '개인적 우화'는 이처럼 자신의 독특성에 대한 비합리적이고 허구적인 관념을 지칭하는데, 이와 같은 청소년기 초기의 자기중심적 인지 특성은 다양한 대인관계의 경험을 통해 자신과 타인에 대한 객관적 이해를 증진시켜 나가면서 점차 감소한다.

청소년들이 타인의 평가에 보다 민감해지는 것은 엘카인드의 주장대로 자기중심성 때문이기도 하지만 현실적으로 청소년기가 사회적 관계 형성이 더 중요해지는 시기라는 점 때문이기도 하다. 청소년기는 부모로부터 정서적 독립을 시도하는 시기이기 때문에 자존감, 또래 간의 수용, 사회적 지지는 청소년기에 현실적으로 매우 중요해지며, 이에 따라 다른 사람의 평가에 귀 기울이는 것이 사회적 관계 유지에도 도움을 준다(장근영, 1992; Lapsley & Murphy, 1985).

3. 정체감 발달

청소년기는 자신에게 일어나고 있는 변화와 주어진 과제에 적응해 가는 동시에 지금까지의 자신에 대한 연속성을 유지해야 하는 '갈등과 혼란'의 시기라고 할 수 있다. 2차 성징의 발달로 성적 존재가 되어 가는 것에 대한 적응, 가족 외의 새로운 관계들을 형성하는 것에 대한 적응, 새로이 주어진 자유와 책임에 대한 적응 등이 필요한 시기다. 다른 단계에서의 전환과 마찬가지로, 청소년기로의 이행에는 아동기와 관련된 모든 것들을 버리는 것이 선행되어야 하며, 친구나 이성과 새로운 애착관계를 형성하고, 자아정체감을 형성해야 한다(Parrish, 2010). 물론 청소년기 이전에도 정체감은 존재한다. 그러나 성인기로 이행하는 과정에서 청소년들은 성인에게 기대되는 새로운 요구와 과제를 다룰 수 있는 자신에 대한 감각이 필요하다.

새로운 정체감을 찾아야 하는 어려운 발달과업에 직면하여 청소년들은 다양한 방식으로 협상하는데, 제임스 마샤(Marcia, 1993)는 에릭슨의 정체감형성이론을 바탕으로 자아정체감의 상태를 네 범주로 나누었다.

1) 네 가지 범주

(1) 정체감 혼미
삶의 주된 이슈에 대해 헌신을 피하고, 결정 내리지 못하며, 주저하는 것이 특징이다. 또한 불안을 회피하기 위해 주의를 딴 데로 돌리는 활동에 빠져 있는 것도 정체감 혼미의 상태를 나타낸다. 예를 들어 침대나 소파에 누워 텔레비전만 보거나 게임에 빠져 있고, 미래에 대해 생각하거나 논의하기를 거부하는 십대들이 정체감 혼미의 상태에 있다고 말할 수 있다. 걸로타와 그의 동료들(Gullotta et al., 2000)에 따르면, 정체감 혼미 상태에 있는 사람은 다른 사람을 대할 때 긴장하며 불안정한 경향이 있다. 이는 그만큼 다른 사람에게 자신을 보여 준다는 것이 어렵다는 것을 뜻한다.

(2) 정체감 유실

정체감 유실은 자신이 결정한 목표 대신 부모나 선생님 등 다른 사람의 가치와 목표를 수용하는 것을 말한다. 어른들의 기대에 대한 의문도 저항도 전혀 없는 십대들이 바로 정체감 유실의 상태를 대변한다. 정체감 혼미에 비해 정체감 유실상태는 겉으로 볼 때 크게 문제시되지는 않는다. 그러나 에릭슨에 따르면 자신의 정체성을 찾기보다는 남의 것을 받아들이고 이를 동일시하는 것 역시 이 단계에서의 도전을 극복하지 못한 것이다. 정체감 유실상태의 청소년들은 상대적으로 억제된 성격을 가지며, 미성숙한 사회적 행동을 보이고, 더 이상 발달상의 진전이 없으며, 지나치게 순응적이다(Gullotta et al., 2000).

(3) 정체감 유예

유예는 지연시키거나 유보하는 것을 의미한다. 즉, 미래의 가능성에 관련된 주요 결정과 탐색에 대해 적극적인 관심을 가지고 있으나 아직 확고한 의지나 헌신으로까지는 연결되지 않은 '집중적인 정체성 위기'의 상태를 말한다. 무엇에 헌신할지 결정하지 못하고 있다는 점에서 정체성 유예는 정체성 혼미와 유사하지만 훨씬 더 건설적이다. 왜냐하면 정체성 유예는 진지한 결정을 내리기 전에 가능한 모든 옵션을 긍정적으로 고려하고 있는 상태이기 때문이다. 유예상태는 차라리 유실을 선택함으로써 그 고민을 회피하고 싶을 만큼 매우 불편하고 불안정한 상태다. 그러나 자율성을 북돋우며, 자기표현과 개별적 차이를 권장하는 적극적인 가족 환경이라면, 청소년들은 비록 힘들더라도 자신의 삶을 인도할 가치와 목표를 발견하고 싶은 바람을 가지고 적극적으로 다양한 시험을 해 본다.

(4) 정체감 성취

정체감 성취의 상태에 있는 사람은 정체감 위기를 해결하고, 이상과 계획에 대한 확고한 의지와 헌신을 가지고 있다. 이들은 다른 사람으로부터 무비판적으로 수용하거나 혹은 다른 사람에 의해 강제된 생각에 바탕을 둔 것이 아니라 자기 자신의 생각에 근거한 이상과 계획을 가지며, 자신이 선택한 가치와 목표에 맞추어 행동하려고 한다. 이들은 심리적으로 행복하고 시간이 흘러도 변하지 않으며 어디로 가고 있는지를 알고 있다고 느낀다. 에릭슨에 따르면, 정체감을 성취한 사람은 성공적으로 청소년기의 도전을 극복한 사람들이다.

정체감 유예와 혼미는 특정 목적이나 가치에 자신의 삶을 헌신하기로 결정짓지 못했다는 점에서 유사하며, 정체감 유실과 성취는 그것이 남의 것이든 내 것이든 특정한 목표와 가치에 대한 헌신을 결정했다는 점에서 같다. 그러나 또 다른 측면에서 보면 정체감 유예는 어른으로서의 새로운 정체성을 적극적으로 추구한다는 점에서 정체감 성취와 같은 맥락에 있으며, 정체감 혼미는 불안을 회피하고 있는 상태라는 점에서 정체감 유실과 가깝다고 할 수 있다.

중요한 것은 이와 같은 네 가지 상태가 정체감 형성을 위해 순서대로 거치는 단계는 아니라는 점이다. 다시 말해 정체감 성취에 이르기 위해 앞선 세 가지 상태를 모두 차례로 밟아 갈 필요는 없다. 그러나 아동기에서 성인기로 이행하는 과정에서 유실과 혼미는 상대적으로 초기단계에 나타날 수 있으며, 유예는 기존의 것을 버리고 시험하고 의미를 찾는 그다음 과정이라 볼 수 있으며, 정체감 성취는 통합을 이룬 단계라고 볼 수 있다(Beckett & Taylor, 2010).

2) 정체감 발달에 영향을 주는 요인

청소년들의 정체감 형성은 전 생애에 걸쳐 일어나는 역동적인 과정으로 성격이나 맥락과 관련된 다양한 요인에 의해 영향을 받는다.

(1) 부모

걸음마기의 자녀를 정서적으로 지원해 주면서 자유롭게 탐색하도록 기회를 줄 때 아이들은 건강한 자아의식을 발달시킨다. 마찬가지로 가족이 청소년들로 하여금 보다 넓은 세계로 확신을 가지고 나아갈 수 있도록 하는 안전기지가 되어 줄 때 정체감 발달은 고양된다(이옥경 외 역, 2009b). 특히 자녀의 의견을 수용하고, 납득할 만한 설명을 제공하며, 공감을 해 주는 부모의 고무적 행동은 자녀의 정체성 발달을 크게 촉진시킨다. 부모와 애착을 느끼면서도, 다른 가족 구성원과의 차이와 독립성을 인정하는 분위기에서 자신의 의견을 자유롭게 말할 수 있는 청소년들은 정체감 유예나 정체감 성취의 상태에 있는 경향이 있다. 그러나 자녀에게 스스로 생각하고 판단하며, 의견을 표현할 기회를 주지 않고, 자녀의 행동을 통제하는 양육태도는 자녀가 정체성 탐색을 충분히 하지 못한 채 유실의 상태에 정착하게 할 확률을 높인다(송명자, 1995). 또한 정체감 혼미의 청소년들은 부모의 지원이나 따뜻하고 개방된 의사소통 수준이 가장 낮은 것으로 보고된다

(Reis & Youniss, 2004).

(2) 또래, 학교, 지역사회

또래와 상호작용하면서 청소년들은 다양한 생각이나 가치를 접하게 된다. 친한 친구는 정서적 지지를 주고 정체감 발달의 역할 모델이 되면서 탐색하는 것을 서로 도와준다. 이뿐 아니라 탐색할 수 있는 풍부한 기회를 제공하는 학교나 지역사회 또한 정체감 발달을 촉진시킨다. 높은 수준의 사고를 하게 해 주는 교육, 책임 있는 역할을 감당할 수 있게 해 주는 활동, 경제적으로 어려운 학생들이 대학에 진학하도록 격려해 주는 교사나 상담자, 성인들의 직업 세계를 청소년들이 직접 경험하도록 해 주는 직업훈련 프로그램들은 학생들의 정체감 발달을 돕는다(Cooper, 1998).

(3) 가족 배경

다문화 가족의 청소년인 경우 정체감 형성은 훨씬 더 복잡하다. 그가 속한 사회의 주류적 규범뿐만 아니라 가족의 문화도 그들의 정체성을 정의하는 데 관련되기 때문이다. 어떤 경우는 종교나 결혼, 성 역할과 같은 문제에서 주류 사회의 가치와 가족의 가치가 서로 대립할 수도 있다. 특히 다문화 가족을 포함하여 소수민족 출신의 청소년인 경우, 그들의 부모로부터 분리된 정체성을 형성하려고 노력하면서도, 이와 동시에 그들의 부모가 가진 전통의 한 구성원이라는 정체성에 자부심을 가지기도 한다. 그러므로 민족성은 소수민족 출신의 청소년들에게 있어서 더욱 중요한 정체성의 이슈가 되며, 그들 자신의 민족적 정체성에 대한 관심과 헌신이 자존감 형성에도 관련된다는 것을 알 수 있다(Parrish, 2010).

(4) 성차

청소년기 동안의 자아정체감 발달은 성별로 다른 양상을 보인다. 연구들에 따르면(Adams & Gullotta, 1989; Gilligan, 1982, 1993), 남학생들의 정체감 발달은 역할과 자율성, 이념이나 직업선택이 핵심이 되는 반면, 여학생의 정체감 발달은 친구들 간의 '관계(relationships)'나 '친밀감(intimacy)'이 중요한 역할을 한다. 길리건은 청소년기 자아정체감과 자기존중감 형성이 남녀별로 차이가 있는 이유가 여성의 관계 중심적 발달 특성에 있다고 주장한다. 길리건에 따르면, 남자들은 분리를 통해 자신을 정의하지만, 여자의 경우는 연결됨을 통해 자신을 묘사한다. 관계를 발전시키고 유지하는 것은 여성들의 타고난 강점이며, 이것은 애착보다 더 결정적일 뿐 아니라 개인적 우선순위나 의사결정에도 영향을 미친다(Gilligan, 1993).

이 같은 남녀 간의 생득적 차이와 함께, 성별 분업의 젠더 질서는 정체감 발달의 성별 차이를 강화하는 것으로 보인다. 직업을 통해 자신의 정체성을 찾아야 했던 남성과 달리, 가정 내 다양한 역할(아내, 엄마, 며느리 등)을 통해 정체성을 찾아야 했던 대부분의 여성들은 자신의 정체성을 직업이나 자율성보다는 관계성 속에서 찾게 되었을 것이다. 그러나 오늘날의 여성들에게는 보다 다양한 생애 경로가 펼쳐져 있으며, 이에 따라 정체감 발달이라는 과업은 남성보다 여성들에게 더욱 혼란스럽고 갈등적일 수 있다(Archer, 1994).

4. 사회적 발달

1) 가족 관계

현대 산업 사회에서 청소년들은 부모에 대한 의존에서 벗어나 자율성과 책임감을 획득하여야 하는데, 이 같은 발달적 특징 때문에 청소년기를 '심리적 이유기'라고 부른다. 청소년기의 자녀는 부모에게 의존함과 동시에 부모로부터 독립해야 하는 상황에서 끊임없이 갈등하게 되며, 부모 역시 자녀의 독립을 원하지만 한편으로는 계속해서 의존해 주기를 희망하는 양가 감정을 갖게 된다. 특히 청소년기 자녀를 둔 대부분의 부모는 중년기 성인들이다. 전 생애 발달과정에서 정서적 위기와 관련되는 이 두 시기, 즉, 청소년기와 중년기에 있는 사람들이 한 식구로 산다는 것은 그 자체로도 무척 힘든 일이 될 수 있다(정옥분, 2008).

또한 부모로부터 독립하고 정서적 의존에서 벗어나고자 하는 청소년이 부모와 맺는 관계는 아동기 때와 매우 다르다. 청소년의 급속한 신체적 성장은 부모의 체벌이나 통제를 어렵게 만들며, 사고 능력의 발달은 부모가 설정한 규칙이나 가치관에 의문을 제기한다. 그 결과 부모의 권위는 도전을 받게 되고, 지금까지의 부모자녀관계를 재정립해야 하는 상황이 초래된다. 이에 따라 청소년기의 부모와 자녀관계는 필연적으로 갈등을 수반하게 된다(이옥경 외 역, 2009b).

청소년기의 부모자녀관계에 어려움이 발생하는 것은 단지 발달적 요인에서 비롯된 문제만은 아니다. 스몰과 이스트먼(Small & Eastman, 1991)은 청소년과 부모관계를 더욱 어렵게 만드는 요소를 사회적 변화의 측면에서 다음과 같이 설명하고 있다.

- 급격한 사회문화적 변화와 방대한 정보와 가치들은 청소년이 성인의 역할을 준비하는 것을 더욱 어렵게 한다.
- 교육 기간을 포함한 직업 준비 기간의 연장은 자동적으로 부모의 부양 책임과 청소년의 의존 기간을 연장시켰으며, 이로 인해 부모는 더 큰 부담을 느낀다.
- 핵가족화, 도시화로 인해 친척과 친지들을 포함한 지원망이 매우 취약해졌다.
- 흡연, 음주, 약물남용, 십대 임신 등 청소년 비행의 증가는 부모들로 하여금 청소년기 자녀에 대하여 과민하게 만든다.
- 대중매체는 청소년 문제를 과장하여 전달하는 경향이 있으며, 전문가들로부터의 조언도 일관성이 없어 부모들은 더욱 혼란스러워진다.

부모자녀 간 갈등과 마찰이 반드시 부정적인 측면만 있는 것은 아니다. 청소년들이 부모자녀 간의 갈등을 해결하기 위해 노력함으로써 부모로부터 독립하여 성인으로 이행하는 과정이 촉진될 수 있다. 따라서 청소년기 동안 나타나는 부모자녀 간의 가벼운 마찰은 청소년들의 심리적 발달에 긍정적인 영향을 미친다(송명자, 1995). 또한 청소년기의 발달적 특징이 부모로부터의 심리적 독립이라고 하지만 그렇다고 모든 영역에서 반드시 부모로부터 독립과 자율성을 획득해야 하는 것은 아니다. 부모와 애착관계를 유지하면서 의사결정 능력이 부족한 분야에서는 부모로부터 계속적인 조언을 받는 것이 도움이 되는 시기이므로, 부모자녀관계에서 안정된 애착과 신뢰를 유지하는 것은 청소년의 긍정적인 심리 발달에 여전히 중요하다. 그만큼 청소년기 발달에 있어 부모의 역할과 태도는 아동기 못지않게 많은 영향을 미친다.

바움린드의 애정과 통제에 따른 부모 양육유형과 유사하게, 우리나라 청

〈표 11-1〉 부모유형과 청소년 자녀의 특성

부모의 유형	부모의 특성	청소년 자녀의 특성
자애롭기만 한 부모	-자녀의 모든 요구를 다 들어준다. -단호하게 자녀들을 압도하기보다는 양보한다. -말은 엄격하나 행동으로 보여 주지 못한다. -때로는 극단적으로 벌을 주거나 분노가 폭발하여 스스로 죄책감을 느낀다. -벌주는 것 자체를 잘못이라고 생각한다.	-책임회피를 한다. -쉽게 좌절하고 그 좌절을 극복하지 못한다. -버릇없고 의존적이며 유아적인 특성을 보인다. -인정이 많고 따뜻하다.
엄격하기만 한 부모	-칭찬을 하지 않는다. -부모의 권위에 의문을 제기하는 것을 허락하지 않는다. -자녀가 잘못한 점을 곧바로 지적한다. -잘못한 일에는 반드시 체벌이 따라야 한다고 생각한다.	-걱정이 많고 항상 긴장하고 불안해한다. -우울하고 때로 자살을 생각하기도 한다. -책임감이 강하고 예절이 바르다. -지나치게 복종적, 순종적이다. -부정적 자아상, 죄책감, 자기비하가 많다.
엄격하면서 자애로운 부모	-자녀가 일으키는 문제를 정상적인 삶의 한 부분으로 생각한다. -자녀에게 적절하게 좌절을 경험케 하여 자기 훈련의 기회를 제공한다. -자녀에 대해 장점과 단점을 아울러 지닌 한 인간으로 간주한다. -자녀의 잘못을 벌할 때도 자녀가 가진 잠재력은 인정한다. -자녀의 장점을 발견하여 키워 준다.	-자신감 있고 성취동기가 높다. -사리분별력이 있다. -원만한 인간관계를 유지한다.
엄격하지도 자애롭지도 못한 부모	-무관심하고 무기력하다. -칭찬도 벌도 주지 않고 비난만 한다. -자식을 믿지 못한다(자녀가 고의로 나쁜 행동을 한 것으로 생각한다.).	-반사회적 성격으로 무질서하고 적대감이 많다. -혼란스러워하고 좌절감을 많이 느낀다. -세상 및 타인에 대한 불신감이 짙다.

출처: 정옥분(2008), p. 315.

소년 상담원(1996)에서는 자애로움과 엄격함이라는 두 차원을 기준으로 부모 유형을 나누었다. 부모의 양육태도에 따른 우리나라 청소년의 특성에 대한 연구결과는 〈표 11-1〉과 같다.

이상의 네 가지 유형 중 가장 바람직한 유형은 엄격하면서도 자애로운 부모, 즉, 권위 있는 부모유형이며, 가장 바람직하지 못한 유형은 엄격하지도 자애롭지도 못하고 무관심한 부모라고 할 수 있다. 우리나라의 경우는 그저 자애롭기만 한 허용적인 유형의 부모가 가장 많은 것으로 나타난다(정옥분, 2008).

2) 친구 관계

청소년기에는 자신의 친구를 선택하고, 가족 외의 사람들과 관계를 맺을 수 있게 되는 등 사회적 자율성의 발달로 인해 사회적 관계망도 점차 확대된다. 따라서 가족보다는 친구들과 함께 있는 것을 선호하고 친구들에 의해 더 많은 영향을 받게 된다. 아동기 때와 달리 청소년들은 단순히 놀이만을 위해서가 아니라, 서로의 내면을 깊이 이해하고, 친밀감을 느끼며, 신뢰받고 싶은 욕구로 인해 친구를 필요로 하는 것으로 보인다. 그러나 여기에도 성차는 존재한다. 여학생들은 그냥 수다를 떨기 위해 같이 있거나 자기 속마음을 많이 보여 주면서 친구와 정서적으로 가까운 느낌을 갖고자 하는 반면, 남학생들은 스포츠나 게임과 같은 활동을 하기 위해 주로 모인다. 또한 남학생들은 성취에 대해 토론하고, 경쟁과 갈등을 많이 갖는 것으로 나타나는데, 이는 정체감 발달에서의 성별 차이와도 관련된다(Brendgen et al., 2001).

(1) 동조 행동

또래 집단의 압력 때문에 태도나 행동을 채택하게 되는 동조 경향은 청소년기에 가장 강하게 나타난다. 또래의 압력은 청소년기 동안의 삶에서 빼놓을 수 없는 중요한 주제인데, 옷이나 음악, 언어, 여가활동 등 모든 면에서 그 영향이 나타난다. 동조 경향은 모든 시기에 나타나지만 청소년기에는 특히 다른 사람들의 반응에 민감하기 때문에, 다른 사람들로부터 인정받기 위해, 혹은 적어도 바보같이 보이지 않기 위해 동조 행동을 더 많이 하게 된다. 그러나 자신이 능력과 가치가 있다고 느끼는 청소년들은 또래 집단의 압력에 의해 동조할 가능성이 적다(정옥분, 2008).

(2) 가상 공간

현대 사회에서 청소년들은 온라인 상호작용을 통해 가까운 우정을 형성한다. 즉각적으로 주고받는 메시지의 양이 증가할 때 청소년들은 일반적으로 서로를 더 친밀하다고 지각한다. 특히 청소년기는 정체성과 자율감을 획득하기 위해 노력하는 시기이므로, 가상 공간에서 관계를 맺는 것은 가족, 학교, 지역사회를 벗어나 보다 다양한 사람들과 만나는 길을 열어 주는 것이므로 상당한 매력을 느낀다. 그러나 비록 의사소통이나 정보 습득에 도움이 된다 하더라도 도덕성이나 사회적 책임감의 발달에 부정적인 영향을 줄 수 있으며, 인터넷 중독이나 원조교제, 자살 등의 비행으로 이어지기도 하므로 안전한 인터넷 사용을 위한 교육이 필요하다(이옥경 외 역, 2009b).

3) 섹슈얼리티[4]

청소년들의 심리사회적 현상은 성적 성숙이라는 생물학적 기반 위에서 나타나는 것이라 할 수 있다. 남학생이든 여학생이든 새로운 성적 느낌과

성에 대한 사회적 압박에 대처해 나가는 것이 바로 청소년기 동안 발생하는 변화들의 주요 추진력이 된다. 청소년들은 신체 변화에 따라 새롭게 발생하는 욕구에 반응해야 하며, 이와 관련된 새로운 기대를 다루어야 한다. 성과 관련해서도 친밀감과 자율성의 위기를 극복해야 하며, 또래 집단의 자부심을 유지해야 하고, 성인 세계의 기대와 금지를 고려해야 한다. 어떻게 신체적 성숙과 섹슈얼리티에 관련된 여러 가지 도전들을 극복하는가는 개인, 문화 그리고 세대별로 매우 다르다. 연구에 따르면, 높은 학업적 성취와 종교적 신념은 성 행위를 억제하지만, 성인물에 많이 노출되면 될수록 성적 행동이 더 활동적이다. 또한 이혼한 부모 혹은 십대에 부모가 된 엄마를 둔 경우 좀 더 일찍 성 행위를 하며, 성에 대해 부모와 논의하는 십대들은 그렇지 않은 십대들에 비해 훨씬 늦게 성 행위를 시작한다(Beckett & Taylor, 2010).

4) 직업 발달

청소년기에는 인지 발달과 함께 자신과 정체성에 대한 감각도 증가하는 것이 일반적이며, 미래에 대한 개념이 증가하면서 자신의 재능과 적성, 흥미 등을 생계 수단이자 평생의 활동 영역이 될 직업과 연결하여 인식하게 된다. 다양한 직업이 존재하는 현대 사회에서 어떤 직업을 가질 것인가에 대한 고민과 결정은 청소년기 이전부터 시작되어 성인 초기까지 이어지는 점진적인 과정이다. 이론가들은 직업 발달이 몇 개의 과정을 거쳐서 진행된다고 보고 있는데, 이를 정리하면 다음과 같다(이옥경 외 역, 2009b: 129).

---

4) 섹슈얼리티란 성적 욕망, 성적 정체성 및 성적 실천을 의미하는 것으로 성적인 감정과 성적으로 맺게 되는 관계들을 모두 포괄하는 개념이다(한국성폭력상담소, 1999:24).

- 환상 시기: 초기 아동기와 중기 아동기에는 직업에 대해 환상적인 생각을 가지고 있다. 자신의 적성이나 능력에 대한 고려가 아닌 친숙도나 매력으로 어떤 직업을 선호하는 경향이 있으며, 궁극적으로 선택하게 되는 직업과는 대부분 관련이 없다.
- 시험적 시기: 11~16세 사이의 청소년들은 직업에 대해 보다 복잡하게 생각한다. 처음에는 흥미 차원에서 생각하지만 곧 그 직업을 갖기 위해 갖추어야 할 개인적 조건과 교육 조건을 알게 되고, 능력과 가치의 차원에서 생각하게 된다.
- 현실적 시기: 10대 말부터 20대 초기까지 이제 곧 진입하게 될 성인기의 경제적, 실제적 현실로 인해 젊은이들은 선택의 범위를 좁혀 가기 시작한다. 처음에는 자신의 개인적 특성과 잘 어울리는 직업의 선택 가능성에 대해 더 많은 정보를 수집하면서 탐색하지만, 마지막 결정 단계에서는 일반적 직업 범주를 중심으로 생각하고, 결국 한 가지 직업을 선택하게 된다.

5. 청소년기와 사회복지실천

청소년과 관련하여 언론매체나 여론에서 다루는 내용은 주로 부정적인 것이 많다. 이 때문에 대부분의 청소년들이 폭풍우 같은 혼란을 경험하며, 일탈과 반사회적 행동에 가담하는 것으로 인식될 수 있으나 사실 모든 청소년들이 극단적인 질풍노도의 시기를 보내고 있는 것은 아니며, 심각한 수준의 혼란을 경험하는 청소년들은 일부분에 불과하다. 다만 여기서는 다른 시기에 비해 청소년기에 그 발생률이 급증하는 주요 문제들을 짚어 보고자 한다. 청소년 복지분야에 종사하는 사회복지사들은 청소년기에 발생하는 다양한 문제들에 대하여 다양한 시각과 이해를 바탕으로 사회복지실 천을 해 나가는 것이 중요하다.

1) 우울증

아동들도 우울 증상을 보이는 경우가 있지만 사춘기를 전후해서 우울증 이 급격히 증가한다. 남학생보다 여학생의 경우 우울 증상을 보이는 비율 이 높게 나타나는데, 우울한 청소년들은 슬픔과 같은 주관적 느낌 외에 사 회적으로도 위축되고, 자기존중감이 낮으며, 집중력이 부족하고, 학업수행 능력도 떨어진다(정옥분, 2008). 우울증은 일반적으로 대뇌 신경전달물질 의 불균형 또는 부정적 정서를 억제하는 대뇌 영역의 발달이 방해를 받거 나 스트레스에 대한 신체 호르몬의 반응이 정상적이지 않은 생물학적 상태 에서 발생한다.

우울증 유발 요인에는 유전적 요인과 환경적 요인이 있는데, 개인마다 그 결합 양상은 다르다. 예를 들어 친족관계의 사람들이 우울증을 앓고 있 는 경우에는 유전적 소인이 크지만(Kaufman & Charney, 2003), 또 어떤 경 우는 다른 여러 환경적 요인들에 의해 발생되기도 한다. 예를 들어 스트레 스가 많은 부모 슬하에서 자란 아동은 정서적 자기조절, 애착, 자존감이 손 상되어 인지나 사회적 기술에 부정적 결과를 나타낼 수 있고, 이것은 우울증 유발과 관련된다. 또한 중요한 일에 실패하거나 부모의 이혼, 친한 친구와 의 이별 등과 같은 사건들도 우울증을 유발하는 환경적 요인이 될 수 있다.

생애에 걸쳐 경험하게 되는 모든 과도기에는 우울증을 경험하는 것이 일 반적인 현상이라는 점을 고려하면, 청소년기의 우울증 역시 여러 측면에서 의 도전과 변화에 따른 산물이라고 할 수 있다. 그러나 청소년기 우울 증상 은 성인기까지 이어질 수 있을 뿐 아니라 심할 경우 자살 충동으로 연결될 수 있으므로 청소년이 보이는 우울 증상의 심각성을 가볍게 여겨서는 안 된다(Beckett & Taylor, 2010).

2) 자살

자살률은 아동기부터 노인기에 이르기까지 지속적으로 증가하지만 우울증과 마찬가지로 청소년기에 급격히 늘어나는 대표적인 문제 중 하나다. 청소년기 자살의 증가는 미리 계획할 수 있는 사고 능력의 발달과 '개인적 우화'와 같은 인지적 변화에 관련되어 있는 것으로 보인다(이옥경 외 역, 2009b). 특히 '개인적 우화'라고 불리는 자기중심성 인지 왜곡이 일어나면, 우울한 청소년들은 어느 누구도 자신들의 심한 고통과 깊은 절망감을 이해하지 못한다는 생각에 빠진다.

자살을 감행하는 청소년은 대략 두 가지 유형으로 나눌 수 있는데, 첫 번째는 두뇌가 명석하지만 고독하고 주변의 기대를 충족시킬 수 없다고 생각하는 집단이다. 두 번째는 반사회적 경향을 보이는 집단으로, 이들은 적대적이고 파괴적이며, 분노와 절망을 내적으로 쏟아 놓는 유형이다(Fergusson et al., 2000). 이와 같은 정서적, 반사회적 장애는 경제적 어려움이나 부모의 이혼, 학업 실패, 부모로부터의 비난, 또래와의 문제, 자신의 행동에 대한 수치심 등 다양한 스트레스를 주는 생애 사건들과 관련된다.

자살의 발생 빈도는 사회적 맥락과 성별에 따라 차이가 있다. 예를 들어 자살 시도는 우울증 비율이 더 높은 여학생들에게서 빈번히 발생하지만 실제로 사망에 이르는 것은 남학생인 경우가 많다. 여학생들은 수면제 과다복용처럼 살아날 가능성이 높은 방법을 사용하지만 남학생들은 즉시 죽음에 이르는 방법을 선택하는 경향이 있기 때문이다.

자살 예방을 위해 중요한 것은 청소년들이 보내는 신호를 알아차리는 것이다. 틀어진 관계의 매듭을 풀려고 하거나 소중한 물건을 없애는 등의 주변을 정리하는 행동, 자살에 대한 직간접적 언급 또는 가족이나 친구들에게 안녕이라고 말하는 등의 언어적 단서, 친구들로부터 멀어지고 사회적 활동에 대한 욕구나 바람이 없는 것 등이 자살을 알리는 신호에 속한다. 우울이나 자살 신호를 보내는 청소년들은 항우울제 투여 및 개인, 가족, 집단치료를 통한 개입이 필요하다. 그러나 더욱 중요한 것은 자살이 발생한 후에는 주변의 가족과 친구들이 죽음을 막지 못했다는 것에 대한 슬픔, 분노, 죄책감을 해결할 수 있도록 도와야 한다는 것이다. 특히 십대 자살은 연쇄적으로 일어나는 경향이 있으므로(Bearman & Moody, 2004), 일단 발생이 되면 상처받기 쉬운 청소년들을 주의해서 살펴 주는 것이 반드시 필요하다.

3) 섭식 장애

거식증이라고 불리는 신경성 식욕부진증은 자신이 뚱뚱해지는 것을 강박적으로 두려워해 먹기를 거부하는 장애다. 이들은 왜곡된 신체 이미지를 가지고 있기 때문에 체중이 극도로 미달된 상태에서조차 체중이 너무 많이 나간다고 생각한다. 완벽하게 마른 몸매를 위한 체중 감소로 지방이 충분치 않게 되면 초경을 하지 않거나 월경이 없어지고, 영양실조로 인해 심장과 신장 기능에도 이상이 올 뿐 아니라 뇌 손상과 골밀도 감소가 일어난다. 이에 따라 신체 합병으로 사망에 이르기도 하며, 일부는 자살로 이어지기도 한다. 생명을 위협하는 영양실조를 예방하기 위해서는 입원이 반드시 필요하며, 치료에는 약물과 함께 가족 치료가 포함된다. 그러나 거식증에서 완전히 회복되는 비율은 절반이 채 되지 않는다(이옥경 외 역, 2009b).
한편, 지나치게 먹은 후 의도적으로 토하거나 약물을 이용하여 장을 비우는 폭식증은 거식증보다 더 흔히 발생하는 섭식 장애다. 일반적으로 거식증은 사춘기 여학생에게서 나타나지만, 폭식증은 10대 후반이나 20대 초반의 여성에게서 자주 발생한다(Polivy et al., 2003). 과체중과 이른 사춘기가 위험을 증가시키는데, 폭식증 환자들 중 일부는 이전에 거식증을 앓았던 경험이 있으며, 먹는 것뿐 아니라 삶의 다른 영역에서도 자기통제를 하지 못한다. 폭식증 환자들도 체중 증가를 병적으로 불안해하지만 거식증과는 달리 비정상적인 식습관에 대해 죄책감을 느끼고 절박하게 도움을 구하는 경향이 있어 거식증보다 치료가 쉽다. 지지집단, 영양섭취에 대한 교육, 식습관 교정훈련과 함께 항불안제, 항우울제, 식욕통제제 등의 약물치료가 흔히 사용된다.

4) 중퇴

학교 성적은 둘째 치고라도 학교만 무사히 졸업해 주면 그것으로 감사해야 한다는 말이 나돌 정도로 중퇴 위험이 높은 것이 오늘날의 현실이다. 지금과 같은 지식 기반의 경제 사회에서 학교를 그만둔다는 것은 고용의 가능성을 그만큼 낮추는 일이므로, 중퇴자들은 저임금의 시간제 취업을 전전하거나 실직상태에 있을 가능성이 높아진다. 따라서 중퇴의 위험을 예방하고, 사회에서 필요로 하는 기술들을 갖추도록 하는 것이 중요하며, 이를 위해서는 다음의 요소들을 고려하는 것이 필요하다(이옥경 외 역, 2009b: 51).

- 중퇴할 위험이 있는 학생들은 실제 생활과 비슷한 직업 교육이 공부하는 것보다 더 편안하고 효율적이라고 생각한다. 따라서 학업 지도와 직업 지도를 통합한 양질의 직업 교육을 통해 학생들이 교실에서 배우는 것이 자신의 미래를 위해 필요하다는 것을 알도록 해야 한다.
- 개별적으로 관심을 가져 주는 치료 교육 및 상담은 중퇴 예방에 효과

적이다. 중퇴 가능성이 높은 학생들은 따뜻하게 보살펴 주는 교사-학생 관계를 필요로 하며, 이를 위해 소규모 교실에서 강도 높은 치료 교육을 받을 필요가 있다.

• 학교를 일찍 그만두는 것과 관련된 다른 요인들에 대한 관심과 지원이 필요하다. 예를 들어 부모들을 적극 참여하게 하거나 직업과 공부를 유연하게 배치하고, 임신한 십대들이 학교를 떠나지 않고 수업을 받을 수 있도록 육아법을 가르치거나 보육 서비스를 제공하는 것 등도 중퇴를 예방하는 방법이 된다.

• 공부 외의 과외 활동에 참여함으로써 자신이 필요한 존재임을 느끼고 인정받을 수 있는 기회를 제공하는 것은 중퇴 예방에 매우 효과적이다. 이를 위해서는 학교의 규모가 매우 큰 영향을 미치는데, 규모가 작을수록 높은 비율의 학생들이 학교의 다양한 활동에 참여할 수 있기 때문이다.

5) 비행

청소년 비행이라는 용어는 가출이나 성 행위 같은 사회적으로 용납되지 않는 행동에서부터 강도나 절도, 살인과 같은 범법 행위에 이르기까지 그 범위가 상당히 넓다. 대표적인 청소년 비행 중 하나인 약물남용은 비의학적인 목적으로 약물을 지속적이고 산발적으로 사용하여 직업이나 사회생활에 지장을 초래하게 되는 경우를 말한다. 음주와 마찬가지로 약물복용 역시 주로 집 밖에서 행해져 사회적 행동으로 연결될 가능성이 높으며, 대부분 또래들의 부추김에 의해 경험하게 된다. 여학생들의 경우 거절하는 기술의 부족이나 여성다움에 대한 사회적 압박 등이 복합적으로 작용하여 음주나 약물복용 후 강압적인 파트너에 의해 원치 않는 성관계나 폭력에 노출될 위험이 커진다는 점에서 더욱 심각하다(Parrish, 2010).

에릭슨은 청소년 비행을 정체감 형성의 과제를 성공적으로 해결하지 못한 결과라고 보지만 이와 동시에 정체감을 형성하려는 시도로도 파악한다(정옥분, 2008). 경우에 따라서 비행은 자신의 자율성과 통제를 획득하기 위한 하나의 시도이기도 하며, 명성을 얻거나 자신을 증명하는 방법으로 선택된 것일 수 있다. 예를 들어 흡연이나 음주, 성관계 등은 모두 어른들이 하는 것으로서 이런 행위를 통해 스스로를 어른으로 느끼려는 의도가 내재되어 있다. 십대의 임신도 역시 이와 유사한 이유에서 비롯되는 경향이 있는데, 부모가 되는 것이 성인으로서의 정체성을 획득하는 유일한 방법이라고 인식하기 때문이다(Beckett & Taylor, 2010).

청소년 비행은 또한 자기통제 능력의 부족과도 관련이 있으며, 또래로부터 인정받기를 바라는 것과도 연관된다. 시간이 지나면서 또래들의 영향이 줄어들고 직장, 결혼과 같은 범법 행위를 덜 하게 만드는 사회적 맥락으로 들어가는 성인기에 이르면 비행은 감소된다. 따라서 청소년기의 비행이 장기적인 반사회적 행동으로 반드시 이어지는 것은 아니며, 청소년기에 비행이 시작되었더라도 이들이 더 이상의 범죄에 가담하지 않고 청소년기를 통과할 경우 성인이 되어 범죄에 가담할 가능성은 낮아진다.

비행 청소년에 대한 효과적인 개입 방법은 의사소통이나 관리 및 훈련 방법 등을 그 부모에게 가르치고 또래나 학교에서의 어려움을 극복하기 위해 청소년에게 인지·사회·정서적 자기조절 기술을 가르치는 것이다(Elliott & Tolan, 1999). 그러나 적대적인 가정 환경이나 반사회적 또래 집단, 혹은 분열된 지역사회 환경에서 살고 있는 경우라면, 개인이나 가족에 대한 어떤 개입도 별 효과가 없게 된다. 비행 청소년을 도와주고 모든 청소년들의 건강한 발달을 촉진시키기 위해서는 가족, 학교, 또래 집단에 개입하는 다중체계적 접근과 가족, 지역사회, 문화 등 모든 수준에서 비공격적인 환경을 만들려는 노력이 필요하다.

Chapter 12 성인기

성인기는 전 생애에서 가장 많은 부분을 차지함에도 불구하고, 이전 단계들에 비해 상대적으로 학자들의 관심이 소홀했던 영역이다. 인간 발달 연구자들의 성인기에 대한 무관심은 '발달은 곧 성장'이라는 시각에 그 원인이 있다고 할 수 있다. 즉, 성인이 되었다는 것은 발달과정을 무사히 마쳤다는 의미로 인식되었으며, 성장을 완료한 성인에 대해서는 발달적 관점에서 연구할 이유가 없었던 것이다. 그러나 위생과 영양, 의료기술의 진보는 기대여명을 증가시켰고, 노인 인구가 증가하게 되면서 1920년대부터 노년에 대한 연구들이 출현하기 시작했다. 특히 발테스(Baltes, 1987)에 의해 전 생애 발달적 조망이 제시되면서 성인기가 아동기나 청소년기 못지않게 다양한 변화들이 일어나는 중요한 발달단계로 부각되었고, 성인기에 대한 체계적 연구들이 진행되었다.

이 장에서는 아네트(Arnett, 2000; 2001; 2004; 2006)의 연구에 기초하여

고등학교 졸업 이후인 18세부터 25세까지를 성인기 진입 단계로 구분하여
간략히 살펴보고, 그 이후의 시기를 성인 초기, 중기, 후기로 나누어 살펴
본다.

1. 성인기 진입 단계의 출현: 18∼25세

성인기의 시작은 한 개인의 성숙이 완성되는 때부터라고 할 수 있다. 그
러나 언제부터를 성인기로 볼 것이며, 성인기를 어떻게 세분화할 것인가에
대해서는 의견이 분분하다(장휘숙, 2006; Parrish, 2010). 일반적으로 개인
의 성숙 여부는 생물학적 성숙, 심리적 성숙, 사회적 성숙의 세 가지 차원
에서 논의되는데, 생물학적 측면에서는 신체적 성장이 완료되고 생식이 가
능하게 되는 18세에서 21세경을 성인기의 시작으로 볼 수 있다.

이와 달리 심리적 측면과 사회적 측면의 성숙은 개인차가 심할 뿐 아니
라, 시대적, 사회적, 문화적 영향력이 강하게 작용하기 때문에, 그 구분은
매우 복잡해진다. 심리적으로 성숙한 사람은 새로운 상황에 적응할 수 있
고, 미래에 대해 생각하고 계획할 수 있으며, 친밀한 관계에 헌신할 수 있
어야 한다(장휘숙, 2006). 이뿐만 아니라 자신 스스로를 성인으로 지각하고
있어야 하는데, 북미 청년들을 대상으로 조사한 아네트(Arnett, 2001)의 연
구에 따르면, '당신은 성인기에 도달했다고 생각하는가?'라는 질문에 대해
20대 중반까지도 분명하게 대답하지 못했으며, 20대 후반이나 30대 초반의
경우 약 2/3만이 자신을 성인이라고 인식했다.

한편, 사회적 측면에서의 성숙은 부모를 떠나 자신의 가정을 꾸리고, 직
업을 통해 스스로를 부양할 수 있는 능력을 갖추었음을 의미한다. 한 세대
전까지만 해도 고등학교 혹은 대학 졸업 직후, 취업, 결혼, 출산과 같은 성

인기로의 이행은 비교적 단기간에 이루어졌다. 그러나 교육 기간의 연장, 청년 실업의 증가 등으로 인해 오늘날의 젊은이들은 결혼, 직업, 충분한 경제적 독립과 같은 성인기 지표에 매우 느리게 다가가면서 생물학적으로는 이미 성인이 되었지만 사회적 측면에서는 성인으로서의 책임과 의무를 수행하지 못하는 상태에 머무르는 기간이 길어지고 있다. 아네트(Arnett, 2000; 2006)는 이러한 현상을 두고, 초기 성인기 이전에 '성인기 진입 단계(emerging adulthood)'라는 새로운 이행 단계가 출현하였음을 주장하였다.

10대 후반부터 20대 중반에 해당하는 이 시기는 부모의 감독에서 벗어났지만 사회적으로 기대되는 것은 적으며, 성인으로서의 역할도 수행하지 않는다. 그러므로 광범위한 활동을 하면서 자신의 능력을 개발하고 개인적으로 의미 있는 일을 찾아 전념하기도 한다. 전공을 바꾸기도 하고, 학업을 중단하고 일이나 여행을 하기도 하며, 대학원 진학이나 전문적인 직업 준비를 위해 시간을 갖기도 한다. 따라서 아네트(Arnett, 2004; 2006)는 청소년기보다 오히려 이 단계에서 사람들이 더욱 강하게 대안적 선택들을 탐색한다고 주장하였는데, 이는 곧 정체감 형성이 청소년기 이후까지 연장되어 발달한다는 것을 암시한다.

그러나 다양한 인생실험을 할 수 있는 성인기 진입 단계가 누구에게나 존재하는 것은 아니며, 개인의 상황과 자원에 따라 그 경험은 매우 다르다. 만약 가족의 생계를 책임져야 한다거나 일찍부터 부모 역할을 해야 하는 경우라면, 성인기 진입 단계는 아주 제한적일 것이며, 개인의 발전을 위한 탐색이나 자기 개발의 시기가 아니라 실직과 저임금의 상태를 오가는 고전(苦戰)의 시기가 될 수도 있다. 또한 다양한 시도에도 불구하고 실패감과 좌절감을 맛본 경우, 반사회적 행동이나 약물 및 알코올의 오남용, 대인관계에서의 문제 혹은 건강 문제 등을 경험하게 될 가능성도 높다.

2. 초기 성인기: 25~45세

성인 초기에 신체 기능은 모든 면에서 최고조에 달하며, 특히 근육의 단단함이나 물리적 힘은 20대 후반에서 정점에 이른다. 이 시기에는 부모의 집을 떠나 독립된 생활을 하며, 대부분은 결혼이나 동거를 통해 새로운 가정을 형성한다. 그리고 이들 중 상당수는 자녀를 출산하여 부모로서의 역할을 시작한다. 또한 시장성 있는 기술을 발달시키고, 자신의 경력을 쌓기 시작하는 것도 이 시기다. 따라서 직업을 선택하고 유지하는 것, 친밀감을 형성하고 배우자를 만나는 것, 자녀를 출산하고 부모 역할을 수행하는 것 등은 초기 성인기의 주요 발달과제가 된다.

1) 신체 발달

초기 성인기 동안 신체의 구조나 기능은 최고조에 도달한다. 빠른 손발 움직임이 필요한 운동 기술, 근육의 강도나 힘, 그리고 대근육 운동과 협응 기술은 20대 초반에 절정에 달하고, 지구력에 의존하는 운동 기술, 팔과 손의 고정 및 조준 능력은 20대 후반에 절정에 달한다(이옥경 외 역, 2009b). 그러나 신체는 일단 정점에 도달하고 나면 그 뒤부터는 생물학적 노화가 시작된다. 성장과 마찬가지로 노화 역시 그 변화의 속도는 신체 부위별로 다르며 개인차도 크지만, 일반적으로 볼 때 대부분의 운동 기술은 20~35세 사이에 정점에 달하고 그 이후 서서히 쇠퇴한다. 거의 알아차릴 수는 없지만 시각, 청각, 촉각 등의 감각 기능에서도 역시 작은 변화들이 나타나기 시작한다. 눈의 수정체가 탄력을 잃기 시작하며, 초기 성인기의 후반부에 가까워지면 청력 역시 감퇴하기 시작한다. 또한 기초 대사율이 감소함에 따라 점진적인 체중 증가도 시작되며, 여성의 경우 불임도 증가한다. 30대 중반에는 머리가 세기 시작하고, 머리카락이 가늘어지며, 숱도 줄어든다.

질병으로부터 보호하는 면역력은 청소년기까지 증가하다가 20세 이후부터 감소한다. 부분적으로는 흉선 호르몬의 변화 때문인데, 흉선은 10대에 가장 컸다가 점차 줄어들어 50세가 되면 거의 확인할 수 없을 정도가 된다. 신체적 변화만이 아니라 심리적 스트레스 역시 면역 반응을 약화시킨다. 예를 들어 이혼이나 사별과 같은 부정적인 생활사건, 수면부족, 만성 우울 등은 스트레스 요인이 되며, 이것이 오염, 영양결핍, 비위생적 주거환경과 같은 물리적 요인과 함께 작용할 때는 면역 기능을 현저히 떨어뜨린다. 심리적 스트레스는 특히 초기 성인기에 매우 높게 나타나는데, 이는 초기 성인기에 달성해야 할 많은 과제 때문이기도 하다(이옥경 외 역, 2009b).

2) 심리 발달

(1) 인지

피아제는 12세부터 시작되는 형식적 조작기를 인지 발달의 마지막 단계로 보았지만, 그 이후에도 사고의 중요한 진전이 있을 가능성을 배제하지 않았다. 성인기 인지 발달에 관심을 가진 많은 이론가들은 피아제의 형식적 조작을 넘어서는 '후형식적 사고'를 인지 발달의 제 5단계로 제안하고 있다.[1]

윌리엄 페리(Perry, 1970; 1999)는 하버드대 학생들을 대상으로 한 연구에서, 성인기의 사고는 이원론적 사고에서 상대적 사고로 변화해 간다는 것을 발견하였다. 연구결과에 따르면, 저학년 학생들은 개인적 특성이나

---

1) 후형식적 사고에 대한 보다 많은 학자들의 견해는 장휘숙(2006)의 저서를 참고하기 바란다.

상황과는 무관한 추상적 표준과 지식을 비교함으로써 진리를 도출할 수 있다고 생각하였다. 또한 정보나 가치 또는 권위를 옳은 것과 그른 것으로, 선한 것과 악한 것으로 구분하는 이원론적 사고에 몰두하였다. 이와는 대조적으로, 보다 나이가 많은 고학년들은 상대적 사고로 바뀌어서 거의 모든 주제에 대해 다양한 견해가 존재할 수 있다고 보았다. 그들은 절대적 진리의 가능성에 무게를 두기보다는 맥락 내에 따라 달라지는 진리의 다중성을 선호하였으며, 그 결과 사고가 더 유연해지고 관대해졌고, 보다 현실적이었다. 대학교육을 받은 집단을 표본으로 삼았다는 점에서 페리의 연구는 한계가 있긴 하지만, 하나의 질문에 대해 오로지 하나의 정답을 찾는 것이 아니라 맥락에 상응하는 해답을 찾아내는 소위 '적응적 인지 능력'이 성인기 인지 발달의 특징임을 밝혀 내는 데 기여하였다.

한편, 라부비비에프(Labouvie-Vief, 1985; 1990)는 형식적 조작기의 특성인 가설적 사고가 성인기에 이르면 실용적 사고로 변화한다고 주장하였다. 실용적 사고는 논리가 실생활의 문제를 해결하는 도구가 되는 사고 구조를 말하는데, 성인기 이전에는 가능성의 세계를 탐색하고 조작했었지만 성인기에는 실제적이고 구체적인 상황에 초점을 맞추는 실용적 사고가 요구된다. 라부비비에프는 가설적 사고에서 실용적 사고로의 전환을 통해 비로소 논리가 실제 세계의 문제를 해결하는 도구가 된다는 점에서 이를 구조적 진보라고 보았다.

(2) 정서

브렘(Brehm, 1992)에 따르면, 건강한 성격 발달은 다른 사람과의 만족스러운 관계와 자신에 대한 안정되고 내적인 만족 사이에서 균형을 이룰 때 가능하다. 자아정체감을 발달시킴으로써 안정되고 내적인 만족을 추구하는 것이 이전 단계의 핵심 과제였다면, 초기 성인기에는 친밀한 상대에게 영원히 헌신하려고 노력하며, 만족스러운 우정과 직장에서의 유대를 발달시키는 것이 핵심 과제가 된다.

에릭슨은 초기 성인기의 심리적 갈등을 친밀감 대 고립감으로 요약하였는데, 친밀감은 자신의 독립성을 어느 정도 포기하고, 자신의 정체감에 상대방의 가치와 흥미를 포함하여 다시 정의하는 것을 필요로 한다. 따라서 상대방에게 전념할 수 있는 친밀함의 형성은 자신에 대한 안정된 정체감이 선행될 때 보다 성공적으로 이루어진다(Montgomery, 2005). 친밀감을 성취한 사람은 우정과 일에서도 협동적이고 인내심이 있으며, 배경과 가치관의 차이를 수용한다. 또한 이들은 다른 사람과 함께하는 것을 좋아하지만 혼자 있을 때도 편안함을 느낀다.

친밀한 짝이나 만족할 만한 우정을 가지고 있지 못할 경우, 자신이 바라는 사회적 관계와 현재의 사회적 관계 간의 차이로 인해 고독감을 경험할 위험이 높다. 한 연구(Rokach, 2003)에 따르면 고독감은 10대 후반과 20대 초반에 최고였다가 70대까지 점차 감소하는데, 나이가 들어감에 따라 사람들은 고독을 더 잘 수용하게 되고, 자기를 성찰하거나 긍정적인 목적으로 사용할 수 있게 된다.

3) 사회적 발달

성인 초기는 에너지와 풍요로움, 모순과 스트레스가 최고인 시기다. 이때는 가족, 직업, 지역사회활동 등을 통해 사회 내에서 안정적인 영역을 형성해 나가는 시기이지만 충분한 경험도 해 보기 전에 결혼과 자녀 출산, 직업 등 삶의 형태를 규정짓게 되는 중요한 결정들을 해야 하는 시기이기도 하다.

(1) 직업 생활

직업을 통한 경제적 자립은 성숙을 이루는 중요한 요소다. 또한 직업은 창의력 발휘와 자부심 획득을 위한 기회가 되며, 자기정체감의 중심이 된다. 그러나 자신이 원하는 직업을 가졌다 해도 초기 경험은 매우 실망스러울 수 있다. 직업을 선택한 후에는 누구나 평가와 적응의 시기를 거치게 되는데, 이 때 과제 수행이나 동료와의 융화, 상사와의 관계에 성공적으로 잘 적응하면서 자신의 관심사를 보호할 수 있는 기술을 배워야 한다. 직업 경험이 순조롭게 진행되면, 성인들은 새로운 유능감을 가지고 되고, 개인적 성취감을 느끼며, 경제적 독립과 안정을 얻게 된다.

성인 발달의 대표학자 중 한 사람인 레빈슨(Levinson, 1986)에 따르면, 성인 초기의 남성은 자신이 이루고자 하는 꿈을 성취하기 위해 모든 노력을 기울이는데, 이 때 믿을 만한 멘토를 선택하는 것이 중요하다. 멘토는 대개 손위 동료인 경우가 많지만, 간혹 경험 많은 친구나 이웃 또는 친척인 경우도 있다. 멘토는 직업 기술을 향상시켜 주는 교사이자, 직업과 관련된 가치, 관습, 인물에 대해 알려 주는 안내자로서, 그리고 승진을 도와주는 후원자로서의 역할을 한다.

여성 역시 교육적 성취와 사회진출이 증가한 만큼 직업을 통한 경제적 독립과 멘토의 선택은 중요한 과제라고 할 수 있다. 그러나 남성과는 달리 경력만이 아니라 주부로서의 역할이나 모성 역할 등 다양한 관계적 요소들을 고려해야 하므로, 직업 생활을 유지하는 것은 여성에게 훨씬 더 복잡하고 어려운 문제가 된다. 게다가 남성들이 대부분 직업 위계에서 높은 위치를 차지하고 있으므로, 여성 멘토가 되어 줄 만한 사람을 찾는 것도 쉽지 않다.

(2) 부부관계

결혼은 친밀감과 성숙한 사회적 관계를 확립하는 데 매우 중요한 요소

다. 결혼은 두 개인이 하나의 가정을 이루는 것이지만, 배우자의 가족들로 구성된 각각의 두 체계 속에서 그 일부분이 되어 새로운 하위체계를 만들기 위해 노력하는 것 또한 필요하다.

전통적 형태의 부부관계에서 남성은 집안의 가장이고, 주요 책임은 가족의 경제적 안녕을 지키는 것이다. 여성은 남편과 자녀를 돌보는 일에 헌신하며, 안락한 가정을 꾸려야 한다. 반면, 평등한 부부관계는 남편과 부인이 동등하여 힘과 권위를 함께 공유한다. 직업과 양육 그리고 부부 간의 관계에 할애하는 시간과 에너지를 남편과 부인 모두 균등하게 하려고 한다. 대개 교육수준이 높고 일 지향적인 여성들은 평등한 부부관계를 기대한다. 그러나 우리나라의 최근 연구(강이수, 2009)에 따르면, 비록 부부가 같이 경제활동을 하고 심지어 여성의 임금이 더 높은 맞벌이 부부 경우라도 '생계부양자는 남편'이라는 인식을 가지고 있다. 이는 곧 전통적 성별 분업에 대한 관념이 실생활에서의 성역할 변화에도 불구하고 존속되고 있다는 것을 보여 준다.

한편, 친밀한 관계를 가지면서 함께 거주하고 있지만 결혼식이나 혼인신고를 하지 않고 사는 동거 커플도 증가해 왔다. 서구의 경우 동거는 1960년대까지만 해도 사회경제적 지위가 낮은 성인들 사이에서 제한적으로 존재해 왔다. 그러나 그 이후로는 모든 집단으로 확산되었으며, 특히 교육수준이 높고 경제적으로 혜택 받은 초기 성인들 사이에서 결혼의 대안적 생활형태로 나타나고 있다. 우리나라의 경우도 동거는 증가하고 있는데, 최근에는 결혼준비 과정으로 혼전 동거를 희망하는 젊은이들이 늘어나고 있다(장휘숙, 2006).

(3) 부모 역할과 일 · 가정 양립

초혼 연령이 높아지고 무자녀를 선택하는 부부들이 늘어나고는 있지만 여전히 절대 다수의 부부들은 부모가 된다. 부모가 되는 경험은 삶의 의미를 제공하고, 개인적 성장을 도울 뿐 아니라 비로소 독립된 가정을 이루고 성인이 되었다는 느낌을 갖게 해 준다. 그러나 양육과 가사에 대한 새로운 의무, 수면 방해, 부부가 함께할 수 있는 시간의 감소, 경제적 부담의 증가 등 부모 역할의 시작은 많은 부부들에게 행복감과 만족감을 떨어뜨리고, 역할 갈등과 역할 긴장을 불러일으키는 요인이 된다.[2]

부모 역할은 부부의 직업 생활에도 영향을 미치는데, 특히 주 양육자 역할을 하는 여성들의 경우, 대부분 직업 발달이 늦어지거나 심지어는 경력 단절로 이어지기도 한다(Kogan & Vacha-Haase, 2002; Levinson, 1996). 비록 양성 평등과 가사를 공동 분담하는 것이 익숙한 부부라 하더라도 자녀 출산 후에는 성역할이 전통적인 형태로 역행하기 쉬운데, 부모의무이론(parental imperative theory)에 따르면 자녀의 생존을 돕기 위해서 적극적인 양육 기간에는 전통적인 성역할에 대한 동일시가 유지된다고 한다(Gutmann & Huyck, 1994). 따라서 남성보다는 훨씬 더 많은 여성들이 일과 가정의 책임을 모두 다하기 위해 상당한 수준의 스트레스를 경험하는 것으로 나타난다(Cinamon & Rich, 2002). 이는 결국 집중적인 자녀양육기를 거치게 되는 초기 성인기에 직업 생산성을 향상시키고, 심리적 안녕감과 행복한 결혼관계를 유지하기 위해서는 일과 가정의 균형을 유지하는 것이 관건임을 알 수 있다.

---

2) 역할 갈등은 서로 양립 불가능한 두 가지 이상의 역할을 수행해야 할 때 일어나며, 역할 긴장은 개인이 역할을 수행할 능력이나 기술이 부족할 때 경험된다.

3. 중기 성인기: 45~65세

중년기라고도 불리는 중기 성인기는 발달적 측면에서 볼 때 가족과 사회에 대한 기여가 그 핵심이 된다. 중기 성인기를 생산성 대 침체성의 심리사회적 위기로 보는 에릭슨의 견해에 따르면, 이 시기에는 자기 자신(정체감)과 자기 삶의 동반자(친밀감)를 넘어서서, 가족, 지역사회, 전체 사회 등 더 큰 집단에 대해 책임을 지게 된다. 다음 세대를 생산하고 양육하는 것 이외에 생각이나 작품과 같이 자신들이 세상을 떠난 후에도 여전히 남아 있게 될 것들에 기여함으로써 사회의 연속성과 향상을 보장하는 일에 관심을 가진다.

1) 신체 발달

(1) 외모

중년에 들어섰음을 알게 해 주는 것은 바로 흰 머리카락, 굵어진 허리와 선명해진 얼굴 주름 등 외모에서 나타나는 변화들이다. 노화는 이미 초기 성인기부터 진행되어 왔지만 이를 스스로 감지할 수 있는 것은 중기 성인기에 가까워진 이후다. 신장의 감소는 40대부터 시작해서 매 10년마다 0.5인치씩 감소하는데, 초기에는 척추 사이의 디스크가 오그라들기 때문이지만 이후에는 척추 자체가 줄어들기 때문에 나타난다. 체중의 변화도 동반되는데, 몸통 부분에 지방 축적이 늘어나면서 체중은 계속 증가한다. 일반적으로 청년기 동안에는 체중의 10% 정도가 지방이지만, 성인 중기에는 체중의 20% 이상을 지방이 차지한다. 중년기 체중의 증가는 복부 비만과 직결되는데, 복부 비만은 고혈압이나 심장질환을 일으킬 가능성을 높인다. 따라서 규칙적인 운동과 식사 조절로 근육의 상실이나 지방의 증가를 막고, 체중 변화를 예방하는 것이 필요하다. 또한 개인적인 차이는 있지만 재생 능력의 저하와 멜라닌 색소의 감소로 머리카락이 희고 가늘어지며, 얼굴 주름이 뚜렷해지고 피부는 탄력을 잃고 처지기 시작한다. 반면, 얼굴이나 손등에는 멜라닌 색소가 침착되어 노화반점이 생겨난다(장휘숙, 2006).

(2) 감각 기관 및 골밀도

중기 성인기에는 감각 기관의 변화 역시 두드러지는데 수정체의 조절 능력 감퇴는 40~50대에 가장 급격하게 일어나며, 이로 인해 중기 성인기에는 거의 모든 사람들이 돋보기에 의존하게 된다. 또한 희미한 불빛에서 보는 능력과 색채 구별 능력이 감퇴하고, 눈부심에 민감해진다. 청력 감소 역시 진행되는데, 40대에는 고음 영역에서만 청력 감소가 일어나다가 50대가 되면 모든 주파수대로 확대된다(이옥경 외 역, 2009b).

30대 중후반에 최대치에 도달했던 뼈의 밀도는 점차 감소하기 시작하여, 50대에 이르면 감소 비율이 가속화된다. 남성보다 여성의 뼈가 더 작고, 칼슘의 양도 적기 때문에, 뼈의 감소는 남성보다 여성들 사이에서 더 큰 문제가 된다. 보통 50세 이상 여성들의 50%와 70세 이상 여성들의 대부분이 뼈에서 칼슘이 빠져나가 작은 구멍이 생기는 골다공증을 가지고 있으며, 이것은 시력 및 균형 감각의 감퇴와 함께 골절상을 유발하는 원인이 되고 있다(장휘숙, 2006).

(3) 내분비계

남녀 모두 중기 성인기 동안 내분비 체계의 변화를 경험한다. 여성은 에스트로겐 분비가 줄어 월경주기가 짧아지고 불규칙해지며, 남성은 정액과 정자의 양이 감소할 뿐 아니라 성적 반응도 감소한다. 이처럼 수정 능력이 감소하는 중년 전환기를 갱년기라고 부르는데, 남성의 경우 생식 능력은 중기 성인기부터 후기에 걸쳐 점진적으로 줄어들긴 하지만 여전히 유지되는 반면, 여성의 경우는 갱년기 동안에 폐경을 맞게 된다.

갱년기는 폐경 전 생리현상이 불규칙해지는 내분비적 혼란 시기에서부터 폐경으로 인해 생식 능력이 상실된 이후 다시 안정을 되찾을 때까지의 시기를 모두 포함한다(Margaret, 1996). 따라서 월경이 최종적으로 정지된 시기를 말하는 폐경기는 갱년기의 중간 즈음에 위치한다고 볼 수 있다. 폐경 시기는 30대 후반에서 50대 후반까지로, 개인별 편차가 크지만 북미나 유럽 그리고 동아시아 여성들은 평균적으로 50대 초반에 폐경을 맞이한다. 대한폐경학회(1994; 장휘숙, 2006에서 재인용)에 따르면, 한국 여성의 평균 폐경 연령은 48세이며, 이를 전후한 5년에서 10년 동안의 기간이 갱년기가 된다.

폐경으로 인해 나타나는 신체적 증상에는 얼굴이 화끈 달아오르는 열감(홍조현상)과 두통, 메스꺼움, 현기증, 골반통, 유방통증 및 호흡장애 등이 있다. 이 가운데 순간 체온이 상승하는 열감은 보통 얼굴에서 시작하여 목과 가슴으로 번지는데, 갑작스레 화끈 달아오르거나 땀을 흘리게 되며, 경우에 따라서는 정상적인 수면을 방해받기도 한다. 열감은 대개 1년 정도 지속되나 5년 혹은 그 이상 이어지는 경우도 많다(장휘숙, 2006).

우울이나 불안, 무가치감과 같은 심리적 문제 역시 폐경에 뒤따르는 일반적 현상이라고 알려져 왔다. 그러나 최근에 와서는 오히려 폐경과 관련된 불유쾌한 신체적 증상과 이에 따른 우울증 및 신경과민은 소수의 여성들만 경험하는 것으로 보고되고 있다. 폐경이 여성성을 잃는 것이라고 생각하기보다는 폐경을 정상적이고 피할 수 없는 것으로 인식하고, 도리어 이를 새로운 시작으로 환영하는 태도와 문화 속에서는 과민함과 우울감을 덜 경험한다.

2) 심리 발달

(1) 인지

생물학적 노화에 따라 중기 성인기 이후 지능은 어쩔 수 없이 감퇴한다는 것이 일반적인 믿음이다. 그러나 정신 기능을 좀 더 세분해서 살펴보면 성인기의 잠재적 인지 능력은 알려진 것보다 훨씬 낙관적임을 알 수 있다. 지능은 결정지능과 유동지능으로 나눌 수 있는데, 결정지능은 축적된 지식과 경험, 뛰어난 판단, 그리고 사회적 관습의 숙달에 의존하는 기술을 의미한다. 예를 들어 어휘, 상식, 언어 이해, 논리적 추론과 같은 영역이 결정지능 항목에 속한다. 결정지능은 그 개인의 삶에서 필요하고 가치 있는 것이기 때문에 획득된 것이며, 매일의 생활에서 반복적으로 사용한다. 반면, 유동지능은 기본적인 정보처리 기술들을 말하는데, 이는 정보를 분석하는 속도와 작업기억 역량과 같이 속도와 효과성에 관련된 것이다. 유동지능을 반영하는 항목에는 공간 지각력, 수 능력 등이 포함되며, 이는 뇌의 상태와 개인별 학습에 의해 영향을 받는다. 생애에 걸쳐 인지 능력이 어떻게 변화하는가를 살펴본 샤이(Schaie, 1994)의 시애틀 종단 연구에 따르면, 유동지능에 속하는 지각 속도와 수 능력은 청소년기까지 증가하다가 이후에는 점점 쇠퇴하지만 결정지능은 중년기가 내리막길이 아니라 오히려 절정의 시기이며, 중년기 이후 감퇴 폭이 유동지능보다 훨씬 적은 것으로 나타난다.

한편, 정보처리 속도에서는 중기 성인기에 들어 느려지면서 이와 함께 주의와 기억의 일부분도 함께 감퇴한다. 그러나 매일 부딪치는 일상의 문제를 해결하기 위해 자신의 거대한 지식과 삶의 경험을 적용하기 때문에 중기 성인기는 인지 역량이 가장 확장되는 시기이기도 하다. 특히 전문 지식은 초기 성인기에 발달하기 시작하여 중기 성인기에 최고에 이르러서 문

제를 해결하는 데 매우 효율적이고 효과적인 접근을 하도록 이끈다(이옥경 외 역, 2009b). 여기서 전문 지식이란 전문 고위 직종만을 의미하는 것이 아니라 모든 직업 및 직종에서 보다 숙달되고 세심한 방식으로 유능하게 업무를 처리하게 되는 것을 말한다. 예를 들어 TV '생활의 달인' 출연자들도 전문 지식을 갖춘 사람들이라고 할 수 있는데, 이들은 자신의 분야에서 남보다 빠른 민첩성을 가지고 있으며, 직업과 관련된 지식과 수완을 가지고 있다. 전문 지식의 향상과 함께 실용적인 문제해결 능력도 중기 성인기로 들어서면서 대부분 더 향상된다. 중년의 성인들은 일상적인 문제를 해결함에 있어서 여러 시각을 고려할 줄 알게 되고, 당장에 매력적이고 쉽게 보이는 해결보다는 장기적으로 도움이 되는 해결책들을 선택하는 경우가 젊은 성인들보다 많은 것으로 나타난다(Kim & Hasher, 2005).

(2) 정서 및 성격

전문 지식과 실용적인 문제해결 기술의 향상 같은 인지적 역량의 확대는 중기 성인기의 자신감, 주도성 그리고 결단력에도 도움을 준다. 실제로 많은 연구결과들은 중기 성인기가 독립심, 주장성, 개인적 가치에 대한 몰두, 심리적 안녕감 그리고 삶의 만족에 대한 편안함이 증가하는 시기라고 말한다(이옥경 외 역, 2009b). 또한 경험이 쌓이고 능력이 발달하면서 중기 성인기 동안 성격 변화도 일어나는 것으로 보인다. 10대 후반에서 70대까지의 교육받은 성인들을 대상으로 한 리프(Ryff, 1991; 1995)의 연구에 따르면, 중년의 성인들은 초기 성인기에 비해 다음 세 개의 특질이 증가하였고, 그 다음에는 안정적으로 유지되었다.

- **자기 수용**: 중년의 성인들은 젊은 성인들보다 자신의 좋은 점과 나쁜 점 모두를 훨씬 더 잘 인식하고 수용하였으며, 자기 자신과 인생에 대

해 긍정적으로 느꼈다.

- **자율성**: 중년의 성인들은 자기 자신이 다른 사람의 기대와 평가에 대해 신경을 덜 쓰는 대신, 자신이 선택한 기준에 더 신경을 쓴다고 생각하였다.
- **환경 통제**: 중년의 성인들은 자신이 복잡한 일련의 과제를 더 수월하고 효과적으로 다룰 수 있는 능력이 있다고 보았다.

한편, 중기 성인기는 자신이 살아온 지금까지의 삶을 되돌아보고 재평가하는 시기이기도 하다. 레빈슨(Levinson, 1978; 1996)에 따르면 중기 성인

〈표 12-1〉 레빈슨의 중기 성인기 발달과제

과제	설명
젊음-늙음	중년기 성인들은 젊으면서 동시에 늙은 상태가 되는 새로운 방법을 찾아야만 한다. 이것은 어떤 젊음의 특질은 포기하고, 다른 것은 유지하거나 변형하며, 나이가 들어가는 것의 긍정적 의미를 찾아야 한다는 것을 뜻한다.
파괴-창조	도덕성을 더 많이 자각하면서, 자신의 파괴적 행동을 되돌아본다. 가족이나 친구, 동료에게 고통을 주었던 자신의 과거 행동들은 자신과 타인에게 가치 있는 결과를 만들어 내는 행위에 참여함으로써 더 창조적이 되고자 하는 강한 열망으로 대체된다.
남성성-여성성	중년기 성인들은 자신의 남성성과 여성성을 잘 조화시켜야 한다. 남성의 경우에 이것은 더 공감적이고 양육적이 되는 것을 의미하고, 여성의 경우에는 더 많은 자율성을 가지고 지배적이며 자기주장이 강해지는 것을 의미한다.
참여-분리	중년기 성인들은 외부 세계로의 참여와 외부 세계로부터의 분리 사이에 더 조화로운 균형을 이루어야만 한다. 남자의 경우에는 야망과 성취로부터 한발짝 물러나서 자기 자신을 더 많이 대면하게 되는 것을 의미한다. 자녀양육에 전념해 온 여성은 반대로 일과 더 넓은 공동체에 관심을 갖고 이에 더 많이 관여한다.

출처: Levionson(1978; 1996).

기에는 자기 자신과의 관계, 외부 세계와의 관계를 재평가하기 위해 네 개의 발달과제에 직면해야만 한다고 주장하였다. 〈표 12-1〉에서 보는 바와 같이 각 과제는 자기 안에 있는 두 개의 대립된 경향으로 이루어져 있는데, 과제의 목표는 이 두 가지 경향을 화해시킴으로써 더 높은 내적 조화를 획득하는 것이다. 자신의 삶을 중간 점검하는 과정에서 어떤 사람들은 젊은 시절 가졌던 꿈을 충분히 이루지 못한 것에 실망하고 더 늦기 전에 만족할 수 있는 진로를 찾기 원한다. 그 결과 가족이나 직업과 관련된 요소에서 과감한 수정을 하기도 하는데, 예를 들어 이혼, 재혼, 직업 전환 등을 결심하기도 하고 혹은 다른 활동을 통해 높은 창조성을 보이기도 한다.

레빈슨은 35세에서 45세 사이의 남성과 여성에 대한 연구(Levinson, 1978; 1996)를 통해 연구 참여자 대부분이 중기 성인기로 전환하는 과정에서 소위 '중년의 위기'라고 알려진 내적 혼란을 경험한다고 보고하였다. 레빈슨의 연구 훨씬 전에 칼 융 역시 심각한 중년 위기를 겪은 바 있는데, 그는 자신의 개인적 경험을 통해 관계와 재생산에 초점을 둔 초기 성인기 이후에 새로운 창조적 가능성을 열어 주는 후반부 인생의 발달과제가 있다고 보았다.

그러나 과연 중년의 위기는 누구에게나 찾아오는 것일까? 다른 연구들을 종합해 보면, 급격한 분열과 동요는 예외적인 것이지, 누구에게나 일어나는 것은 아닌 것으로 보인다. 예를 들어 베일런트(Vaillant, 1977)는 40대 후반과 50대 남녀 성인에 대한 연구를 통해, 중년의 위기는 소수에게서만 발견되며, 오히려 내적 변화들은 천천히 그리고 꾸준히 일어난다고 주장하였다. 또한 700명 이상의 성인을 대상으로 연구한 웨딩톤(Wethington, 2000) 역시 연구 참여자의 1/4만이 중년의 위기를 경험하고 있다고 보고했으며, 어떤 사람은 40세 훨씬 이전에, 그리고 어떤 사람은 50세 훨씬 이후에 위기를 경험한 것으로 보고하였다.

결국 중년에 대한 반응에는 광범위한 개인차가 존재한다는 것인데, 전반적으로 남성의 변화는 40대 초반에 발생하는 반면, 여성의 변화는 양육의 책임이 감소하여 개인적인 문제들과 마주할 수 있는 시간과 자유가 생기는 때인 40대 후반이나 50대로 늦춰진다. 그러나 여성은 두 가지 경로, 즉, 모성 경로와 직업 경로 중 어느 것에 더 초점을 두느냐에 따라 그 변화의 방향은 매우 다양하게 나타난다. 어떤 여성은 모성 경로에 따른 사회적 시계[3]에 초점을 둘 수도 있고, 전형적인 남성의 생애 경로(직업적 경력)에 따른 사회적 시계에 초점을 둘 수도 있다. 또 어떤 여성은 두 가지 경로의 새로운 조합을 추구할 수도 있다.

3) 사회적 발달

(1) 가족 생활

중기 성인기에는 새로운 역할에 적응해야 할 뿐 아니라 관계를 새롭게 정립해야 하는 과제들에 직면하게 된다. 예를 들어 성인 자녀가 집을 떠나고 결혼을 하면서 중년의 성인들은 시부모, 혹은 장인, 장모로서의 역할을 새롭게 수행해야 하며, 조부모의 역할에도 적응해야 한다. 이와 동시에 질병이나 노환으로 경제적 혹은 물리적 도움을 원하는 노부모와도 지금까지와는 다른 형태의 관계를 수립해야 한다.

---

[3] 뉴가튼(Neugarten, 1979)에 따르면, 모든 사회는 '사회적 시계(Social Clock)'를 가지고 있다. 사회적 시계란 첫 직장을 다니기 시작하는 나이, 결혼하는 나이, 첫 아이를 출산하는 나이, 집을 사는 나이 등과 같이, 연령에 따른 주요 생활사건에 대한 사회적 기대를 말한다. 자신이 사회적 시계에 어느 정도 맞춰 가고 있느냐는 성인기 성격 변화의 중요한 근원이 되는데, 그 이유는 사회적 시계가 동년배에 비해 자신이 얼마나 인생을 잘 살고 있는지를 측정하는 잣대로 작용하기 때문이다. 물론 과거에 비해 훨씬 유동적이 되긴 했으나 생활사건의 보편적 시기에 비해 상당히 지체되어 있을 때는 여전히 심리적 스트레스를 느끼는 것으로 나타나며, 성인기의 자신감에도 영향을 미친다.

① 조부모 역할

가족생활주기로 볼 때 중기 성인기는 '자녀들을 세상으로 떠나보내는 시기'다. 즉, 성인 자녀의 독립으로 인해 부부만 남게 되는 이른바 '빈둥지 시기'를 맞게 된다. 자신을 자녀에게 완전히 헌신하고 살아온 경우라면 학업이나 직장 혹은 결혼으로 자녀를 떠나보내고 나서 허무와 공허감을 느낄 수 있다. 그러나 최근에는 성인 자녀라도 여전히 부모로부터 경제적 도움과 정서적 지원을 받기 원하며, 보육비용에 대한 부담과 신뢰할 만한 보육시설의 부족으로 손자녀까지 돌봐 줄 것을 요청하기도 한다. 따라서 사실 빈둥지 시기는 그리 오래지 않으며, 오히려 중년이 그 어느 때보다 북적이고 바쁜 시기가 될 수 있다.

할머니, 할아버지라는 말은 노년의 시기를 떠오르게 하지만 사실 조부모 역할은 중년부터 시작해서 인생의 약 1/3 동안 지속된다. 대부분의 사람들에게 있어서 조부모가 된다는 것은 삶에 많은 의미를 부여한다. 조부모가 됨으로써 현명하고 도움을 주는 사람, 즉, 존중받는 연장자로 인식된다는 것을 느끼며, 양육과 훈육의 책임을 맡는 부모 역할과는 달리 부담 없는 사랑을 줄 수 있다. 또한 가족의 역사와 가치를 전하고, 생명의 영속성을 확인한다는 점에서 지금까지와는 다른 생의 의미를 느끼게 되는 것이다.

일반적으로 조부모는 손자녀에게 애정을 주고 즐거운 놀이를 함께하면서 가까운 관계를 형성한다. 그러다가 손자녀가 점차 성장하면서는 애정과 보살핌 외에 정보와 조언을 제공하고, 가족사나 사회적, 직업적, 종교적 가치를 전달하는 관계로 발전해 간다. 그러나 손자녀와 맺는 관계의 특성은 중년의 성인들이 조부모 역할에 대해 부여하는 의미만큼 다양하며, 사회경제적 지위나 문화적 맥락에 따라서도 다른데, 셜린과 퍼스턴버그(Cherlin & Furstenberg, 1986)는 조부모 유형을 다음과 같이 세 가지로 구분하였다.

• 원거리형 조부모

손자녀들과 자주 접촉하지 않는 조부모들을 원거리형(remote) 조부모라
고 한다. 물리적으로 멀리 떨어진 곳에 거주하기 때문이기도 하지만 꼭 그
렇지 않은 경우라도 이 유형의 조부모들은 손자녀들과 정서적으로 가까운
관계를 유지하는 것을 원하지 않는다. 조부모들의 연령이 증가할수록 이
유형의 조부모들이 증가하는데, 이는 연령 증가와 함께 체력 저하가 일어
나기 때문인 것으로 볼 수 있다.

• 친구형 조부모

대부분의 조부모는 손자녀와 애정을 나누는 즐거운 관계를 형성한다. 일
차적 양육의 책임이 없는 조부모들은 손자녀에게 무한한 사랑을 주며, 가
치 전달자로서 그리고 조언자로서의 역할을 수행하는데, 이를 친구형
(companionate) 조부모라 한다. 일반적으로 동성의 조부모-손자녀가 더
욱 친밀한 관계를 유지하며, 여성이 남성보다 조부모 역할에 더 만족하는
것으로 보인다(이옥경 외 역, 2009b).

• 몰입형 조부모

몰입형(involved)은 조부모가 손자녀에 대한 양육부담 없이 즐거운 일을
함께하며 가까운 관계를 유지하는 친구형과 달리, 부모를 대신하여 손자녀
양육의 일차적 책임자가 되는 경우를 말한다. 조손가족이 그 대표적인 예
이며, 맞벌이의 증가로 인해서 3세대가 한 집에서 생활하면서 조부모가 낮
시간 동안 손자녀를 돌봐 주는 경우가 여기에 포함된다. 특히 우리나라는
아예 영유아기 손자녀를 조부모 집에서 양육하는 조부모 24시간 돌봄 유형
이 특징적이다(Kim, 2005). 손자녀 양육은 공식적 역할이 없는 후기 성인
기의 조부모들에게 소일거리가 될 수 있고, 역할 참여의 기회를 제공하는

것이 될 수도 있다. 그러나 영유아를 돌보는 일은 육체적으로 힘든 노동일 뿐 아니라 사회적 활동을 제한하기 때문에 신체적, 심리적 문제를 일으킬 수 있다.

② 노부모 부양 스트레스

'샌드위치 세대'라는 말은 아랫세대와 윗세대를 동시에 보살펴야 하는 중기 성인기의 이중 돌봄 부담을 잘 표현해 주고 있다. 중년의 성인들은 집중적인 자녀 양육기를 마치고, 잠깐 동안의 빈둥지 시기를 경험하지만 앞서 언급한 대로 곧 결혼한 자녀들로부터 손자녀를 돌봐 달라는 요청을 받기도 한다. 이뿐 아니라 중기 성인기는 갑작스런 발병으로 노부모를 간병해야 하는 상황에 처할 가능성이 높아지는 시기이기도 하다. 결국 중년기 성인은 샌드위치처럼 사이에 끼어 두 세대를 모두 돌봐야 하는 어려움을 경험한다.

설사 자발적이라 하더라도 돌봄을 필요로 하는 노부모를 장기간 보살피는 것은 심각한 스트레스 요인이 되며, 신체 및 심리 건강에 부정적인 영향을 미친다. 노부모 간병은 역할 과중, 잦은 결근, 집중 곤란, 적대감, 노화에 대한 두려움 그리고 우울 증상을 유발한다. 전통적으로 효가 중시되어 온 우리나라의 경우, 가족 간 의무와 간병 부담은 유럽계 미국인들에 비해 높을 뿐 아니라 불안과 우울의 수준도 높은 것으로 나타난다(Youn et al., 1999). 로라 버크가 제안하는 노부모 돌봄 스트레스를 줄이기 위한 전략은 〈표 12-2〉와 같다.

손자녀나 노부모 돌봄의 부담이 없는 경우에 한해서 중년의 성인은 친구들과 좀 더 여유로운 시간을 가질 수 있게 된다. 중기 성인기에 이르면 일반적으로 친구의 수는 남녀 모두 감소하는 것으로 나타나며, 친구 관계를 맺는 데 보다 더 선별적이 된다. 그러나 친구와의 관계에서 활동하는 내용

〈표 12-2〉 버크가 제안한 노부모 돌봄 스트레스를 줄이기 위한 전략

전략		
효과적인 대처 전략 사용하기	– 문제 중심 대처전략을 사용하라: 다른 가족 구성원과 책임을 나누고, 친구와 이웃의 도움을 구하며, 부모의 한계를 인식하면서도 부모가 할 수 있는 것이 있다면 요구하라. – 정서 중심 대처전략을 사용하라: 그 상황을 개인적 성장의 기회로 삼고, 부모에게 베풀 수 있는 마지막 기회라고 여겨라. 돌봄에서 오는 부담으로 인한 분노, 우울, 불안을 부인하지 마라.	
사회적 지지 찾기	– 가족 구성원과 친구들에게 돌봄 스트레스에 대해 털어놓고 격려와 도움을 적극적으로 구하라. – 사회적 고립과 재정적 어려움에 빠질 수 있으므로, 노부모 돌봄을 위해 직장을 그만두는 일은 가능한 삼가라.	
지역사회 자원 활용하기	– 재가보호나 주간보호와 같은 다양한 서비스 자원에 대한 정보를 적극적으로 구하기 위해 지역사회 내의 기관들(보건소, 지역사회복지관, 주간보호센터 등)과 접촉하라. – 돌봄 제공을 하고 있는 다른 사람들과 만나고, 자조집단을 형성할 수 있도록 지역사회기관에 도움을 청하라.	
노부모 부양에 관련된 정서 및 재정적 부담 경감을 위한 정책을 직장과 정부에 요청하기	– 근로 유연성을 높이고, 가족간호휴가제 같은 고용정책을 마련하도록 요청하라. – 노인장기요양보험제도가 돌봄 부담을 더욱 효과적으로 덜어 줄 수 있도록 개선의 필요성을 강조하라.	

출처: 이옥경 외 역(2009b), p. 254.

은 남녀가 차이를 보이는데, 여성들은 느낌이나 감정 혹은 인생 문제를 친구들과 이야기하는 반면, 남성들을 운동이나 정치, 사업에 대한 이야기를 하는 경향이 있다. 따라서 여성들은 친구들과 서로 많은 정서적 지지를 주고받는다(Antonucci, 1994). 중기 성인기에 들어서면 부부들이 친밀감을 다시 회복하게 됨에 따라 서로에게 가장 좋은 가족이자 친구가 되기도 하는데, 실제로 배우자를 가장 친한 친구로 여기는 것이 결혼생활의 행복에 크게 기여하는 것으로 나타난다(Bengtson et al., 1990).

(2) 직업 생활

① 직업 전환

성인 초기나 후기에 비해 중기에는 직업적 성취도가 최고조에 이르며, 직업이 자신의 정체감과 자존감의 핵심이 된다. 그러나 이와 동시에 직업 전환을 해야 하는 가능성도 존재하기 때문에 직업으로 인한 긴장이 가장 심한 시기라고 할 수 있다. 대개의 경우는 중간관리자에 오른 이후 더 이상 진급을 기대할 수 없다고 판단될 때 경력 변화를 시도한다. 일반적으로 중기 성인기의 직업 변화는 급진적이지 않으며, 기존의 직업과 관련된 분야로 옮겨가는 방식을 택한다. 특히 여성의 경우는 직장 내 승진에서 남성들에게 밀려 더 이상의 진급이 불가능한, 이른바 '유리천장(glass ceiling)'에 부딪치게 된다. 여성의 경우, 멘토나 역할 모델을 찾기도 어려울 뿐 아니라 비공식적으로 형성되는 인적 관계망에 접근하기도 어렵다는 점 그리고 직업에의 헌신도가 남성보다 떨어질 것이라는 일반적인 편견이 여전히 존재한다. 게다가 역설적이게도 리더십이나 출세에 관련된 자질들을 가진 여성, 즉, 자기주장이 뚜렷하고, 자신감이 있으며, 강한 설득력과 야망을 가진 경우, 이것은 오히려 전통적인 여성상과 멀다는 점에서 부정적으로 작용하게 된다. 이와 같은 여러 가지 이유로, 남성 중심적이고 위계적인 조직에서 일하는 여성들은 중년에 더 많은 경력 변화를 보이는데, 메르겐하겐(Mergenhagen, 1996)의 연구에 따르면, 미국의 경우 남성 중간관리자의 두 배에 가까운 여성 중간관리자들이 대기업을 그만두고 대부분 자기 사업을 시작하는 것으로 나타났다.

② 은퇴 계획

직업적 성공이나 전환의 여부와 상관없이 중기 성인기는 언젠가는 맞이하게 될 은퇴기를 위해 준비를 시작해야 할 때라는 점에서 매우 중요한 시기다. 은퇴 계획은 최소한 은퇴 15~20년 전부터 준비해야 하는데, 로라 버크는 은퇴를 준비하는 과정에서 어떤 측면들을 고려해야 하는지를 다음과 같이 제시하고 있다(이옥경 외 역, 2009b: 262).

- 재정: 은퇴기를 위한 재정 적립은 첫 월급을 타는 시기부터 시작하는 것이 가장 이상적이다. 대부분은 은퇴 이후 20년 이상을 살기 때문에 최소한 10~15년 전에는 적립을 시작해야 한다.
- 체력: 건강은 은퇴 이후 안녕감에 핵심적인 요소가 된다. 따라서 중기 성인기부터는 체력 관리를 시작하는 것이 매우 중요하다.
- 역할 적응: 일에 너무 몰두한 나머지 자신의 직업 역할에 강하게 동일시되어 있다면, 은퇴 이후의 삶에 적응하는 것이 더 힘들어진다. 따라서 점진적으로 역할 변화를 준비하는 것이 스트레스를 감소시킨다.
- 여가 활동: 은퇴자는 그야말로 매일 매일이 휴가인 셈이다. 따라서 그 시간에 무엇을 할 것인지를 신중하게 계획해야 하는데, 재정 계획에만 치중하는 것보다 활동적인 삶을 계획하는 것이 은퇴 후 심리적 안녕감에 더 큰 영향을 준다.
- 거주지: 중년부터는 거주지를 옮기는 것에 보다 신중해야 한다. 어디에 사는 가는 곧 은퇴 이후의 활동적 생활에 영향을 미치는데, 이는 건강 관리, 친구 및 가족 관계, 여가나 자원봉사 그리고 시간제 고용의 기회 같은 것에 영향을 주기 때문이다.

이 밖에도 국민건강보험에 더하여 보충적인 의료비 충당을 위한 계획을 세우거나 혹은 유언장을 미리 작성하는 것도 도움이 된다.

4. 후기 성인기: 65세 이후

노년기라고도 불리는 후기 성인기는 신체적 능력의 쇠퇴와 역할 상실, 사회적 관계의 축소 등이 나타나는 시기로, 전 생애 발달과정 중 획득보다는 상실의 비중이 가장 높은 때다. 은퇴, 질병, 사별 등 다양한 영역에서의 전환적 사건들을 겪게 되며, 그것에 대해 적응하고, 자신이 살아온 삶에 대해 균형 있는 평가를 내리면서 자아통합을 이루고, 죽음을 준비하면서 인생을 마무리해야 하는 단계다.

1) 신체 발달

(1) 외모와 기동성

후기 성인기에는 노화에 의한 외모의 변화가 더욱 뚜렷하게 나타난다. 머리카락은 더욱 하얗게 변하며, 팔다리는 가늘어지고 몸통은 더 둥그스름해지며, 신장은 더욱 줄어든다. 60세 이후부터는 근육이 감소하기 때문에 체중도 감소하는데, 이것은 골밀도와 근육의 부가적인 손실 때문이다. 중기 성인기에 비해 근육의 강도는 더욱 빠른 속도로 감퇴하며, 골밀도 감소로 뼈의 강도가 저하되면서 골절의 위험은 더욱 높아진다. 또한 관절, 힘줄, 인대의 강도와 유연성 역시 급격히 떨어진다. 이와 같은 요인들은 결국 기동성에 영향을 미쳐 행동의 둔화를 가져온다. 발걸음이 느려지므로 한 장소에서 다른 장소로 이동하는 데 많은 시간이 필요하다. 또한 물체를 잡거나 협응 능력도 떨어져, 자주 물건을 떨어뜨리며, 식사 시 음식물을 흘리는 일도 잦아진다(장휘숙, 2006).

(2) 감각 기관

후기 성인기가 되면 시력 감퇴는 더욱 현저해진다. 일반적으로 눈부심에 매우 취약해져서 밤 운전이 어려워지며, 밝은 장소에서 어두운 장소로 이동할 때의 암순응이 더욱 힘들어진다. 또한 시력 상실의 위험도 많아지는데, 특히 중년부터 노년까지는 백내장이라 불리는 수정체의 탁한 부분이 증가하여 물체가 흐릿하게 보이고 그대로 두면 실명할 수 있다. 백내장 환자의 숫자는 성인기 중기에서 후기로 감에 따라 10배 정도 증가하며, 80대에 이르면 50%가 백내장에 걸리는 것으로 나타난다(Harvey, 2003). 한편, 황반변성으로도 시력을 상실하게 되는데, 황반변성은 망막 중심부인 황반에 있는 빛 감지 세포가 파괴되어 중심시력이 흐려지면서 점진적으로 시력을 잃는 증상이다. 시력 감퇴는 노인들의 자신감과 일상생활의 행동에 심각한 영향을 끼치지만, 점진적으로 진행되기 때문에 많은 사람들이 시력 저하를 잘 감지하지 못한다.

후기 성인기에는 달팽이관의 퇴화에 의해 청력 손상이 나타나며, 75세 이상 노인의 대부분이 청력에 문제를 갖게 된다. 청력 손상은 생활상의 안전에도 영향을 미치며, 의사소통 능력을 감퇴시켜 삶의 질을 떨어뜨리는 요인이 된다. 특히 70세 이후부터는 대화의 내용과 정서적 의미를 탐지하는 능력이 감퇴하며, 이에 따라 대화 중 상대에게 적절하게 반응하지 못하게 된다. 잘 알아듣지 못하는 일이 반복되면, 가족들 간에도 대화하기가 힘들어져 사회적 고립감을 느끼게 되기 쉬운데, 청력이 감퇴한 노인들은 정상 청력을 가진 노인에 비해 더 낮은 자기효능감, 더 많은 외로움과 우울증상 그리고 더 좁은 사회적 연결망을 가지고 있음이 보고되고 있다(Kramer et al., 2002).

60세 이상 성인의 대부분은 기본 미각의 감퇴를 경험하며, 후각 수용기의 숫자가 줄어들면서 냄새에 대한 민감도도 낮아진다. 후각이나 미각 중

하나 혹은 둘 다를 모두 상실하게 되면, 먹는 즐거움을 잃게 될 뿐 아니라 가스나 연기 냄새를 잘 맡을 수 없게 되어 생명을 위협하는 상황에 놓일 수 있다.

(3) 수면

후기 성인기에 이르면 불면증을 호소하는 경우가 많아진다. 필요한 수면 시간은 성인기 초기나 후기 모두 7시간 정도로 동일하지만 노화가 진행될 수록 연속적으로 자지 못하며, 깊이 잠드는 것도 어려워진다. 또한 취침시 간도 변하여 저녁에 일찍 잠을 자고 아침에 일찍 일어나는 패턴이 된다. 부 족한 수면을 보충하기 위해 대개는 낮잠을 자지만, 그렇게 되면 다시 밤 시 간 동안의 수면이 방해를 받게 되어 수면장애가 반복된다.

70~80세의 남성들은 여성에 비해 수면장애를 더 많이 경험하는 것으로 나타나는데, 그 이유는 전립선의 확장으로 요도가 수축되어 소변을 자주 보 게 되거나 수면 중의 무호흡 증상 때문이다. 수면 중 10초 또는 그 이상 동 안 호흡을 멈추게 되는 수면 무호흡은 과음 습관이 있는 과체중 남성에게 많이 나타나며, 이로 인해 잠에서 자주 깨게 된다. 또한 근육 긴장이나 순환 장애 혹은 대뇌의 운동 영역 변화로 인해 수면 중에 다리를 주기적으로 떠 는 현상이 발생하는데, 이것 역시 수면을 방해한다(이옥경 외 역, 2009b).

2) 심리 발달

(1) 인지

후기 성인기에 이르면 대부분의 사람들이 기억력 저하를 포함한 인지기 능의 쇠퇴를 경험한다. 특히 알츠하이머와 같은 특정한 형태의 치매로 인 해 단기 기억을 상실하는 경우가 있어, 자신의 기억력 감퇴가 혹시 치매 때문은 아닌지 불안해하는 노인들을 주변에서 많이 볼 수 있다. 이는 대개 치매가 노화에 따른 불가피한 결과라고 여기기 때문인데, 사실 노인들 가운데 치매 증상을 보이는 사람은 일부분이며, 치매는 어느 연령에서나 일어날 수 있다. 단지 연령 증가에 따라 치매 발생 가능성이 높아질 뿐이다 (Stuart-Hamilton, 2006).

치매는 아니지만 대부분의 노인들은 기억력이 저하되는 것을 경험한다. 기억은 들어온 정보를 대뇌에 기록하고 저장했다가 필요할 때 의식으로 끌어내는 정신 능력을 말한다. 후기 성인기에 이르면 이전에 경험한 것과 동일하거나 유사하다는 것을 인지하는 재인 능력에는 큰 변화가 없으나 이미 알고 있는 것을 의식으로 끄집어내는 것, 즉, 회상 능력은 젊은 성인에 비해 떨어지는 것으로 나타났다. 노인들은 단서나 힌트가 없으면 알고 있는 것도 쉽게 회상해 내지 못한다. 후기 성인기의 이와 같은 기억 감퇴는 정보처리 속도나 작업기억의 감퇴와 관련되는데, 특히 정보처리 속도는 중추신경계를 구성하는 뉴런과 뉴런 간의 연결 부위인 연접 기능과 대뇌, 그리고 감각 입력과 운동 출력이 통합되는 뇌간의 기능에 의해 결정된다(장휘숙, 2006). 그러나 생물학적 변화만이 아니라 외부적 압력 역시 후기 성인기의 인지 능력에 심각한 영향을 끼치는 것으로 보인다. 노인을 대상으로 서비스를 제공하는 대부분의 전문 직업인들은 병원이나 요양시설 입소 직후 노인의 인지 능력이 급격히 저하되는 것을 발견하는데, 이는 자신의 삶에 대한 통제력 상실에 대한 두려움으로 나타나는 하나의 심리적 방어기제로 이해할 수 있다(Beckett & Taylor, 2010).

지혜는 흔히 노인과 연관되는 인지적 특성으로 여겨져 왔으며, 후기 성인기의 인지 능력 상실에 대한 보상 메커니즘으로 인식되기도 한다. 에릭슨 역시 심리사회적 발달의 최종 단계에서 자아통합을 이루면 지혜를 획득할 수 있다고 주장하였는데, 발테스와 스타우딩거(Baltes & Staudinger,

1993)는 지혜를 다음과 같은 심리적 특성을 지닌 구성개념으로 이해하고
있다.

- 지혜는 생활의 중요한 문제나 까다로운 문제를 처리할 수 있도록 한다.
- 지혜는 진정으로 탁월한 지식, 판단 그리고 충고다.
- 지혜는 특정 상황에 적용될 수 있는 예외적인 깊이와 균형을 지닌 지
  식이다.
- 지혜는 좋은 의도로 사용되며 마음과 덕성을 결합한다.

 지혜로운 사람은 문제에 합리적으로 접근하기 위해 사고, 감정, 행동을
통합할 수 있는 사람들이며(Kramer, 1990), 감정이입 능력과 동정심을 지
니고 있는 사람이다(Wink & Helson, 1997). 따라서 지혜로운 사람들은 광
범위한 인생 경험을 한 사람들로서 상황의 피상적 측면에 매달리기보다는
상황을 꿰뚫어 보는 통찰과 문제의 핵심을 파악할 수 있는 판단 능력을 지
니고 있다.
 그렇다면 과연 지혜는 모든 노인이 획득하게 되는 것일까? 다양한 해석
이 가능한 매우 복잡하고 애매모호한 상황을 제시하고, 과제를 부여함으로
써 지혜에 대한 연령별 차이를 연구한 결과에 따르면(Baltes et al., 1992),
모든 노인들이 젊은 사람들보다 과제를 더 잘 수행하는 것은 아니었다. 그
러나 과제 수행이 뛰어난 사람들만을 놓고 비교해 볼 때, 다른 연령층보다
노인층이 더 뛰어난 것으로 나타났다. 이와 같은 결과는 지혜가 노년기만
의 발달 특성이라고 할 수는 없으나 삶의 경험과 연륜은 지혜를 증진시킨
다는 것을 보여 준다.

(2) 정서 및 성격

일부 학자들은 성인기 이후에는 정서나 성격의 변화가 거의 없이 일관성을 유지한다고 주장한다. 예를 들어 코건(Kogan, 1990)은 후기 성인기에도 익숙한 방식을 유지하기 위하여 '자신'보다는 자신의 사회적 '환경'을 조정해나가기 때문에, 성격 변화가 거의 일어나지 않는다고 보았다. 그러나 최근에는 노화에 따라 정서나 성격이 변화한다는 것이 설득력을 얻고 있다. 이는 후기 성인기에도 새로운 역할을 취득하고, 그에 따른 새로운 경험을 하게 될 뿐 아니라, 여러 가지 부정적인 삶의 경험으로 인해 지금까지의 습관적인 반응양식에 변화가 초래되기 때문이다. 특히 신체 쇠약과 만성질환, 배우자나 친한 친구의 죽음, 경제적 빈곤, 가족으로부터의 소외, 지나온 세월에 대한 회한 등은 후기 성인기의 정서와 성격에 많은 변화를 초래한다.

후기 성인기에는 적극적인 문제해결 행동이 감소되고 의존적이 되는 내향성 및 수동성이 증가한다. 의존성은 병리적인 현상이 아니라 생애주기 가운데 어느 시기나 나타날 수 있는 정상적인 현상이지만 영아기와 후기 성인기는 절대적 의존기라고 할 수 있다. 특히 후기 성인기는 영아기와 달리 독립적인 성인기 이후에 맞이하게 되는 의존기라는 점, 그리고 의존의 기간이 정해져 있지 않다는 점에서 보다 부정적으로 인식된다. 또한 새로운 것보다는 익숙한 것에서 안정감을 느끼려는 경향이 강하며, 익숙함에 대한 정서적 밀착은 경직성이나 보수성으로 비춰지기도 한다. 이는 새로운 것을 배울 수 있는 노인의 학습 능력이나 문제해결 능력을 저해하는 요인이 되기도 하지만 자기가 살아온 삶에 대한 연속성을 유지하고 자아정체감을 보호하려는 노력으로 볼 수 있다(조흥식 외, 2010). 윤진(1996)은 후기 성인기에 나타나는 성격 변화를 의존성의 증가, 내향성 및 수동성의 증가, 조심성의 증가, 경직성의 증가, 우울 성향의 증가, 친근한 사물에 대한 애착 증가, 성역할 지각의 변화, 시간 전망의 변화, 생에 대한 회상의 경향 및 유산을 남기려는 경향이 강해지는 것이라고 하였다.

(3) 죽음에 대한 심리적 반응

죽음은 전 생애의 어느 시점에나 일어날 수 있다. 그러나 후기 성인기에 이르면 죽음은 더욱 현실적이고 직접적으로 다가온다. 가까운 친구나 친척의 궂긴 소식을 빈번히 접하게 되고, 본인이 암이나 다른 질병으로 인한 사망 선고를 받게 되기도 한다. 이로 인해 후기 성인기에는 어느 시기보다 죽어 가는 과정이나 죽음에 대해 그리고 삶과 죽음의 의미에 대해 더 많이 더 자주 생각하게 된다.

자신의 죽음을 수용하기까지의 과정에 대한 모델을 처음으로 제시한 사람은 시카고 대학병원의 정신과 의사였던 퀴블러로스다. 그녀는 말기암 환자 200명을 대상으로, 자신이 회복 불가능한 병에 걸렸음을 알고 난 후 어떻게 반응하는지를 연구하여, 죽음에 대한 예상과 죽어 가는 과정의 고난에 대한 5개의 전형적인 반응이 있음을 제안하였다(Kübler-Ross, 1969).

- **부정**: 사망 선고를 받게 되면 대개 첫 번째 반응은 '아니야. 잘못 진단된 게 틀림없어.' '다른 병원에 가서 다시 진단받을 거야.'라는 반응을 보인다. 이와 같은 부정의 방어기제는 다른 전략을 찾을 수 있는 시간을 벌어 준다는 의미에서 긍정적인 측면이 있다.
- **분노**: '하필 왜 나인가?'라는 반응을 보이며, 다른 건강한 사람들을 부러워하고 또 원망하기도 한다. 분노는 자신의 무기력한 상태에 대한 정서적 반응이지만, 간호사나 가족 혹은 신에게까지 강한 분노를 표출하기도 한다.
- **타협**: 분노의 시기가 지나면 '몇 달만 더, 아니 몇 주만 더' '아들 결혼

식 때까지 만이라도' 등의 반응을 보인다. 즉, 자신이 죽어감을 인정
하지만 아직 끝내지 못한 일을 마무리할 수 있을 때까지 살게 해 줄 것
을 바라면서 의료진이나 자신이 믿는 신과 타협하려고 한다.

- 우울: 신체적으로 점점 더 쇠약해지면서 환자는 죽을 수밖에 없는 현실
  을 받아들이고, 자신의 삶은 물론 일생 동안 함께했던 사물이나 사람
  과 헤어지는 것을 슬퍼하고 우울해한다.
- 수용: 죽음 자체를 수용하고, 죽음을 맞을 준비를 갖춘다. 더 이상 우
  울해하지도 않으며, 고요하고 평화로운 상태를 회복한다. 퀴블러로스
  는 이 단계를 죽음 전의 휴식기로 묘사하였다.

초기 연구에서 퀴블러로스는 이상의 다섯 단계가 순차적으로 나타난다
고 주장하였지만 후속연구(Kübler-Ross, 1974)에서는 대부분의 환자들이
두 개 혹은 세 개의 단계를 동시에 경험하며, 그 순서도 동일하지 않았음을
인정하였다. 이는 슈네이드만(Shneidman, 1980; 1983)의 견해와 일치하는
데, 의사이자 사망학(thanatology) 분야의 권위자인 슈네이드만은 개인이
죽음에 대처하는 과정에서 반복적으로 나타나는 요소들이 있음을 확인하
였다. 그에 따르면, 죽음을 앞둔 환자들은 공포, 불확실성, 되살아나는 환
상, 의심이나 회의, 부당하다는 느낌, 죽음 후의 평가, 통증과의 싸움 등과
같은 복잡한 정서와 방어기제들을 경험한다. 그리고 이 요소들은 고정된
순서에 따라 단계적으로 나타나는 것이 아니라 사망 시점까지 지속적으로
나타났다 사라졌다를 반복한다.

사실, 죽음에 대한 정서나 욕구 그리고 대처를 위해 사용하는 방어기제
는 개인마다 매우 다양하다. 그리고 문화에 따라서도 죽음은 두려움이나
싸움의 대상이 되기보다는 인간 본래의 상태로 돌아가는 자연스러운 것으
로 받아들여지기도 한다. 그러므로 죽음을 수용하는 과정은 다양할 수밖에

없으며, 정형화된 하나의 모델로 설명하는 것은 무리가 있다고 볼 수 있다. 그럼에도 불구하고 퀴블러로스의 연구가 사회복지실천에서 의미 있는 이 유는 자신의 죽음 이외 여타 생활사건들, 특히 부정적이고 충격적인 사건 에 대한 정서적 반응과 심리적 적응의 과정을 이해하는 데 도움을 주기 때 문이다.

3) 사회적 발달

후기 성인기에 이르면 대부분의 사회적 역할들을 상실하거나 역할 수행 으로부터 벗어나게 됨으로써 새로운 도전을 맞게 된다. 직업을 가진 사람 은 은퇴하고, 배우자의 사망으로 혼자 생활하게 되기도 하며, 친구 역시 세 상을 떠나 사회적 관계망이 좁혀진다.

(1) 은퇴

은퇴는 직업 생활의 끝을 의미하며, 이에 따라 직업적 정체감을 상실하 게 되는 것을 뜻한다. 그러나 은퇴 과정과 경로는 개인마다 매우 다양한데, 오랫동안 해 오던 일에서는 은퇴하였으나 그 후 완전히 일을 떠나는 것이 아니라, 새로운 일을 시작하는 사람들이 늘어나고 있기 때문이다. 따라서 각 개인은 삶의 광범위한 맥락 내에서 일련의 과정을 거쳐 은퇴자의 지위 로 이동하게 되는 것이며, 은퇴는 하나의 발달과정으로 인식될 수 있다. 애 칠리(Atchley, 1988)는 은퇴를 몇 단계로 구분하여 설명하고 있는데 이를 살펴보면 다음과 같다.

- 은퇴 이전기: 이 시기에는 은퇴에 대한 준비와 결정이 이루어진다. 은 퇴 후에 어떻게 할 것인지를 결정하기 위해 정보를 수집하고 계획을

세운다. 은퇴 준비는 예상되는 은퇴 시기보다 약 15~20년 앞서 시작되며 배우자, 친척, 친구와 상의하기도 하고 은퇴와 관련된 서적을 읽기도 하며, 은퇴 후의 경제 문제에 대한 계획도 세운다. 따라서 시기적으로 볼 때 이 단계는 성인기 후기가 아니라 성인기 중기에 해당된다.

- **밀월기**: 은퇴 직후의 시기로서 지금까지 직장일 때문에 하지 못했던 것을 시도한다. 다음날 출근해야 하는 부담 없이 늦은 시간까지 깨어 있어도 되며, 장기간의 여행을 떠나고, 하고 싶었던 일을 하면서 여유를 즐긴다.
- **각성기**: 은퇴 후의 색다른 기분은 사라지고 은퇴의 문제점이 나타나기 시작한다. 목적이나 목표 의식이 사라졌음을 절감하고, 사회로부터 버림받았다는 생각으로 불행감을 경험한다. 계획했던 것보다 더 일찍 은퇴하였다면 외로움이나 불행감은 더 커질 수 있다.
- **적응기**: 은퇴 후의 생활에 적응하고, 직업을 대신할 새로운 관심거리와 활동을 찾아내며, 결국 만족스러운 일상을 회복하게 된다.

은퇴에 대한 반응은 개인별로 매우 다양하다. 누군가에게는 스트레스의 근원이 될 수도 있지만 또 누군가에게는 만족의 근원이 될 수도 있다. 은퇴 후의 적응에 대한 연구(Kim & Moen, 2001)에 따르면, 은퇴 과정이 점진적일 때, 개인적 자원(경제적 여유, 건강, 사회적 지원체계 등)이 충분할 때, 그리고 가족 및 다른 역할들 간에 균형을 이룰 수 있을 때 은퇴에 더 잘 적응하는 것으로 나타난다.

(2) 배우자 사별

후기 성인기에 이르러 직면하게 되는 가장 큰 어려움은 배우자 사망으로 인해 혼자 생활해야 하는 시기를 맞게 된다는 것이다. 여성들의 경우, 평균

수명이 남성보다 7~8년 더 길기 때문에, 대부분의 여성들 그리고 그보다 적은 수의 남성들은 배우자 사별 이후 혼자 생활하는 시기에 대한 적응이 필요하다. 사별로 인한 생활 변화나 스트레스 때문에 혼자 남은 배우자는 질병에 걸리기 쉽고 사망할 위험도 높은데, 연구에 따르면 배우자와 사별 후 처음 몇 개월 동안 면역 체계의 기능이 약화되어 신체 질병을 보고하는 사례가 증가하며, 우울증 역시 급격히 늘어나는 것이 관찰된다(Norris & Murrell, 1990; Stroebe & Stroebe, 1993).

배우자와의 사별은 여성들이 남성들보다 더 잘 견디는 것으로 나타난다. 남성들은 여성들에 비해 자살하거나 사망할 가능성이 더 높고 신체적 건강 상태도 급속하게 나빠진다. 이는 여성들이 남성들보다 친구나 이웃과 가까운 유대관계를 맺고 있으며, 자신을 돌볼 줄 알기 때문이라고 할 수 있다. 이에 반해 남성은 스스로를 잘 돌볼 줄 모르고, 위로나 정서적 지지를 제공받을 수 있는 사회적 관계망도 취약하다(Fry, 2001). 또한 앞서 언급한 바와 같이 노년에 혼자 남게 되는 시기를 맞는 것은 대부분의 여성 노인에게는 자연스런 현상이지만 남성들의 경우는 그렇지 않기 때문이기도 하다.

그렇다고 하여 여성 노인에게 전혀 문제가 없는 것은 아니다. 여성 노인의 경우, 더 오래 살기 때문에 그만큼 더 많은 질병을 가지고 있으며, 특히 배우자와의 사별 이후 극복해야 할 주된 문제는 경제적 어려움이다. 지금의 노인 세대들은 대부분 전업주부로서의 삶을 살아왔기 때문에, 연금수급권자인 남편의 사망 이후에는 유족연금에 의존해야 하므로 생활수준은 하락할 수밖에 없다. 전 세계적으로 나타나는 '빈곤의 여성화(feminization of poverty)' 현상도 혼자 사는 여성 노인들의 경제적 어려움이 반영된 것이라 할 수 있다.

(3) 자원봉사

후기 성인기는 일반적으로 상실의 시기로 인식되며, 이 시기 노인들은 서비스를 주기보다는 받는 사람으로 여겨진다. 그러나 상당수의 노인들은 건강하고 활동적일 뿐 아니라 일생 동안 축적된 많은 지식과 기술을 지니고 있다. 따라서 비록 직업 생활에서는 은퇴했어도 자원봉사가 필요한 곳곳에서 적극적으로 활동함으로써 사회적 고립감을 해소하고 자기실현을 추구하는 동시에 사회에도 기여할 수 있게 된다. 장인협과 최성재(2006)는 자원봉사활동이 주는 이점을 개인과 사회로 나누어 다음과 같이 설명하고 있다. 먼저 개인적 측면에서는 첫째, 퇴직으로 상실된 사회적 지위와 역할을 제공하므로 개인의 사회적 가치감을 유지할 수 있도록 해 주고, 둘째, 소외감을 극복하고 긍정적 자아상을 유지할 수 있도록 하며, 셋째, 책임감을 가지고 창의성을 발휘할 수 있도록 하므로 노인의 생활 만족도를 증진시키고 정신건강을 개선시킨다. 또한 사회적으로는, 첫째, 노인이나 노화에 대한 인식을 긍정적으로 변화시킬 수 있고, 둘째, 사회를 발전시키는 데 공헌하게 하며, 셋째, 공동체 의식을 높일 수 있다. 이뿐 아니라 노인의 자원봉사활동은 생활 만족을 느낄 수 있도록 함으로써 후기 성인기에 발생될 수 있는 심리·정서 문제들을 해결하는 하나의 방안이 될 수도 있다.

5. 성인기와 사회복지실천

1) 배우자 학대

배우자 학대는 어느 문화에서나 어떤 사회경제적 계층에서나 발견된다. 대체적으로 남편이 가해자이고 아내가 피해자이지만 그 반대의 경우도 적지 않다. 학대를 행하는 이유로 가해자들이 말하는 것을 보면, 첫째, 배우자의 주의를 끌기 위해서, 둘째, 통제하기 위해서 그리고 셋째, 화를 표현하기 위해서다. 가해자들의 내적 특성을 보면, 대체로 우울, 불안 그리고 낮은 자기존중감을 가지고 있으며, 분노를 조절하지 못하거나 아주 사소한 사건들—집이 어지럽다거나 식사가 늦게 준비된다거나 하는 등—을 참지 못해 학대를 행사한다.

배우자 학대는 다양한 사회적 요인에 의해서도 촉발되거나 강화될 수 있다. 예를 들어 실직이나 경제적 어려움과 같은 스트레스가 되는 생활사건들을 겪게 되면 배우자 학대가 나타날 가능성이 높아지며, 남성의 지배와 여성의 복종을 강조하는 문화적 규범 역시 배우자 학대를 증가시킨다.

희생자는 만성적으로 불안하고 우울하며 공포가 엄습하는 것을 경험하나 학대 배우자와의 관계를 쉽게 정리하지 못한다. 이는 경제적으로 가해자에게 의존해 있거나 더 심한 폭행을 할지도 모른다는 공포감, 그리고 가해 배우자가 조만간 변하게 될지 모른다는 허황된 믿음 때문이기도 하다. 피해자가 학대 배우자에게서 떠나길 원치 않을 경우는 배우자와의 상호작용을 변화시키고 생활 스트레스를 줄이는 것에 초점을 맞춘 가족 전체에 대한 치료적 접근이 필요하다. 이와 함께 남성 역시 피해자가 될 수 있음도 간과하지 말아야 한다.

2) 노인 자살

노인 자살은 노년의 경제적 안정성의 증가, 의학적 치료와 사회 서비스의 향상, 은퇴에 대한 우호적인 태도 등에 힘입어 지난 수십 년 동안 감소해 왔다. 그러나 우리나라를 포함하여 전 세계적으로 노인들의 자살 위험은 여전히 높으며, 75세 이상에서 절정에 이른다. 특히 질병을 적극적으로 치료하지 않거나 식사를 거부하는 등의 자기파괴적 행위도 간접적 방식의 자살이라고 할 수 있는데, 이런 경우까지 포함한다면 노인 자살은 알려진 것보다 훨씬 많다(장휘숙, 2006).

남성들이 여성에 비해 자살율이 높다는 것을 앞서 이미 언급한 바 있는데, 이 같은 성차는 후기 성인기에도 지속된다. 남녀 간 자살 방법의 차이 외에도 일반적으로 여성 노인은 남성 노인에 비해 가족이나 친구들과 더 가까운 유대관계를 맺고, 사회적 지원에 대한 요청도 보다 적극적이며, 신앙에 의존하는 경우도 더 많아 이런 요인들이 자살을 예방하는 역할을 하는 것으로 보인다. 또한 노인들이 깊은 존경과 신뢰를 받는 문화적 전통 속에서 자기존중감과 사회적 통정감이 증진되는 경우, 노인 자살은 보다 낮아진다(이옥경 외 역, 2009b).

자살의 위험 신호는 개인적인 일들을 정리하려는 노력, 죽는 것에 대한 이야기, 의기소침, 수면과 식성의 변화 등에서 찾을 수 있다. 그러나 후기 성인기에는 치료나 음식 거부와 같은 자기파괴적 행동 역시 주시해야 한다. 또한 스스로 '늙어서 아무것도 할 수 없다'는 왜곡된 사고방식은 합리적 정서치료를 통해 반박되고 수정되어야 하며, 은퇴, 사별, 질병 등으로 인한 생활 변화에 대처하도록 도움을 주는 것도 항우울제 처방과 함께 자살 예방에 도움이 될 수 있다.

3) 노인 학대

대부분의 노인은 가족 구성원, 친구, 전문 돌봄 제공자와 긍정적인 관계를 맺지만 일부는 이들로부터 학대를 당하고 있다. 대부분의 산업화된 나라에서 노인 학대는 매우 유사한 비율을 보이는데, 전체 노인의 약 4~6%에 이른다. 학대는 사적 공간에서 발생할 뿐 아니라, 학대 사실을 알리고 싶지 않아 하는 경우도 있기 때문에 실제 노인 학대의 비율은 그보다 더 높을 것으로 예상할 수 있다. 전문 돌봄 제공자에 비해, 가족 구성원에 의한 노인 학대 방지는 특히 더 힘들다. 피해자는 보복을 두려워할 수도 있고, 혹은 가해자를 보호하려고 할 수 있으며, 어디에 도움을 청해야 할지 모를 수도 있다. 일단 학대가 발견되면, 즉각적인 보호를 제공해야 하며, 가해자를 위한 정신건강 프로그램과 노인 돌봄으로부터 휴식을 취할 수 있는 사회적 지원을 제공해야 한다. 또한 피해자에게는 학대 행위를 확인하고, 적절한 반응을 연습하도록 하며, 새로운 관계를 형성하도록 돕는다.

::: 참고문헌 :::

강문희 · 김매희 · 유정은(2007). 아동발달론. 고양: 공동체.

강이수(2009). 여성의 일−가족에 대한 태도와 '선택'의 문제. 민주사회와 정책연구, 15: 237-72.

권중돈 · 김동배(2005). 인간행동과 사회환경. 서울: 학지사.

김기태 · 김수환 · 김영호 · 박지영(2006). 사회복지실천론. 파주: 양서원.

김석희 역(2005). 20세기를 만든 사람들−지그문트 프로이트. 서울: 작가 정신.

김태련 · 조혜자 · 이선자 · 방희정 · 조숙자 · 조성원 · 김현정 · 홍주연 · 이계원 · 설인자 · 손원숙 · 홍순 정 · 박영신 · 손영숙 · 김명소 · 성은현(2004). 발달심리학. 서울: 학지사.

대한산부인과학회(2010). 산부인과학: 지침과 개요. 서울: 군자출판사.

대한소아과학회(2007). 한국 소아청소년 발달도표. 질병관리본부.

사회복지사수험연구회(2002). 인간행동과 사회환경. 서울: 동인.

손광훈(2008). 인간행동과 사회환경. 고양: 공동체.

손병덕 · 강란혜 · 백은령 · 서화자 · 양숙미 · 황혜원(2008). 인간행동과 사회환경. 서울: 학지사.

송명자(1995). 발달심리학. 서울: 학지사.

심성경 · 김경의 · 이효숙 · 변길희 · 박유미 · 박주희(2010). 아동발달. 서울: 학지사.

연세대학교 의과대학 소아과학교실(2009). 세브란스 소아진료 매뉴얼(완전개정3판). 서울:연세대학교 출 판부.

오은아(1998). 분리불안장애아의 부모놀이치료 사례분석. 놀이치료연구, 2(1): 69-88.

오창순 · 신선인 · 장수미 · 김수정(2010). 인간행동과 사회환경. 서울: 학지사.

오혜경 역(2009). 에이브러햄 매슬로의 동기와 성격. 서울: 21세기 북스.

윤진(1996). 성인 노인 심리학. 서울: 중앙적성출판사.

이경혜 · 이영숙 (2009). 여성건강간호학 I, 서울: 현문사.

이근홍(2006). 인간행동과 사회환경. 고양: 공동체.

이부영(1998). 분석심리학−C. G. Jung의 인간심성론. 서울: 일조각.

이부영(2001). 아니마와 아니무스. 서울: 한길사.

이상로 · 이관용 역(1987). 성격의 이론. 서울: 중앙적성출판사.

이영 · 이정희 · 김온기 · 이미란 · 조성연 · 이정림 · 유영미 · 이재선 · 신혜원 · 신혜원 · 나종혜 · 김수연 · 정지나(2009). 영유아 발달. 서울: 학지사.

이영희 · 박외숙 · 고향자 역(2007). 칼 로저스. 서울: 학지사.

이인정 · 최해경(2000). 인간행동과 사회환경. 서울: 나남.

이옥경 · 이현진 · 김혜리 · 정윤경 · 김민희 역(2009a). 생애발달 I: 영유아기에서 아동기까지. 서울: 시그마프레스.

이옥경 · 이현진 · 김혜리 · 정윤경 · 김민희 역(2009b). 생애발달 II: 청소년기에서 성인기까지. 서울: 시그마프레스.

이훈구 역(2000). 성격심리학. 서울: 법문사.

장근영(1992). 분리-개별화 과정 및 역할취득 수준과 청소년기 자아중심성 간의 관계. 연세대학교 대학원 석사학위 청구논문.

장인협 · 최성재(2006). 노인복지론 개정판. 서울대학교 출판부.

장휘숙(1999). 전 생애 발달 심리학: 인간발달. 서울: 박영사

장휘숙(2006). 성인심리학: 성인발달, 노화, 죽음. 서울: 박영사.

장휘숙(2010). 아동심리학. 서울: 박영사.

전북대학교 의과대학 학술편찬위원회(2009). Power Obstetrics(산과)(정정판). 서울: 군자출판사.

정옥분(2007). 전 생애 인간 발달의 이론. 서울: 학지사.

정옥분(2008). 청년발달의 이해. 서울: 학지사.

조흥식 · 김혜래 · 신은주 · 우국희 · 오승환 · 성정현 · 이지수(2010). 인간행동과 사회환경. 서울: 학지사.

주재선(2010). 2009 한국의 성인지 통계. 한국여성정책연구원.

청소년상담원(1996). 자녀의 힘을 북돋우는 부모. 청소년 대화의 광장.

최경숙 · 송하나 (2010). 발달심리학– 전생애: 아동 · 청소년 · 성인. 파주: 교문사.

최순남(2002). 인간행동과 사회환경. 경기: 법문사.

최옥채 · 박미은 · 서미경 · 전석균(2003). 인간행동과 사회환경. 파주: 양서원.

한국성폭력상담소(1999). 섹슈얼리티 강의. 서울:동녘.

환경부(2009). 산모와 영유아 대상의 환경노출에 의한 건강영향연구: 모자환경보건센터 (3차년도 최종보고서).

Adams, G. R., & Gullotta, T. D. (1989). *Adolescent Life Experience*. C.A.: Brooks/Cole.

Ainsworth, M. D. S. (1973). 'The development of infant-mother attachment', in B. M. Caldwell & H. N. Ricciuti (Eds.), *Review of Child Development Research* (vol.3). Chicago: Univ. of Chicago Press.

Antonucci, T. C. (1994). 'A life-span view of women's social relations', in B. F. Turner & L. E. Troll (Eds.), *Women Growing Older*. CA: SAGE.

Archer, S. L. (1994). *Intervention for Adolescent Identity Development*. CA: SAGE.

Arnett, J. J. (2000). 'Emerging adulthood: A theory of development from the late teens through the twenties', *American Psychologist 55*: 469-80.

Arnett, J. J. (2001). 'Conceptions of the transition to adulthood: Perspectives from adolescence to mid-life', *Journal of Adult Development 8*: 133-43.

Arnett, J. J. (2004). *Emerging Adulthood: The Winding Road from the Late Teens through the Twenties*. NY: Oxford Univ. Press.

Arnett, J. J. (2006). 'Emerging adulthood: Understanding the new way of coming of age', in J. J. Arnett & J. L. Tanner (Eds.), *Emerging Adults in America: Coming of Age in the 21st Century*. Washington DC: American Psychological Association.

Ashford, J., Lecroy, C., & Lortie, K. (2001). *Human Behavior in the Social Environment: A Multidimensional Perspective* (2nd ed.), CA: Thomson Learning Inc.

Atchley, R. (1988). *Social Forces and Aging: An Introduction to Social Gerontology*. CA: Wadsworth.

Bagwell, C. L., Newcomb, A. F., & Bukowski, W. M. (1998). 'Preadolescent friendship and peer rejection as predictors of adult adjustment', *Child Development 69*: 140-53.

Baltes, P. B. (1987). 'Theoritical propositions of life-span developmental psychology: on the dynamics between growth and decline', *Developmental Psychology 23*: 611-26.

Baltes, P. B., Smith, J., & Staudinger, U. M. (1992). 'Wisdom and successful ageing', in T. B. Sonderegg (Ed.), *Nebraska Symposium on Motivation 39*. Lincoln, NE: Univ. of Nebraska Press.

Baltes, P. B., & Staudinger, U. M. (1993). 'The search for a psychology of wisdom', *Current Directions in Psychological Science 2*: 75-80.

Bandura, A. (1983). 'The self and mechanisms of agency', in J. M. Suls & A. G. Greenwald (Eds.), *Psychological Perspectives on the Self*, Vol 2. NJ: Erlbaum.

Bandura, A. (1997). *Self-Efficacy: The Exercise of Control*. NY: Freeman.

Baumrind, D. (1971). 'Current patterns of parental authority'. *Developmental Psychology Monograph 4*(No. 1, Pt 2).

Baumrind, D. (1997). 'Necessary distinctions', *Psychological Inquiry 8*: 176-82.

Bearman, P. S., & Moody, J. (2004). 'Suicide and friendships among American adolescents'. *American Journal of Public Health 94*: 89-95.

Beck, A. T. (1976). *Cognitive Therapy and the Emotional Disorders.* NY: New American Library.

Beckett, C., & Taylor, H. (2010). *Human Growth and Development* (2nd ed.), London: SAGE.

Bengtson, V. L., Rosenthal, C. L., & Burton, L. (1990). 'Families and aging: Diversity and heterogeneity', in R. H. Binstock & L. K. George (Eds.), *Handbook of Aging and the Social Sciences* (3rd ed.), San Diego: Academic Press.

Berger, R. L., & Federico, R. C. (1982). *Human Behaviour: A Social Work Perspective.* London: Longman.

Boeree, C. G. (2006). *Personality Theories. (Accessed online, Oct.* 2010. at http://webspaceship.edu/cgboeree/perscontents.html)

Brehm, S. S. (1992). *Intimate Relationships* (2nd ed.), NY: McGraw-Hill.

Brendgen, M., Markiewicz, D., Doyle, A. B., & Bukowski, W. M. (2001). 'The relations between friendship quality, ranked-friendship preference, and adolescents' behavior with their friends', *Merrill-Palmer Quarterly 47*: 395-415.

Bronfenbrenner, U. (1979). *The Ecology of Human Development.* MA: Harvard Univ. Press.

Bronfenbrenner, U. (1989). 'Ecological systems theory', *Annals of Child Development 6*:187-249.

Buckley, W. (1967). *Sociology and Modern Systems Theory.* NJ: Prentice-Hall.

Buckley, W. (1998). *Society-A Complex Adaptive System: Essays in Social Theory.* London: Routledge.

Case, R. (1998). 'The development of central conceptual structures', in D. Kuhn & R. Siegler (Eds.), *Handbook of Child Psychology: Vol. 2. Cognition, Perception, and Language* (5th ed.), NY: Wiley.

Chen, Y-C., Yu, M-L., Rogan, W., Gladen, B. & Hsu, C-C. (1994). 'A 6-year follow-up of behavior and activity disorders in the Taiwan Yu-cheng children', *American Journal of Public Health 84*: 415-421.

Cherlin A. J., & Furstenberg, F. F. (1986). *The New American Grandparent.* NY: Basic Brooks.

Chess, W. A., & Norlin, J. M. (1988). *Human Behavior and the Social Environment: A Social Systems Model*. MA: Allyn & Bacon.

Cinamon, R. G., & Rich, Y. (2002). 'Gender differences in the importance of work and family roles: Implications for work-family conflict', *Sex Roles 47*: 531-41.

Cooper, C. R. (1998). *The Weaving of Maturity: Cultural Perspectives on Adolescent Development*. NY: Oxford Univ. Press.

Davis, H. A. (2003). 'Conceptualizing the role and influence of student-teacher relationships on children's social and cognitive development', *Educational Psychologist 38*: 207-34.

Eberhart-Phillips, J. E., Frederick, P. D., & Baron, R. C. (1993). 'Measles in pregnancy: A descriptive study of 58 cases', *Obstetrics and Gynecology 82*: 797-801.

Eder, R. A., & Mangelsdorf, S. C. (1997). 'The emotional basis of early personality development: Implications for the emergent self-concept', in R. Hogan, J. Johnson & S. Briggs (Eds.), *Handbook of Personality Psychology*. CA: Academic Press.

Elkind, D. E. (1978). 'Understanding the young adolescent', *Adolescence spring*: 127-34.

Elliott, J. G. (1999). 'School refusal: Issues of conceptualization, assessment, and treatment', *Journal of Child Psychology and Allied Disciplines 40*: 1001-12.

Elliott, D., & Tolan, P. (1999). 'Youth violence prevention, intervention, and social policy: An overview', in D. J. Flannery & C. R. Huff (Eds.), *Youth Violence: Prevention, Intervention and Social Policy*. Washington DC: American Psychiatric Press.

Ellis, A. (1973). *Humanistic Psychotherapy*. NY: McGrow-Hill.

Engler, B. (2006). *Personality Theory: An Introduction* (7th ed.), Boston: Houghton Mifflin.

Evans, R. I. (1989). *Albert Bandura: The Man and His Ideas- A Dialogue*. NY: Praeger.

Fabes, R. A., Eisenberg, N., McCormick, S. E., & Wilson, M. S. (1988). 'Preschoolers' attributions of the situational determinants of others 'naturally occurring emotions', *Developmental Psychology 24*: 376-85.

Federenko, I. S., & Wadwha, P. D. (2004). 'Women's mental health during pregnancy influence fetal and infant developmental and health outcomes', *CNS Spectrums 9*: 198-206.

Feist, J., & Feist, G. (2006). *Theories of Personality* (6th ed.), NY: McGraw-Hill.

Fergusson, D. M., Woodward, L. J., & Horwood, L. J. (2000). 'Risk factors and life processes associated with the onset of suicidal behaviour during adolescence and early adulthood',

Psychological Medicine 30: 23-39.

Forte, J. A. (2007). *Human Behavior and the Social Environment: Models, Metaphors, and Maps for Applying Theoretical Perspectives to Practice.* CA: Thomson.

Franco, P., Chabanski, S., Szliwowski, H., Dramaiz, M., & Kahn, A. (2000). 'Influence of maternal smoking on autonomic nervous system in healthy infants', *Pediatric Research 47*: 215-20.

Friedman, J. M. (1996). *The Effects of Drugs on the Fetus and Nursing Infant: A Handbook for Health Care Professionals.* Baltimore: Johns Hopkins Univ. Press.

Fry, P. M. (2001). 'Predictors of health-related quality of life perspectives, self-esteem, and life satisfactions of older adults following spousal loss: An 18-month follow up study of widows and widowers', *Gerontologist 41*: 787-98.

Germain, C. B. (1979). 'Ecology and social work', in C. B. Germain (Ed.), *Social Work Practice: People and Enviornments.* NY: Columbia Univ. Press.

Germain, C. B. (1987). 'Human development in contemporary environment', *Social Work Service Review 61*: 565-80.

Germain, C. B. (1990). 'Life forces and the anatomy of practice', *Smith College Studies in Social Work 60*(2): 138-52.

Germain, C. B. (1991). *Human Behavior in the Social Environment: An Ecological View.* NY: Columbia Univ. Press.

Germain, C. B., & Bloom, M. (1999). *Human Behavior in the Social Environment: An Ecological Veiw* (2nd ed.), NY: Columbia Univ. Press.

Germain, C. B., & Gitterman, A. (1980). *The Life Model of Social Work Practice.* NY: Columbia Univ. Press.

Gilligan, C. (1982). *In a Difference Voices: Psychological Theory and Women's Development.* Massachusetts: Harvard Univ. Press.

Gilligan, C. (1993). 'Adolescent development reconsidered', in A. Garrod (Ed.), *Approaches to Moral Development New Research and Emerging Themes.* NY: Teachers College Press.

Goldhaber, D. E. (2000). *Theories of Human Development: Integrative Perspectives.* CA: Mayfield.

Gorden, W. (1969). Basic constructs for an integrative and generative conception of social work, in G. Hearn (Ed.), *The General System Approach: Contributions toward an Holistic Conception of Social Work*. NY: Council on Social Work.

Green, M., & Piel, J. A. (2002). *Theories of human development: A comparative approach*. Allyn & Bacon.

Greene, R. R. (1991a). 'General systems theory', in R. R. Greene & P. H. Ephross, *Human Behavior Theory and Social Work Practice*. NY: Aldine de Gruyter.

Greene, R. R. (1991b). 'The ecological perspective', in R. R. Greene & P. H. Ephross, *Human Behavior Theory and Social Work Practice*. NY: Aldine de Gruyter.

Greene, R. R., & Ephross, P. H. (1991). *Human Behavior Theory and Social Work Practice*. NY: Aldine de Gruyter.

Grief, G. L. (1986). 'The ecosystems perspective "meets the press"', *Social Work 31*(3): 225-26.

Gullotta, T., Adams, G., & Markstrom, C. (2000). *The Adolescent Experience* (4th ed.), Sandiego: Academic Press.

Gutmann, D. L., & Huyck, M. H. (1994). 'Development and pathology in post-parental men: A community study', in E. Thompson, Jr. (Ed.), *Older Men's Lives*. CA: SAGE.

Hall, C. S., & Nordby, V. J. (1973). *A Primer of Jungian Psychology*. NY: Meridian Book.

Hanson, B. G. (1995). *General Systems Theory: Beginning with Wholes*. Washington DC: Taylor & Francis.

Hart, C. H., Newell, L. D., & Olsen, S. F. (2003). 'Parenting skills and social-communicative competence in childhoods', in J. O. Greene & B. R. Burleson (Eds.), *Handbook of Communication and Social Interaction Skills*. NJ: Erlbaum.

Harvey, P. T. (2003). 'Commom eye diseases of elderly people: Identifying and treating causes of vision loss', *Gerontolology 49*: 1-11.

Haywood, K. M., & Getchell, N. (2001). *Life Span Motor Development* (3rd ed.), IL: Human Kinetics.

Hawkins, J. N. (1994). 'Issues of motivation in Asian education', in H. F. O'Neil, Jr. & M. Drillings (Eds.), *Motivation: Theory and Research*. NJ: Erlbaum.

Hearn, G. (1979). 'General systems theory and social work', in F. J. Turner (Ed.), *Social Work Treatment: Interlocking Theoretical Approaches*. NY: Free Press.

Jacobson, J. L., & Jacobson, S. W. (2003). 'Prenatal exposure to polychlorinated biphenyls and attention at school age', *Journal of Pediatrics* 143: 780-8.

Jones, J., Lopez, A., & Wilson, M. (2003). Congenital toxoplasmosis, *American Family Physician* 67: 2131-7.

Kaufman, J., & Charney, D. (2003). 'The neurobiology of child and adolescent depression: Current knowledge and future directions'. in D. Cicchetti & E. Walker (Eds.), *Neurodevelopmenal Mechanisms in Psychopathology*. NY: Cambridge Univ. Press.

Kim, J. E., & Moen, P. (2001). 'Is retirement good or bad for subjective well-being?', *Current Directions in Psychological Science 10*(3): 83-6.

Kim, S. & Hasher, L. (2005). 'The attraction effect in decision making: Superior performance by older adults', *Quarterly Journal of Experimental Psychology, 58A*: 120-33.

Kim Y. J. (2005). *Reconciling Work and Motherhood: the Experience of Working Mothers in Korea*. Ph.D Thesis: Univ. of Bath, U.K.

Kisilevsky, B. S., Hains, S. M. J., Lee, K., Xie, X., Haung, H., Ye, H. H., Zhang, K., & Wang, Z. (2003). 'Effects of experience on fetal voice recognition', *Psychological Science 14*: 220-24.

Kogan, N. (1990). 'Personality and aging', in J. E. Birren & K. W. Schaie (Eds.), *Handbook of the Psychology of Aging* (3rd ed.), NY: Van Nostrand Reinhold.

Kogan, L. R., & Vacha-Hasse, T. (2002). 'Supporting adaptation to new family roles in middle age', in C. L. Juntunen & D. R. Atkinson (Eds.), *Counseling across the Life-span*. CA: SAGE.

Kramer, D. A. (1990). 'Conceptualizing wisdom: The primacy of affect-cognition relations', in R. J. Sternberg (Ed.), *Wisdom: Its Nature, Origins, and Development*. Cambridge: Cambridge Univ. Press.

Kramer, S. E., Kapteyn, T. S., Kuik, D. J., & Deeg, D. J. (2002). 'The association of hearing impairment and chronic diseases with psychosocial health status in older age', *Journal of Aging and Health 14*: 122-37.

K bler-Ross, E. (1969). *On Death and Dying*. NY: Macmillan.

K bler-Ross, E. (1974). *Questions and Answers on Death and Dying*. NY: Macmillan.

Labouvie-Vief, G. (1985). 'Logic and self-regulation from youth to maturity: A model', in M. I. Commons, F. Richards & C. Armon (Eds.), *Beyond Formal Operations: Late Adolescent and Adult Cognitive Development*. NY: Praeger.

Labouvie-Vief, G. (1990). 'Models of Knowledge and organization of development', in M. I.

Commons, I. Kolberg, R. Richards & J. Sinnott (Eds.), *Beyond Formal Operations: Models and Methods in the Study of Adult and Adolescent Thought*. NY: Praeger.

Laird, R. D., Jordan, K. Y., Dodge, K. A., Pettit, G. S., & Bates, J. E. (2001). 'Peer rejection in childhood, involvement with antisocial peers in early adolescence, and the development of externalizing behavior problems', *Development and Psychopathology 13*: 337-54.

Lang, S. (2005). 'Urie Bronfenbrenner: in appreciation', *Association for Psychology Science Observer 18*(11).

Lapsley, D. K., & Murphy, M. N. (1985). 'Another look at the theoretical assumptions of adolescent egocentrism', *Developmental Review 5*: 201-17.

Levinson, D. J. (1978). *The Seasons of a Man's Life*. NY: Knopf.

Levinson, D. J. (1986). 'A conception of adult development', *American Psychologist 41*: 3-13.

Levinson, D. J. (1996). *The Seasons of a Women's Life*. NY: Knopf.

Marcia, J. (1993). 'The relational roots of identity', in J. Kroger (Ed.), *Discussions on Ego Identity*. NJ: Lawrence Erlbaum Associates.

Margaret, C. W. (1996). 'The middle years: Women, sexuality and the self', *JOGNN, 25*(7): 615-21.

Marsh, H. W., & Ayotte, V. (2003). 'Do multiple dimensions of self-concept become more differentiated with age? The differential distinctiveness hypothesis', *Journal of Educational Psychology 95*: 687-706.

Martin, P. Y., & O'Conner, G. C. (1989). *The Social Environment: Open Systems Applications*. NY: Longman.

Mergenhagen, P. (1996). 'Her own boss', *American Demographics 18*: 36-41.

Montgomery, M. J. (2005). 'Psychosocial intimacy and identity: From early adolescence to emerging adulthood', *Journal of Adolescent Research 20*: 346-74.

Moore, K. L., & Persaud, T. V. N. (2003). *Before We Are Born* (6th ed.), Philadelphia: Saunders.

Muris, P., Merckelbach, H., Gadet, B., & Moulaert, V. (2000). 'Fears, worries, and scary dreams in 4- to 12-year-old children: Their content, developmental pattern, and origins'. *Journal of Clinical Child Psychology 29*: 43-52.

Neugarten, B. L. (1979). 'Time, age, and the life cycle', *American Journal of Psychiatry 136*: 887-94.

Norris, F. H., & Murrell, S. A. (1990). 'Social support, life events, and stress as modifiers of adjustment to breavement by older adults', *Psychology and Aging 5*: 429-36.

Parker, J. G., Rubin, K. H., Price, J., & DeRosier, M. E. (1995). 'Peer relationships, child development, and adjustment: A developmental psychopathology perspective', in D. Cicchetti & D. Cohen (Eds.), *Developmental Psychopathology: Vol. 2. Risk, Disorder and Adaptation*. NY: Wiley.

Parrish, M. (2010). *Social Work Perspectives on Human Behaviour*. England: Open University Press.

Patrick, E., & Abravanel, E. (2000). 'The self-regulatory nature of preschool children's private speech in a naturalistic setting', *Applied Psycholinguistics 21*: 45-61.

Pellegrini, A. D., & Smith, P. K. (1998). 'Physical activity play: The nature and function of a neglected aspect of play', *Child Development 69*: 577-98.

Perry, W. G. (1970). *Forms of Intellectual and Ethical Development in the College Years*. NY: Holt, Rinehart & Winston.

Perry, W. G. (1999). *Forms of Ethical and Intellectual Development in the College Years: A Scheme*. San Francisco: Jossey Bass.

Pervin, L. A. (1996). *The Science of Personality*. NY: Wiley.

Pervin, L., Cervone, D., & John, O. (2005). *Personality: Theory and Research*. NJ: John Wiley & Sons.

Piaget, J., & Inhelder, B. (1969). *The Psychology of the Child*. NY: Basic Book.

Polivy, J., Herman, C. P., Mills, J., & Wheeler, H. (2003). 'Eating disorders in adolescence', in G. Adams & M. Berzonsky (Eds.), *Blackwell Handbook of Adolescence*. Oxford: Blackwell.

Reis, O., & Youniss, J. (2004). 'Patterns in identity change and development in relationships with mothers and friends'. *Journal of Adolescent Rearch 19*: 31-44.

Richmond, M. (1920). *Social Diagnosis*. NY: Russell Sage Foundation.

Richmond, P. G. (1970). *An Introduction to Piaget*. NY: Basic Books.

Rogers A. T. (2010). *Human Behavior in the Social Environment* (2nd ed.), London: Routledge.

Rogol, A. D., Roemmich, J. N., & Clark, P. A. (2002) 'Growth at puberty', *Journal of Adolescent Health 31*: 192-200.

Rokach, A. (2003) 'Strategies of coping with loneliness throughout the lifespan', in N. J. Pallone (Ed.), *Love, Romance, Sexual Interation: Research Perspectives from Current Psycholog*. NJ: Transaction.

Romans, S. E., Martin, M., Gendall, K., & Herbison, G. P. (2003). 'Age of menarche: The role of some psychosocial factors', *Psychological Medicine 33*: 933-39.

Rubin, K. H., Fein, G. G., & Vandenberg, B. (1983). 'Play'. in E. M. Hetherington (Ed.), *Handbook of Child Psychology: Vol.4. Socialization personality and social development* (4th ed.), NY: Wiley.

Ryff, C. D. (1991). 'Possible selves in adulthood and old age: A tale of shifting horizons'. *Psychology and Aging 6*: 286-95.

Ryff, C. D. (1995) 'Psychological well-being in adult life', *Current Directions in Psychological Science 4*: 99-104.

Sadock, B., & Sadock, V. (2007). *Kaplan & Sadock's Synopsis of Psychiatry Behavioral Sciences/Clinical Psychiatry* (10th ed.), PA: Lippincott, Williams and Wilkins.

Schachter, S. (1959). *The Psychology of Affiliation.* CA: Stanford Univ. Press

Schaffer, R. (1996). *Social Development.* Oxford: Blackwell.

Schaie, K. W. (1994). 'The course of adult intellectual development', *American Psychologist 49*: 304-13.

Shenkin, J. D., Broffitt, B., Levy, S. M., & Warren, J. J. (2004). 'The association between environmental tobacco smoke and primary tooth caries', *Journal of Public Health Dentistry 64*: 184-86.

Shneidman, E. S. (1980). *Voices of Death.* NY: Harper & Row.

Shneidman, E. S. (1983). *Deaths of Man.* NY: Jason Aronson.

Sigelman, C., & Rider, E. (2003). *Lifespan Human Development* (4th ed.), CA: Wadsworth/Thompson.

Sinclair, M. S. (2001). 'Brave new world revisited', *Style Weekly,* Dec. 18: 22-8.

Small, S., & Eastman, G. (1991). 'Rearing adolescents in contemporary society: a conceptual framework for understanding the responsibilities and needs of parents', *Family Relations 40*: 455-62.

Smelser, N. J. (1996). 'Erik Erikson as social scientist', *Psychoanalysis and Contemporary Thought 19*(2): 207-24.

Snyder, J., Brooker, M., Patrick, M. R., Snyder, A., Schrepferman, L., & Stoolmiller, M. (2003). 'Observed peer victimization during early elementary school: Continuity, growth, and relation to risk for child antisocial and depressive behavior', *Child Development 74*: 1881-98.

Strean, H. S. (1975). *Personality Theory and Social Work Practice.* NJ: Scarecrow Press.

Stein, I. (1974). *System Theory, Science and Social Work*. NJ: Scarecrow Press.

Stroebe, W., & Stroebe, M. S. (1993). 'Determinants of adjustment to bereavement in younger widows and widowers', in M. S. Stroebe, W. Stroebe & R. O. Hansson (Eds). *Handbook of Bereavement*. NY: Cambridge Univ. Press.

Stuart-Hamilton, I. (2006). *The Psychology of Ageing: An Introduction*, (4th ed.). London: Jessica Kingsley.

Thompson, N. (2006). *Anti-Discriminatory Practice* (4th ed.), Basingstoke: Palgrave.

Twenge, J. M., & Crocker, J. (2002). 'Race and self-esteem: Meta-analyses comparing whites, Blacks, Hispanics, Asians, and America Indians and comment on Gray-Little and Hafdahl (2000)', *Psychological Bulletin 128*: 371-408.

Vaillant G. E. (1977). *Adaptation to Life*. Boston: Little, Brown.

Vygotsky, L. S. (1978). *Mind in Society: The Development of Higher Mental Processes*. Cambridge MA: Harvard Univ. Press. (Original works published, 1930, 1933, 1935)

Wethington, E. (2000). 'Expecting stress: Americans and the midlife crisis', *Motivation and Emotion 24*: 85-103.

Winborg, K., Kesmodel, U., Henriksen, T., Olsen, S., & Secher, N. (2000). 'A Prospective study of smoking during pregnancy and SIDS', *Archives of Disease in Childhood 83*: 203-06.

Wink, P., & Helson, R. (1997). 'Practical and transcendent wisdom: Their nature and some longitudinal findings', *Journal of Adult Development 4*: 1-15.

Winsler, A., & Naglieri, J. (2003). 'Overt and covert verbal problem-solving strategies: Developmental trends in use, awareness, and relations with task performance in children aged 5 to 17', *Child Development 74*: 659-78.

Youn, G., Knight, B. G., Jeon, H., & Benton, D. (1999). 'Differences in familism vaules and caregiving outcomes among Korean, Korean American and White American dementia caegivers', *Psychology and Aging 14*: 355-64.

Zastrow, C. (1995). *The Practice of Social Work*. Pacific Grove: Brooks/Cole.

www.beckinstitute.org, 2010년 10월 검색.

www.rebt.org/public/about-albert-ellis.html, 2011년 1월 검색.

:: 찾아보기 ::

인 명

내 용

저자소개

■ 김윤정

　　연세대학교 사회복지학과 졸업
　　연세대학교 대학원 사회복지 석사
　　영국 바스 대학교(University of Bath) 사회복지 박사
　　현) 고려사이버대학교 사회복지학부 교수

알기 쉬운
인간행동과 사회환경

2011년　8월 20일　1판　1쇄 발행
2015년　2월 10일　1판　5쇄 발행

지은이 • 김 윤 정
펴낸이 • 김 진 환
펴낸곳 • (주) **학지사**

　　　　　121-838 서울특별시 마포구 양화로 15길 20 마인드월드빌딩 5층
대표전화 • 02) 330-5114　　　팩스 • 02) 324-2345
등록번호 • 제313-2006-000265호

홈페이지 • http://www.hakjisa.co.kr
커뮤니티 • http://cafe.naver.com/hakjisa

ISBN 978-89-6330-359-8 93330

정가 **17,000**원